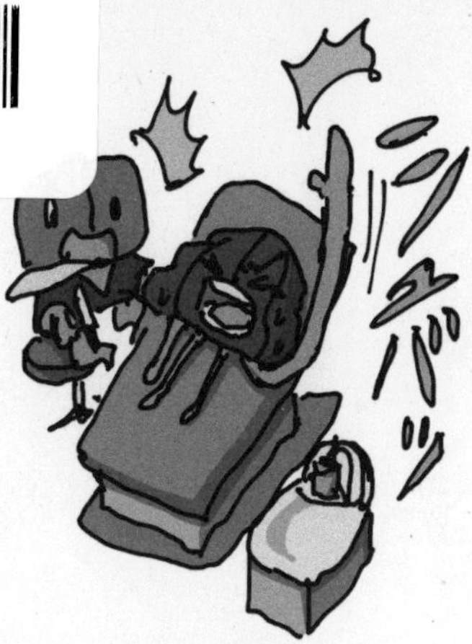

戸塚慶文
Yoshifumi Tozuka

Wenn ich beim Zahnarzt behandelt werde, tut es zwar ab und zu weh, aber ich übe mich in Geduld und beiße die Zähne zusammen. Als Kind habe ich mich immer gefreut, wenn ich vom Zahnarzt und meiner Mutter gelobt wurde, weil ich so tapfer war und nicht geweint habe. Als ich kürzlich, nun als Erwachsener, wieder zum Zahnarzt musste, hob ich während der Behandlung die Hand und schrie lauthals »Aua!« - und im Nu verwandelte die magische Kraft der Betäubung meinen Zahnarztbesuch in einen Zuckerschlecken.

Ich denke, Geduld kennt eben auch seine Grenzen. Man muss nicht immer die Zähne zusammenbeißen und auf Teufel komm raus ausharren.

Wir produzieren nachhaltig

- Klimaneutrales Produkt
- Papiere aus nachhaltigen und kontrollierten Quellen
- Hergestellt in Europa

FSC www.fsc.org
MIX
Papier aus verantwortungsvollen Quellen
FSC® C083411

CARLSEN MANGA

Aus dem Japanischen von Martin Gericke

First published in Japan in 2020 by SHUEISHA Inc., Tokyo.
German translation rights in Germany, Austria, Luxembourg and German-speaking Switzerland arranged by SHUEISHA Inc. through VME PLB SAS, France.

Die Handlung dieser Geschichte ist frei erfunden. Ähnlichkeiten mit lebenden Personen, realen Organisationen oder Ereignissen sind rein zufällig und unbeabsichtigt.

Redaktion: Anne Berling
Textbearbeitung: Karen Eifler
Herstellung: Björn Liebchen

ISBN: 978-3-551-71248-6

UNDEAD UNLUCK

12

Restart

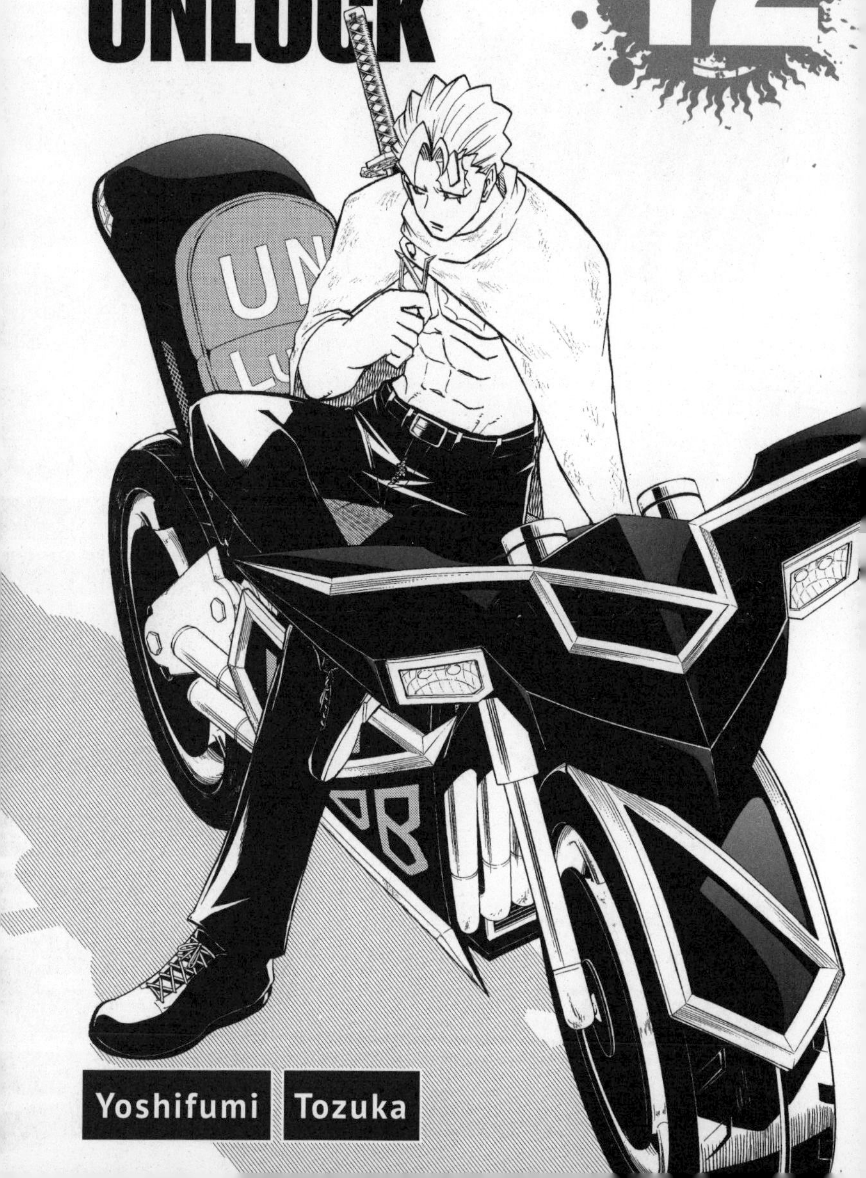

Yoshifumi Tozuka

CHARAKTERE

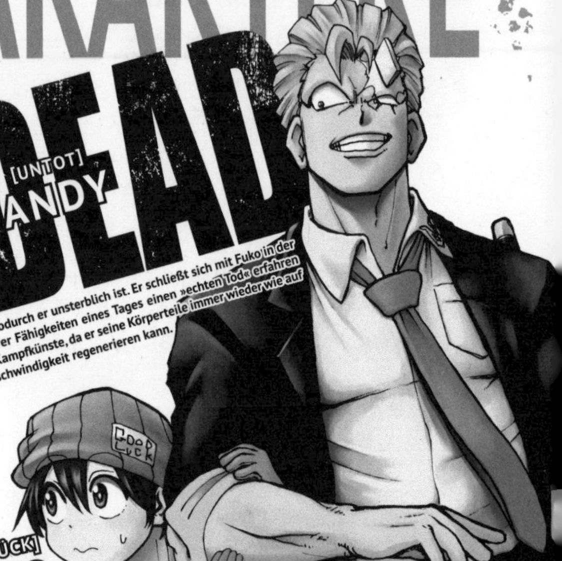

UNDEAD

[UNTOT]
ANDY

Besitzt die Fähigkeit »Undead«, wodurch er unsterblich ist. Er schließt sich mit Fuko in der Hoffnung zusammen, mithilfe ihrer Fähigkeiten eines Tages einen »echten Tod« erfahren zu können. Besitzt erstaunliche Kampfkünste, da er seine Körperteile immer wieder wie auf Knopfdruck und in rasender Geschwindigkeit regenerieren kann.

UN LUCK

[UNGLÜCK]
FUKO

Besitzt die Fähigkeit »Unluck«, die stets »Unglück« heraufbeschwört, sobald eine andere Person sie berührt. Sie lebte lange zurückgezogen in ihrem Zimmer und spielte bereits mit dem Gedanken, sich das Leben zu nehmen. Doch bevor es dazu kommen konnte, traf sie auf Andy.

STORY

Da sie anderen Menschen mit ihrem »Unglück« ungewollt Pech beschert, hatte sich Fuko eigentlich vorgenommen, ihrem Leben ein Ende zu setzen. Doch nach der kuriosen Begegnung mit Andy, einem mysteriösen Kerl mit einem unsterblichen Körper, gewinnt sie ihren Lebenswillen zurück und schöpft neuen Mut. In der Zwischenzeit erfahren die beiden von der Existenz einer Organisation, der Union, welche sogenannte UMA (unidentifizierte, mysteriöse Arten) und andere unbekannte Phänomene aufspürt und in Gewahrsam nimmt. In der Union gibt es einen runden Tisch, der auf zehn Mitglieder begrenzt ist und an dem sich die Negatoren versammeln. Andy und Fuko beschließen, der Union beizutreten, und besiegen dafür zwei der bisherigen Mitglieder, um sich einen Platz am besagten Tisch zu sichern. Dort erfahren sie auch den Grund für die Existenz der Union: Es gilt, die vom Schöpfer auferlegten Quests zu lösen und gegen ihn zu rebellieren. Unmittelbar nach dem Sieg über Spring droht Fuko durch einen hinterhältigen Angriff Ruins beinah der Tod. Um sie wiederzubeleben, wird UMA Ghost aus der Belohnung für die abgeschlossene Quest der Welt hinzugefügt und somit das Konzept von Leben und Tod völlig auf den Kopf gestellt. Dadurch gerät Ghost allerdings in den Besitz von Fukos Seele…

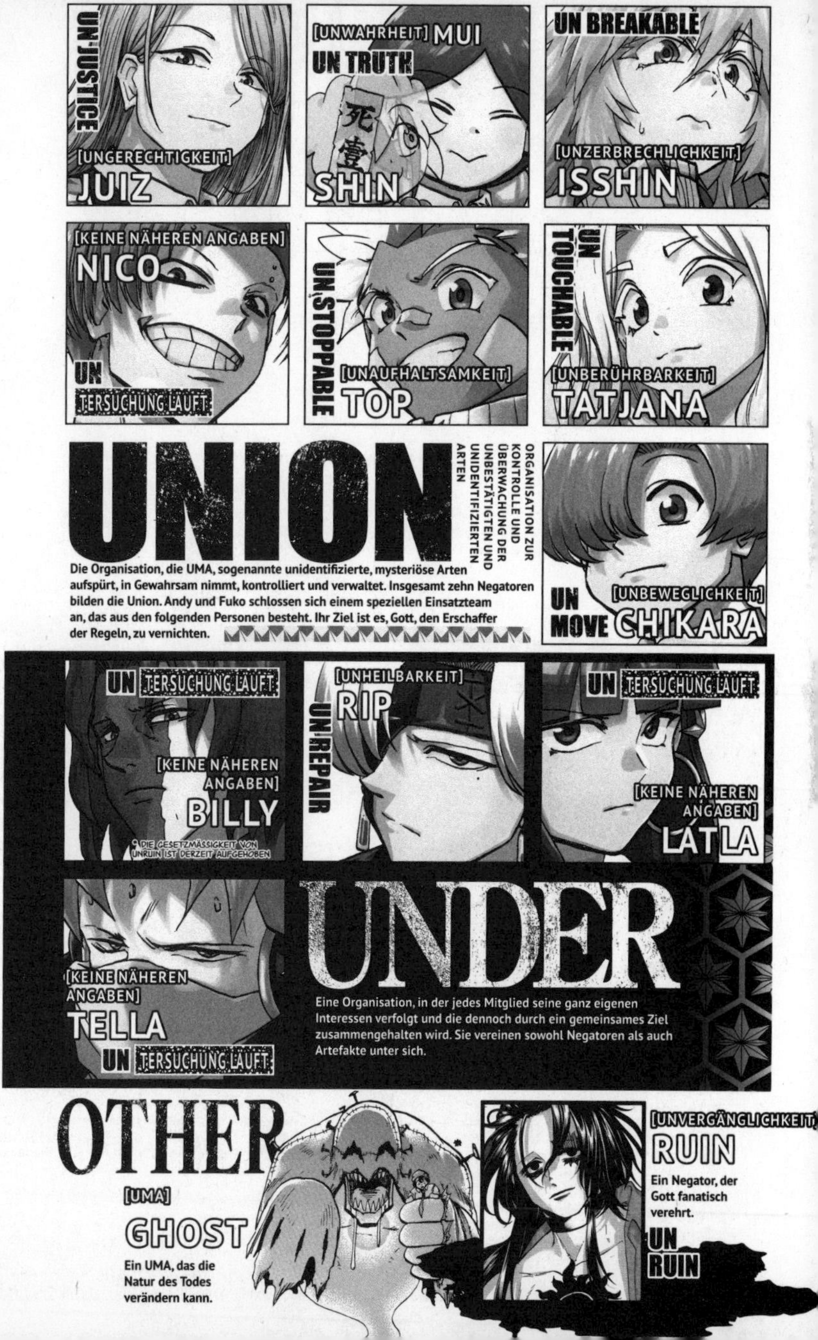
UN-JUSTICE
[UNGERECHTIGKEIT]
JUIZ
[UNWAHRHEIT] MUI
UN TRUTH
SHIN
UN BREAKABLE
[UNZERBRECHLICHKEIT]
ISSHIN
[KEINE NÄHEREN ANGABEN]
NICO
UN
TERSUCHUNG LÄUFT
UN-STOPPABLE
[UNAUFHALTSAMKEIT]
TOP
UN TOUCHABLE
[UNBERÜHRBARKEIT]
TATJANA
UNION
ORGANISATION ZUR KONTROLLE UND ÜBERWACHUNG DER UNBESTÄTIGTEN UND UNIDENTIFIZIERTEN ARTEN
Die Organisation, die UMA, sogenannte unidentifizierte, mysteriöse Arten aufspürt, in Gewahrsam nimmt, kontrolliert und verwaltet. Insgesamt zehn Negatoren bilden die Union. Andy und Fuko schlossen sich einem speziellen Einsatzteam an, das aus den folgenden Personen besteht. Ihr Ziel ist es, Gott, den Erschaffer der Regeln, zu vernichten.
UN MOVE
[UNBEWEGLICHKEIT]
CHIKARA
UN TERSUCHUNG LÄUFT
[KEINE NÄHEREN ANGABEN]
BILLY
DIE GESETZMÄSSIGKEIT VON UNRUIN IST DERZEIT AUFGEHOBEN
[UNHEILBARKEIT]
RIP
UN-REPAIR
UN TERSUCHUNG LÄUFT
[KEINE NÄHEREN ANGABEN]
LATLA
[KEINE NÄHEREN ANGABEN]
TELLA
UN TERSUCHUNG LÄUFT
UNDER
Eine Organisation, in der jedes Mitglied seine ganz eigenen Interessen verfolgt und die dennoch durch ein gemeinsames Ziel zusammengehalten wird. Sie vereinen sowohl Negatoren als auch Artefakte unter sich.
OTHER
[UMA]
GHOST
Ein UMA, das die Natur des Todes verändern kann.
[UNVERGÄNGLICHKEIT]
RUIN
Ein Negator, der Gott fanatisch verehrt.
UN RUIN

UNDEAD UNLUCK

アンデッドアンラック

INHALT

12 Restart

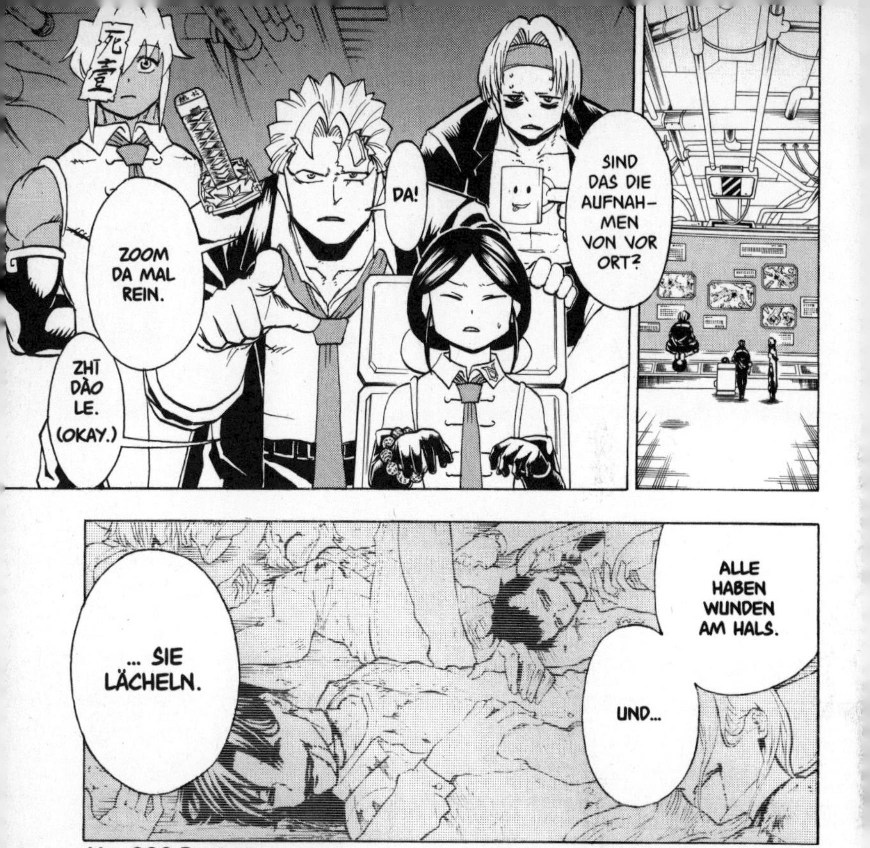

No. 098 Restart

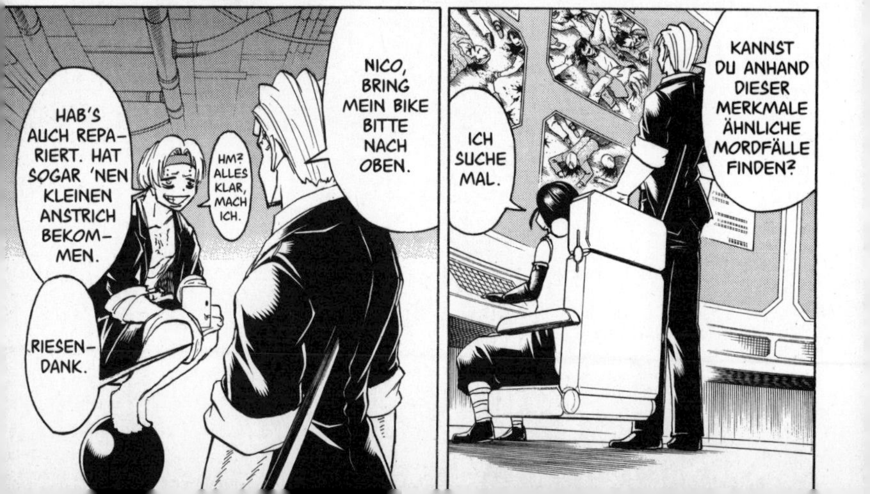

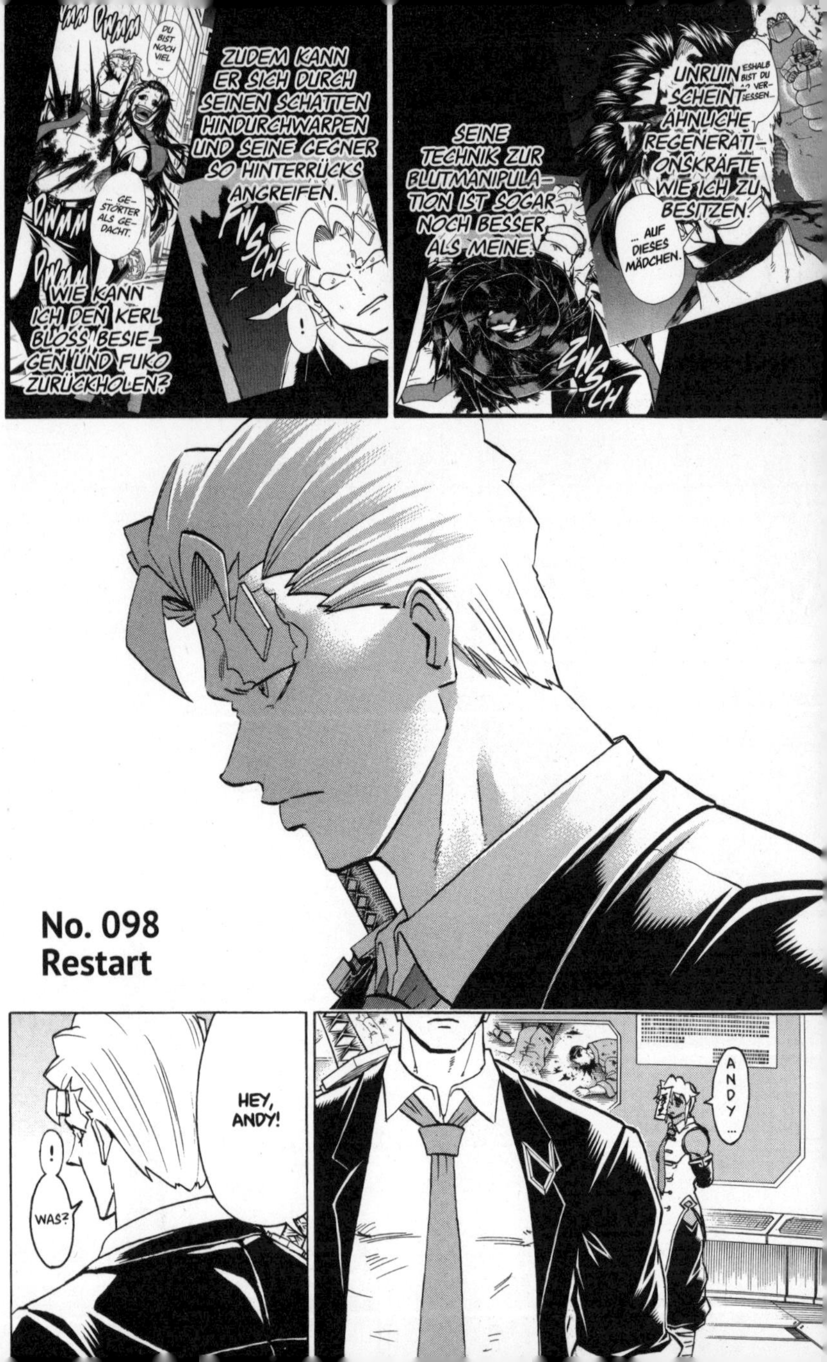
ESHALB BIST DU VER- SESSEN...
UNRUIN SCHEINT ÄHNLICHE REGENERATIONSKRÄFTE WIE ICH ZU BESITZEN.
... AUF DIESES MÄDCHEN.
SEINE TECHNIK ZUR BLUTMANIPULATION IST SOGAR NOCH BESSER ALS MEINE.
ZWSCH
ZUDEM KANN ER SICH DURCH SEINEN SCHATTEN HINDURCHWARPEN UND SEINE GEGNER SO HINTERRÜCKS ANGREIFEN.
FWSCH
!
DWMM DWMM
DU BIST NOCH VIEL ...
... GESTÖRTER ALS GEDACHT.
DWMM
DWMM
WIE KANN ICH DEN KERL BLOSS BESIEGEN UND FUKO ZURÜCKHOLEN?
No. 098
Restart
ANDY ...
HEY, ANDY!
!
WAS?

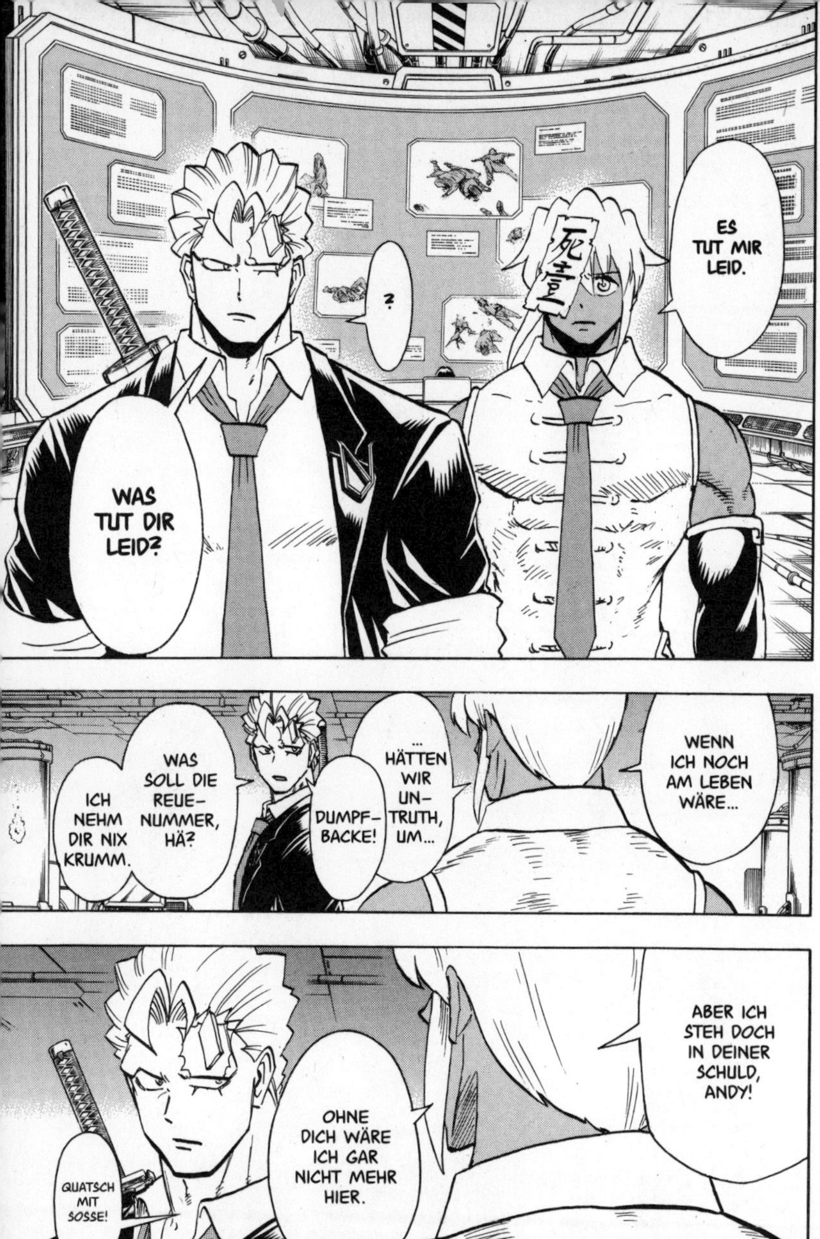
ES TUT MIR LEID.
?
WAS TUT DIR LEID?
WENN ICH NOCH AM LEBEN WÄRE...
... HÄTTEN WIR UNTRUTH, UM...
DUMPF-BACKE!
WAS SOLL DIE REUE-NUMMER, HÄ?
ICH NEHM DIR NIX KRUMM.
ABER ICH STEH DOCH IN DEINER SCHULD, ANDY!
OHNE DICH WÄRE ICH GAR NICHT MEHR HIER.
QUATSCH MIT SOSSE!

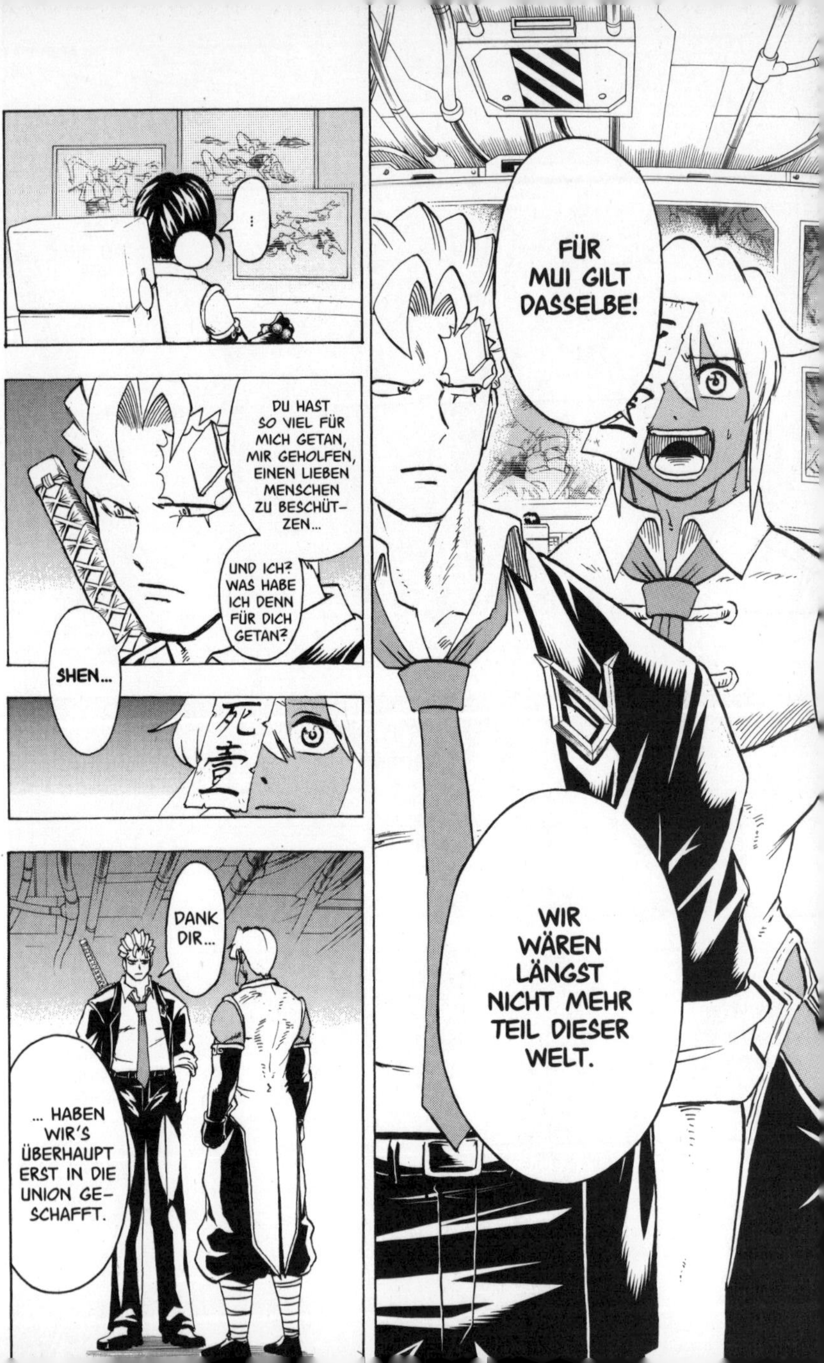
…
DU HAST SO VIEL FÜR MICH GETAN, MIR GEHOLFEN, EINEN LIEBEN MENSCHEN ZU BESCHÜT-ZEN…
UND ICH? WAS HABE ICH DENN FÜR DICH GETAN?
SHEN…
死壹
DANK DIR…
… HABEN WIR'S ÜBERHAUPT ERST IN DIE UNION GE-SCHAFFT.
FÜR MUI GILT DASSELBE!
WIR WÄREN LÄNGST NICHT MEHR TEIL DIESER WELT.

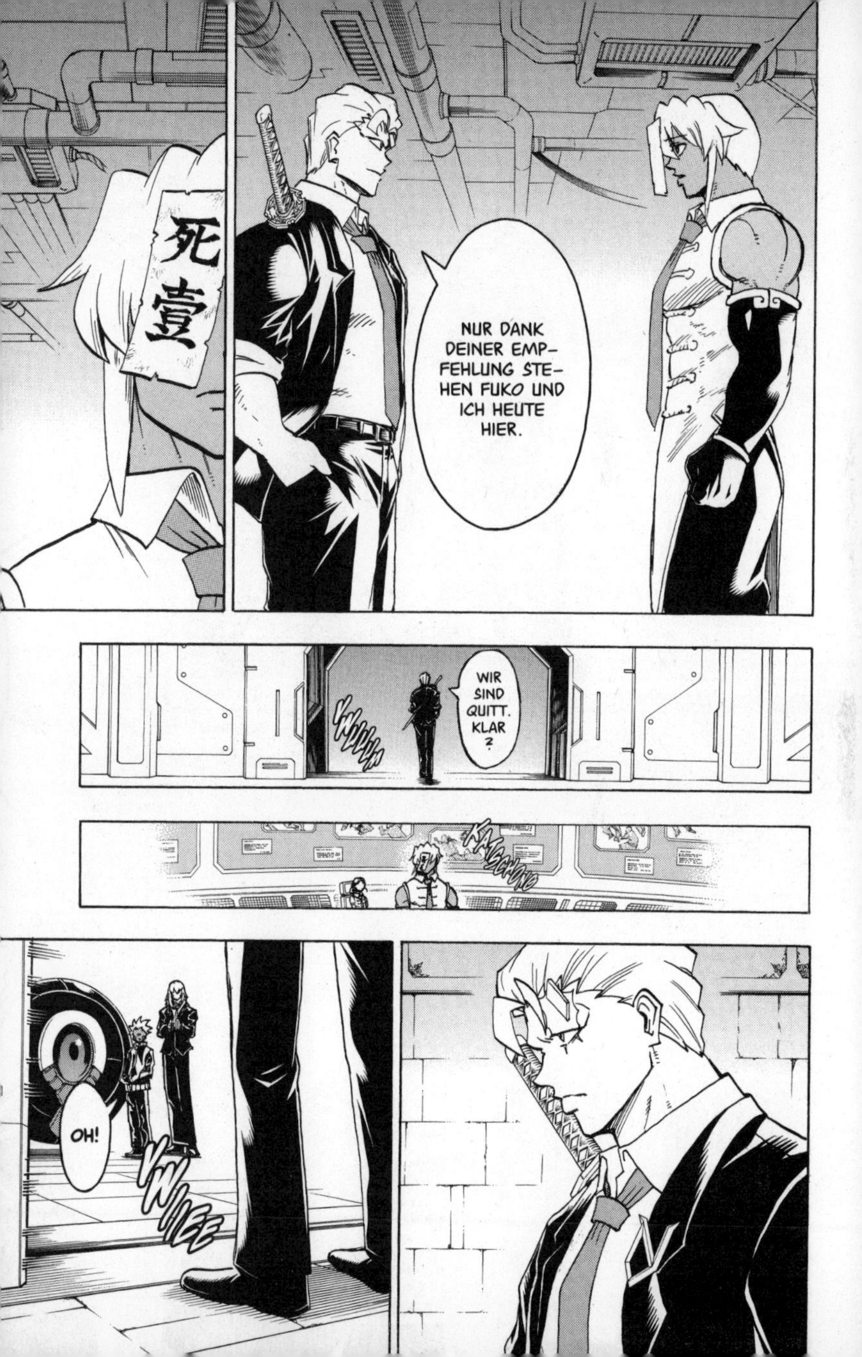

死壹
NUR DANK DEINER EMPFEHLUNG STEHEN FUKO UND ICH HEUTE HIER.
WIR SIND QUITT. KLAR?
KATSCHUNG
VWIIEE
OH!

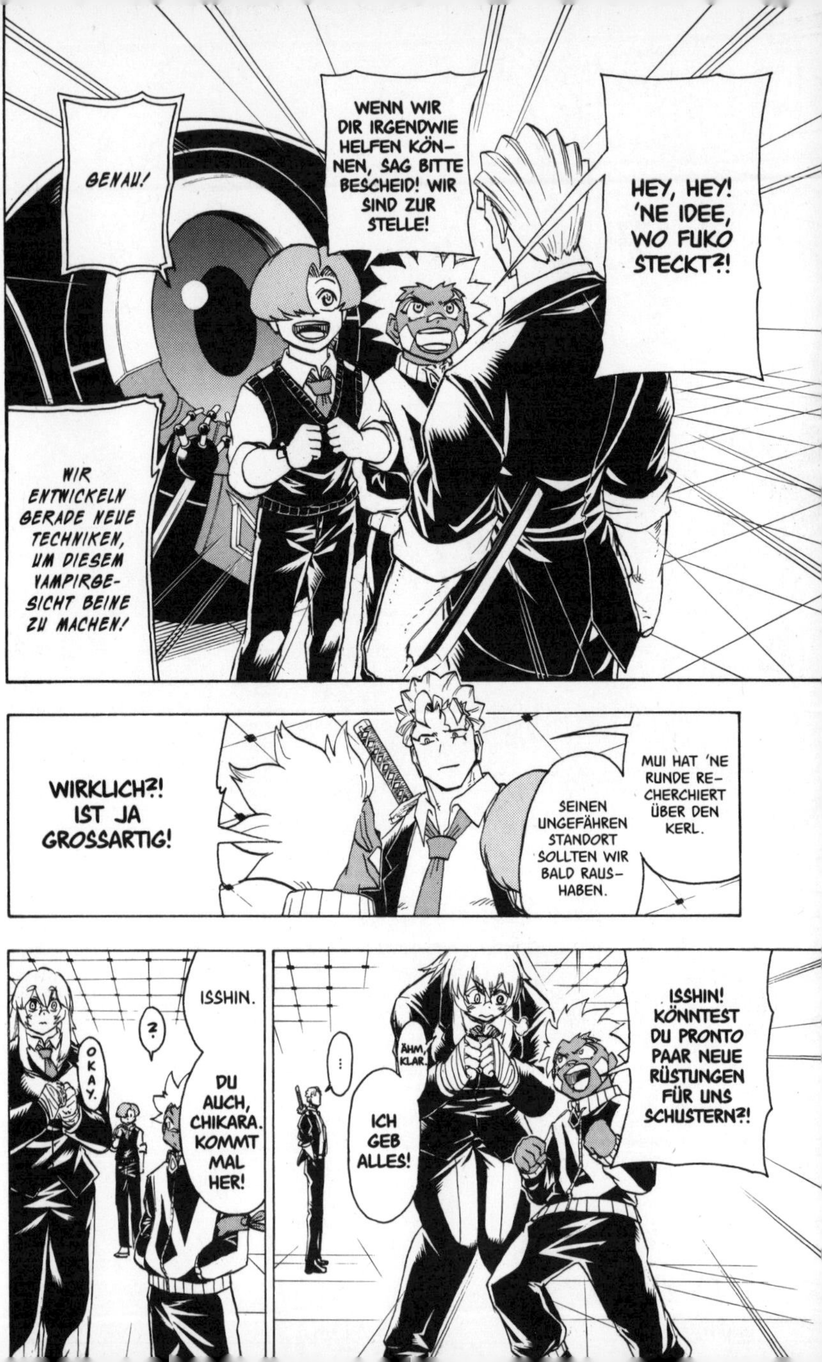
HEY, HEY! 'NE IDEE, WO FUKO STECKT?!
WENN WIR DIR IRGENDWIE HELFEN KÖN-NEN, SAG BITTE BESCHEID! WIR SIND ZUR STELLE!
GENAU!
WIR ENTWICKELN GERADE NEUE TECHNIKEN, UM DIESEM VAMPIRGE-SICHT BEINE ZU MACHEN!
MUI HAT 'NE RUNDE RE-CHERCHIERT ÜBER DEN KERL.
SEINEN UNGEFÄHREN STANDORT SOLLTEN WIR BALD RAUS-HABEN.
WIRKLICH?! IST JA GROSSARTIG!
ISSHIN! KÖNNTEST DU PRONTO PAAR NEUE RÜSTUNGEN FÜR UNS SCHUSTERN?!
ÄHM, KLAR.
...
ICH GEB ALLES!
ISSHIN.
?
DU AUCH, CHIKARA. KOMMT MAL HER!
OKAY.

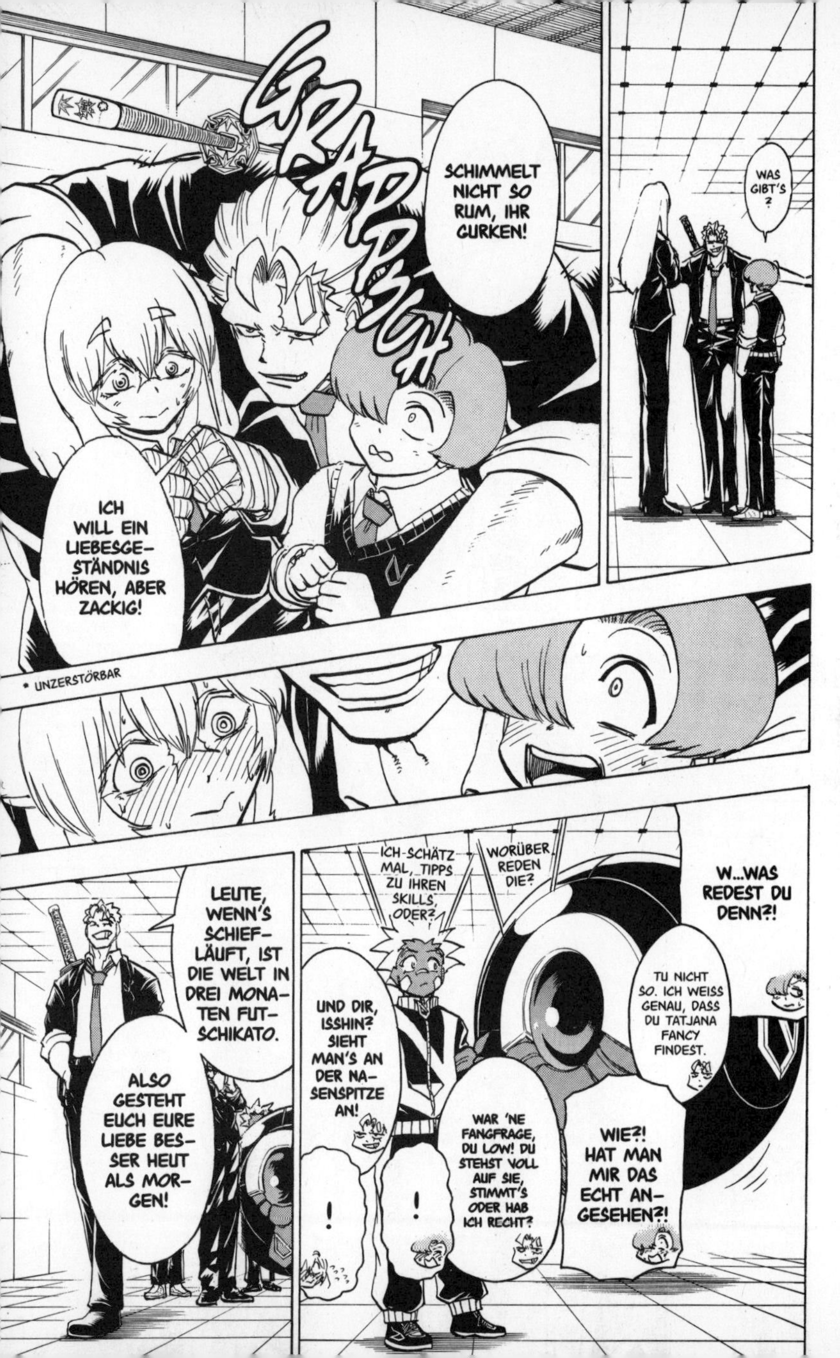
WAS GIBT'S?
SCHIMMELT NICHT SO RUM, IHR GURKEN!
ICH WILL EIN LIEBESGESTÄNDNIS HÖREN, ABER ZACKIG!
* UNZERSTÖRBAR
W...WAS REDEST DU DENN?!
TU NICHT SO. ICH WEISS GENAU, DASS DU TATJANA FANCY FINDEST.
WIE?! HAT MAN MIR DAS ECHT ANGESEHEN?!
WORÜBER REDEN DIE?
ICH-SCHÄTZ MAL, TIPPS ZU IHREN SKILLS, ODER?
UND DIR, ISSHIN? SIEHT MAN'S AN DER NASENSPITZE AN!
WAR 'NE FANGFRAGE, DU LOW! DU STEHST VOLL AUF SIE, STIMMT'S ODER HAB ICH RECHT?
!
!
LEUTE, WENN'S SCHIEFLÄUFT, IST DIE WELT IN DREI MONATEN FUTSCHIKATO.
ALSO GESTEHT EUCH EURE LIEBE BESSER HEUT ALS MORGEN!

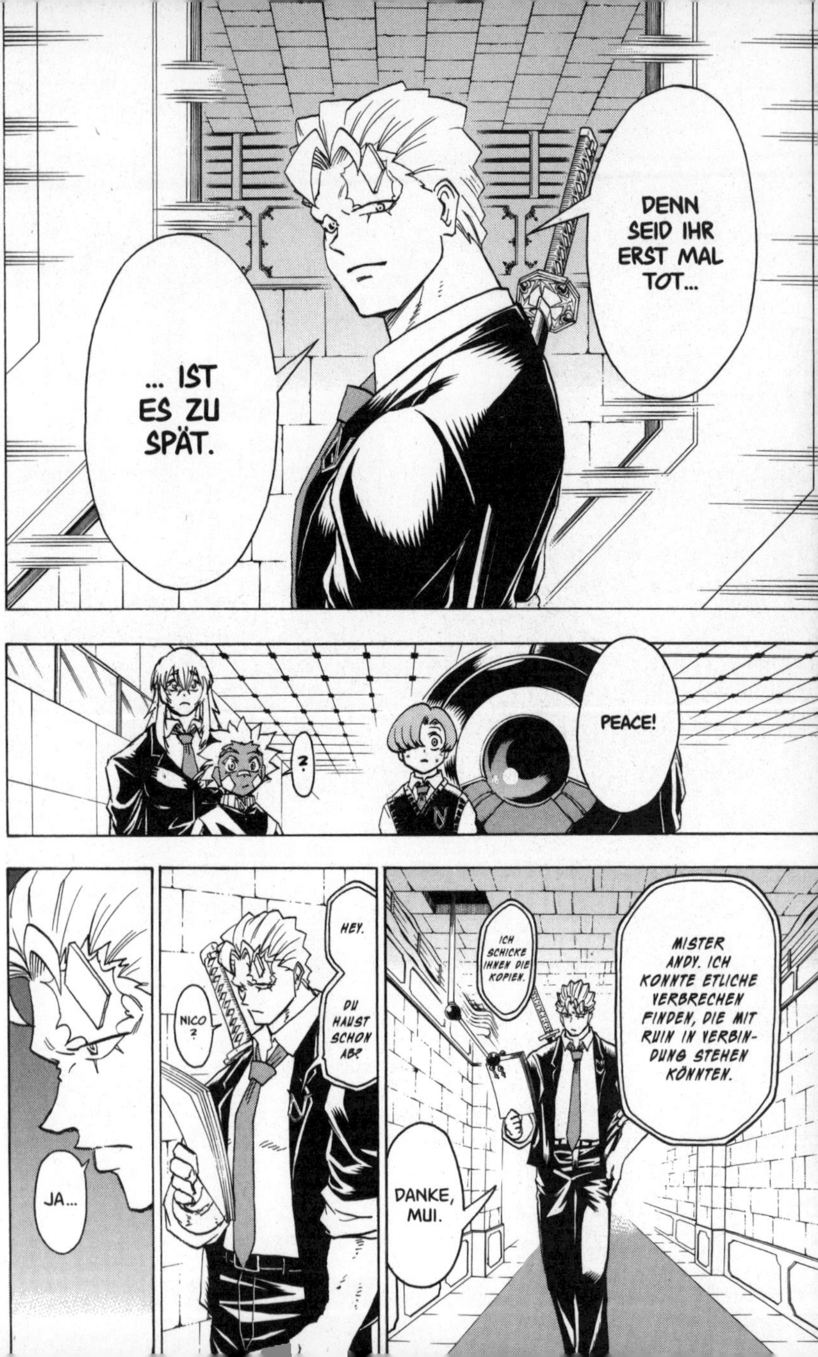
DENN SEID IHR ERST MAL TOT...
... IST ES ZU SPÄT.
PEACE!
?
MISTER ANDY. ICH KONNTE ETLICHE VERBRECHEN FINDEN, DIE MIT RUIN IN VERBINDUNG STEHEN KÖNNTEN.
ICH SCHICKE IHNEN DIE KOPIEN.
DANKE, MUI.
HEY.
DU HAUST SCHON AB?
NICO?
JA...

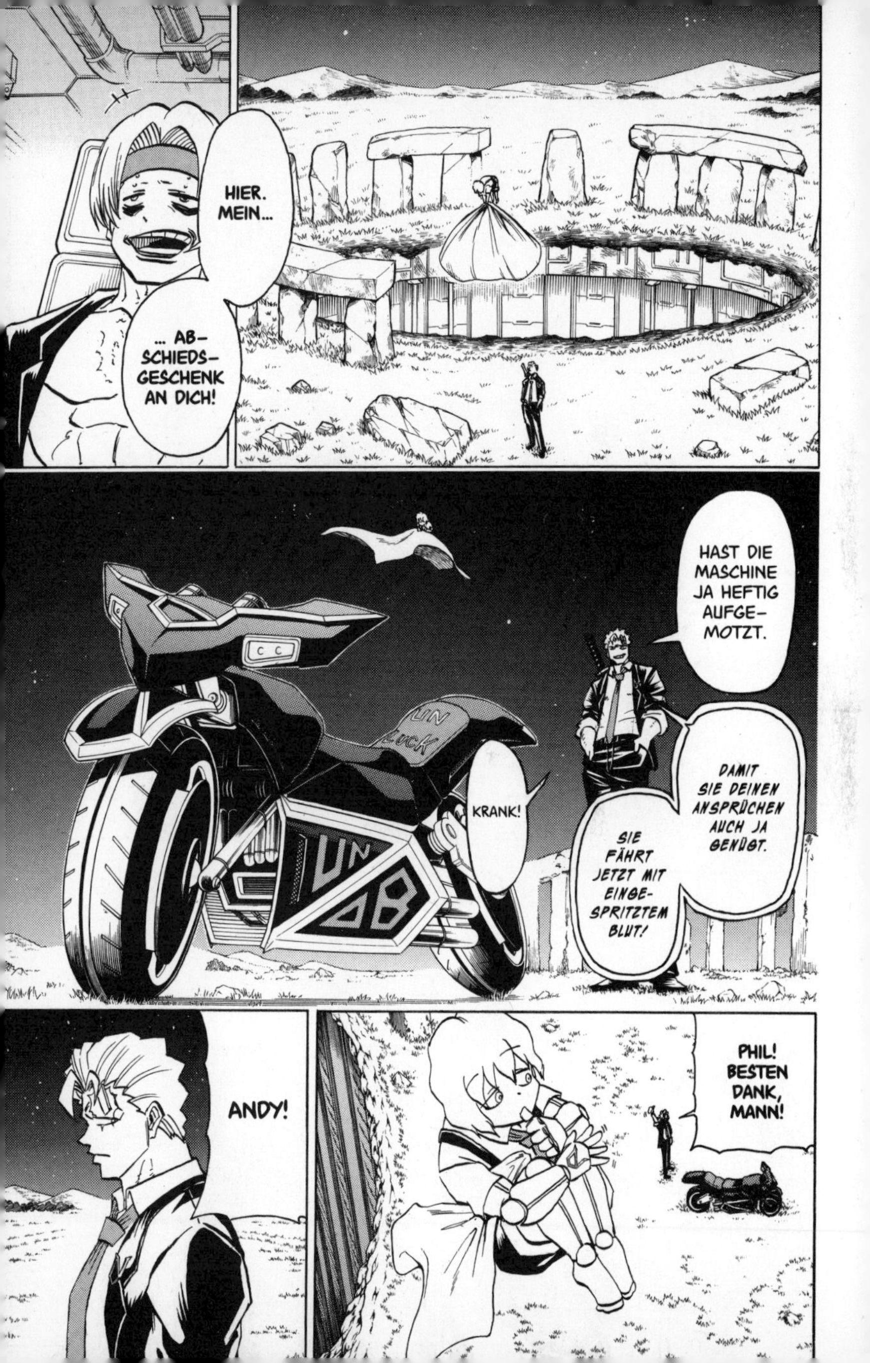
HIER. MEIN...
... AB-SCHIEDS-GESCHENK AN DICH!
HAST DIE MASCHINE JA HEFTIG AUFGE-MOTZT.
DAMIT SIE DEINEN ANSPRÜCHEN AUCH JA GENÜGT.
SIE FÄHRT JETZT MIT EINGE-SPRITZTEM BLUT!
KRANK!
PHIL! BESTEN DANK, MANN!
ANDY!

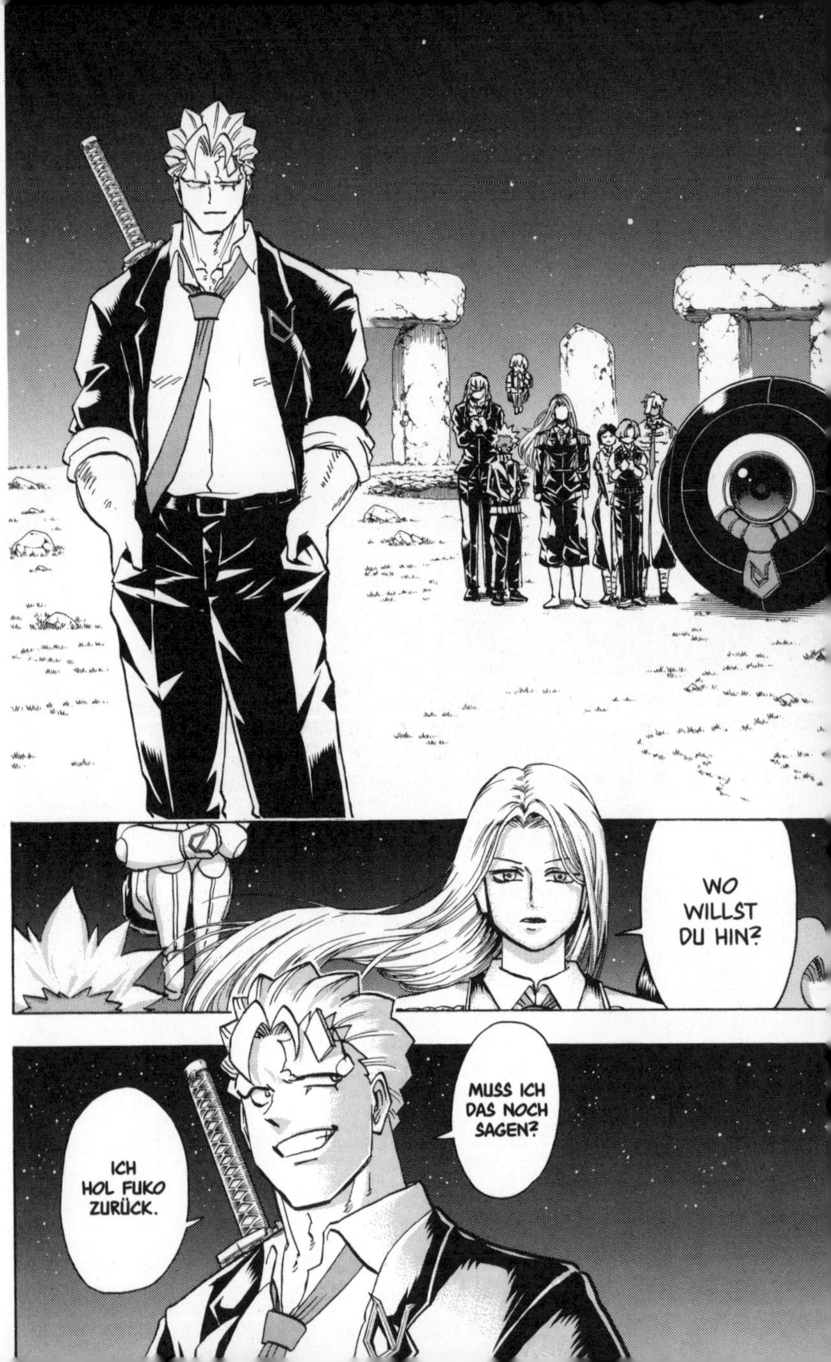
WO WILLST DU HIN?
MUSS ICH DAS NOCH SAGEN?
ICH HOL FUKO ZURÜCK.

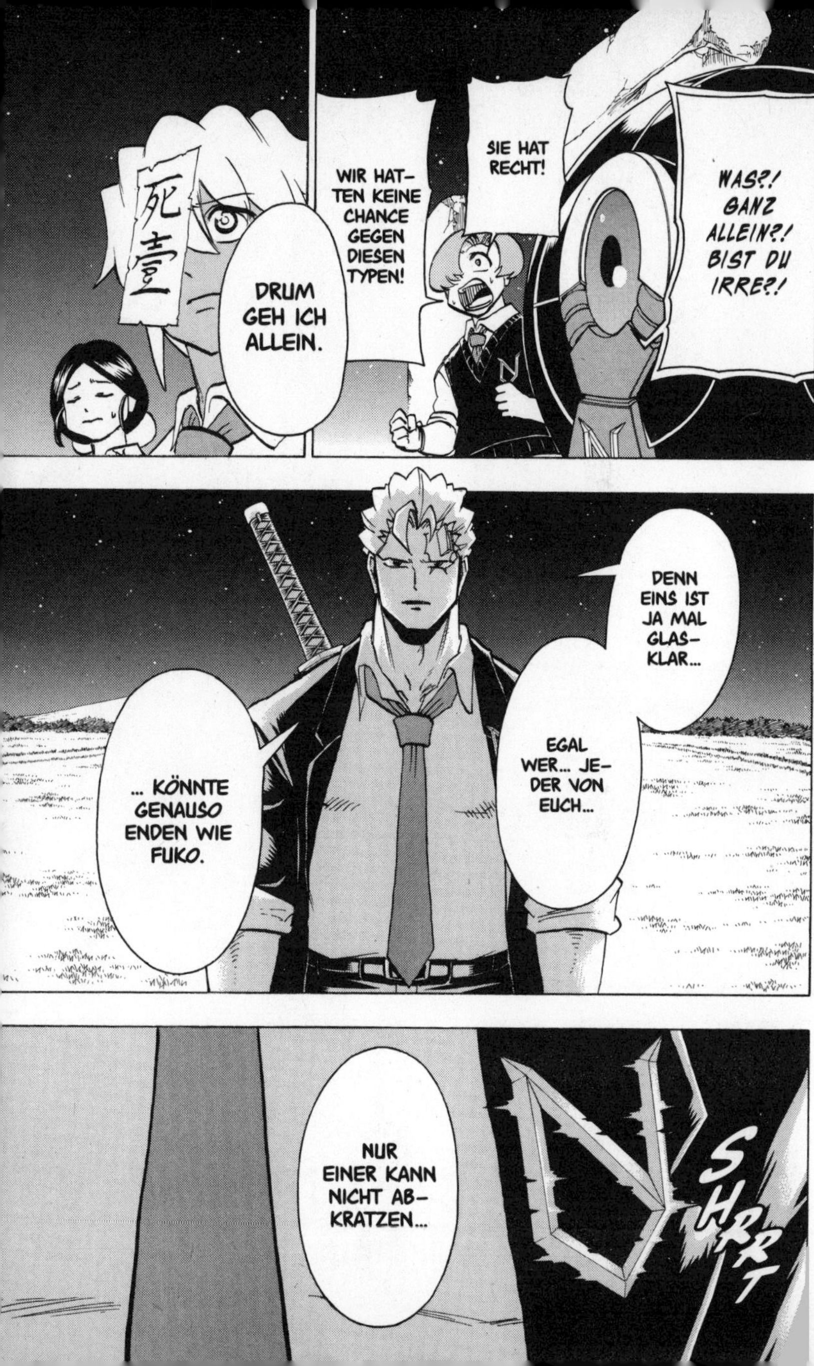
WAS?! GANZ ALLEIN?! BIST DU IRRE?!
SIE HAT RECHT!
WIR HATTEN KEINE CHANCE GEGEN DIESEN TYPEN!
DRUM GEH ICH ALLEIN.
DENN EINS IST JA MAL GLASKLAR...
EGAL WER... JEDER VON EUCH...
... KÖNNTE GENAUSO ENDEN WIE FUKO.
SHRRT
NUR EINER KANN NICHT ABKRATZEN...

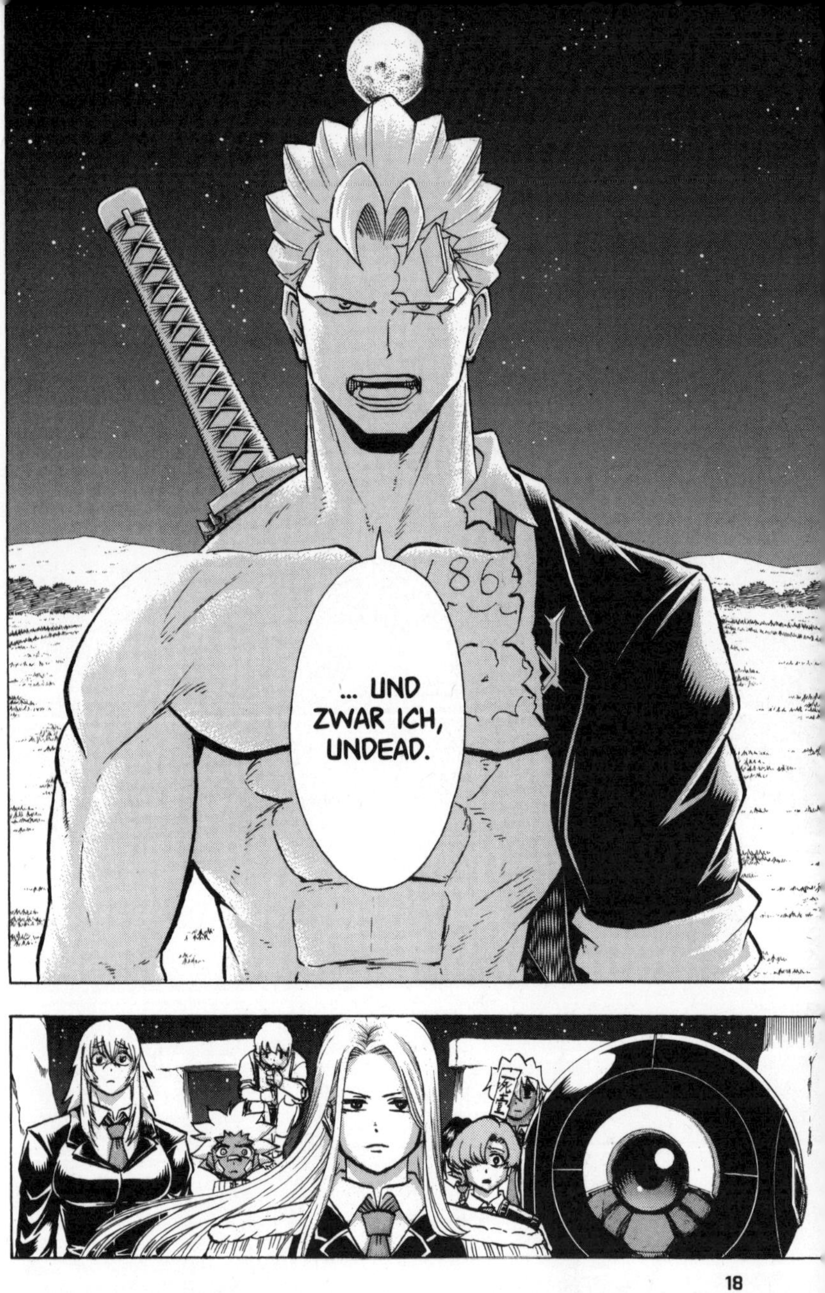
... UND ZWAR ICH, UNDEAD.

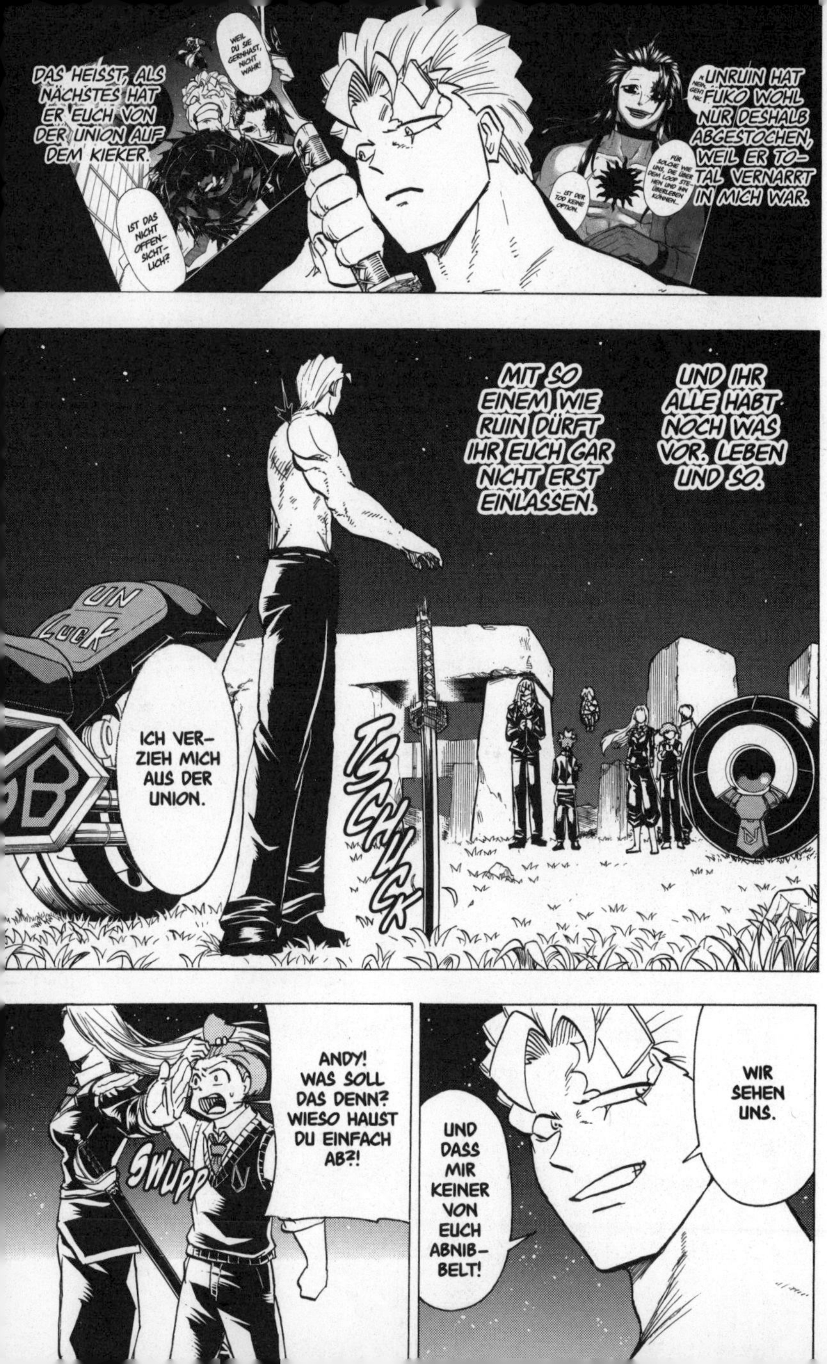
„UNRUIN HAT FUKO WOHL NUR DESHALB ABGESTOCHEN, WEIL ER TOTAL VERNARRT IN MICH WAR.
NEIN, GEHT NIC
FÜR SOLCHE WIE UNS, DIE ÜBER DEM LOOP STEHEN UND IHN ÜBERLEBEN KÖNNEN...
...IST DER TOD KEINE OPTION.
WEIL DU SIE GERNHAST, NICHT WAHR!
DAS HEISST, ALS NÄCHSTES HAT ER EUCH VON DER UNION AUF DEM KIEKER.
IST DAS NICHT OFFENSICHTLICH?
UND IHR ALLE HABT NOCH WAS VOR. LEBEN UND SO.
MIT SO EINEM WIE RUIN DÜRFT IHR EUCH GAR NICHT ERST EINLASSEN.
UN LUCK
ICH VERZIEH MICH AUS DER UNION.
TSCHUCK
WIR SEHEN UNS.
UND DASS MIR KEINER VON EUCH ABNIBBELT!
ANDY! WAS SOLL DAS DENN? WIESO HAUST DU EINFACH AB?!
SWUPP

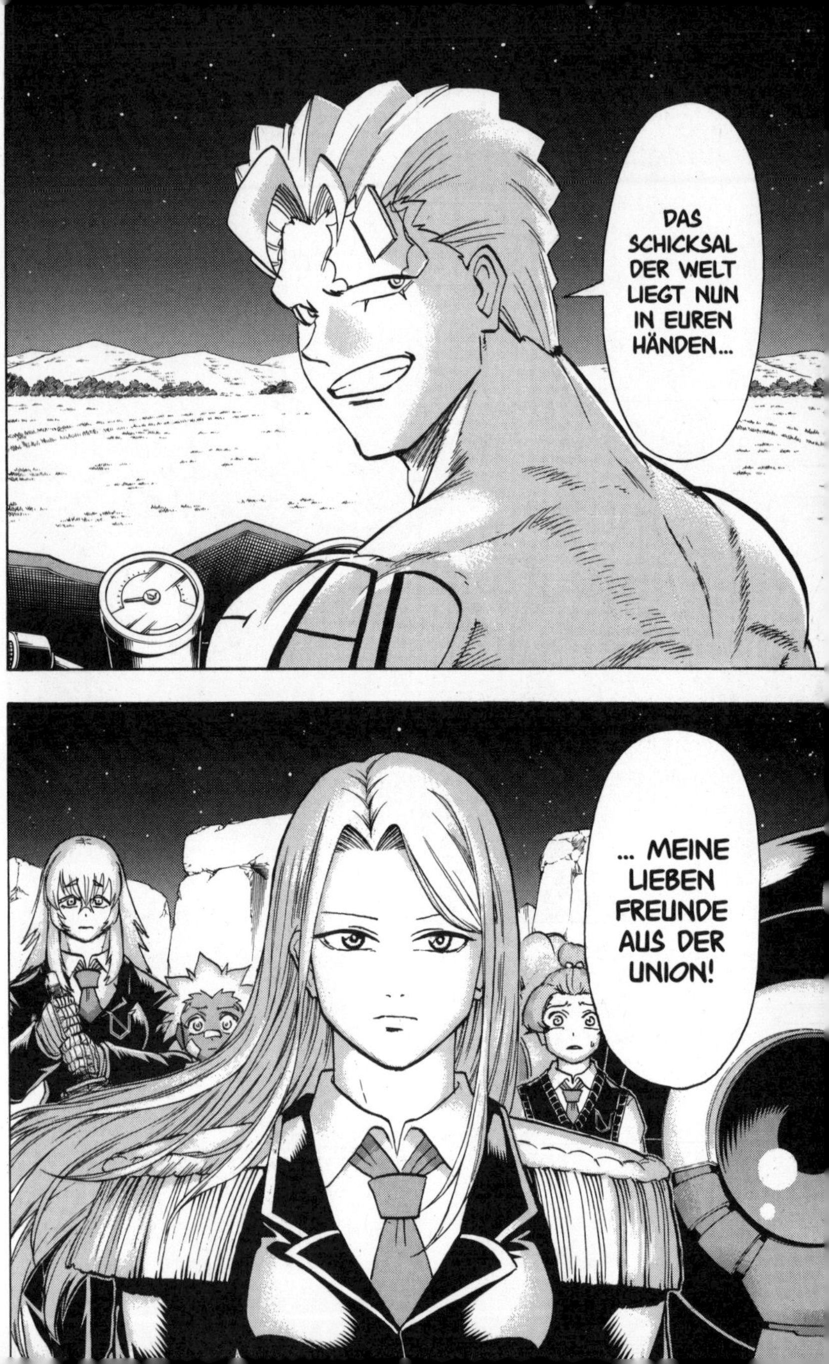
DAS SCHICKSAL DER WELT LIEGT NUN IN EUREN HÄNDEN...
... MEINE LIEBEN FREUNDE AUS DER UNION!

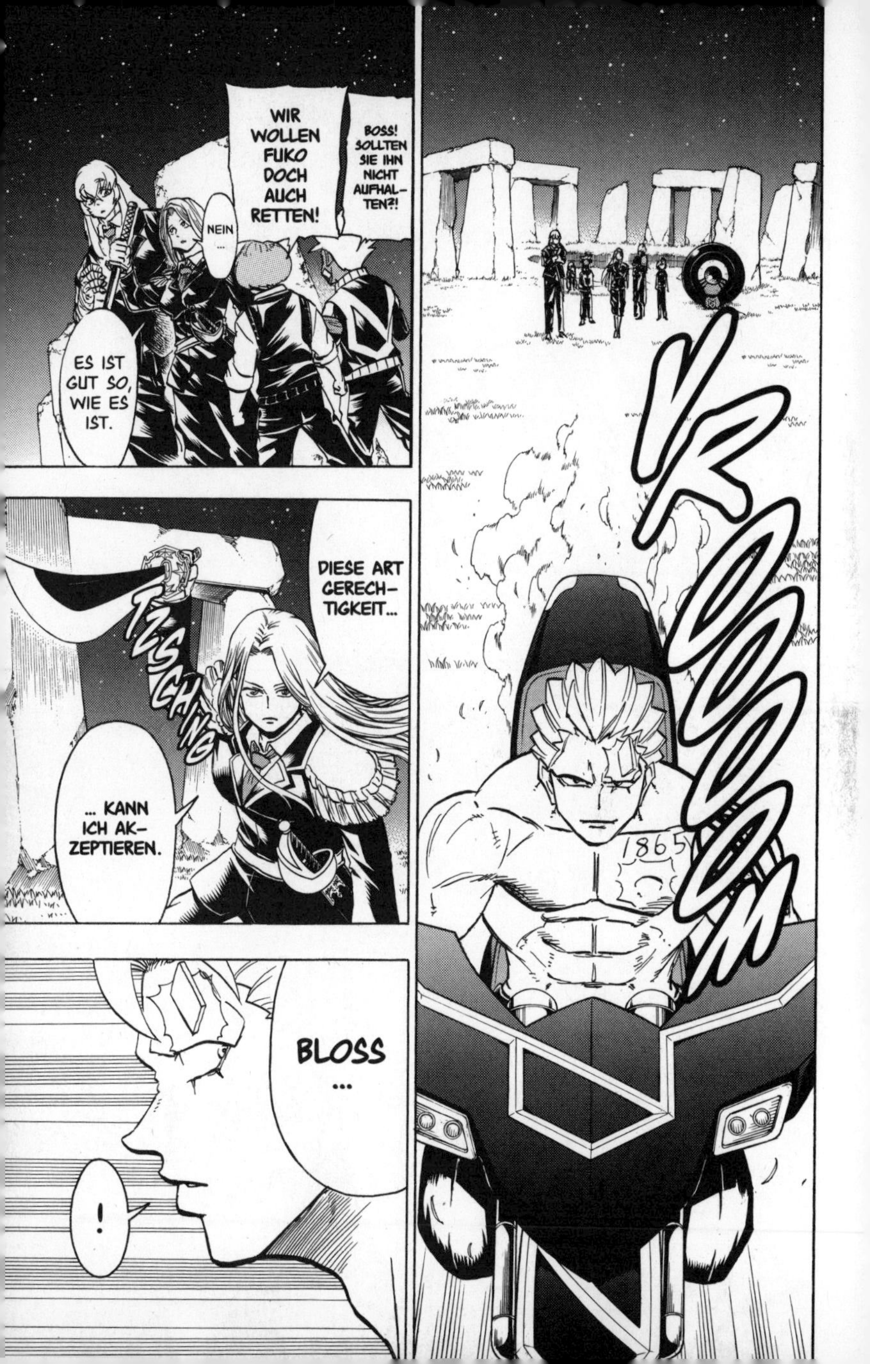
VROOOOOOM
BOSS! SOLLTEN SIE IHN NICHT AUFHAL-TEN?!
WIR WOLLEN FUKO DOCH AUCH RETTEN!
NEIN ...
ES IST GUT SO, WIE ES IST.
DIESE ART GERECH-TIGKEIT...
TZSCHING
... KANN ICH AK-ZEPTIEREN.
BLOSS ...
!
1865

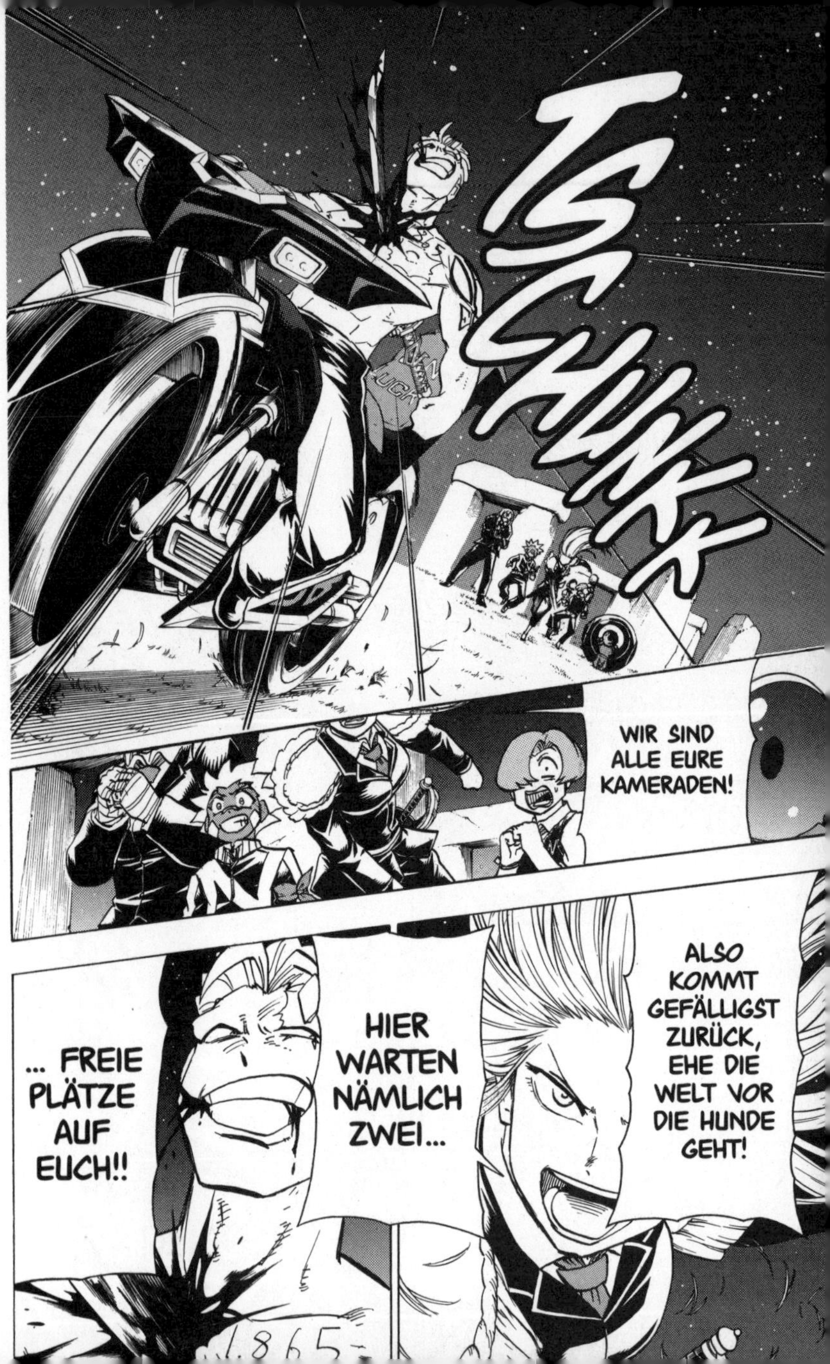
TSCHUNK
WIR SIND ALLE EURE KAMERADEN!
ALSO KOMMT GEFÄLLIGST ZURÜCK, EHE DIE WELT VOR DIE HUNDE GEHT!
HIER WARTEN NÄMLICH ZWEI...
... FREIE PLÄTZE AUF EUCH!!

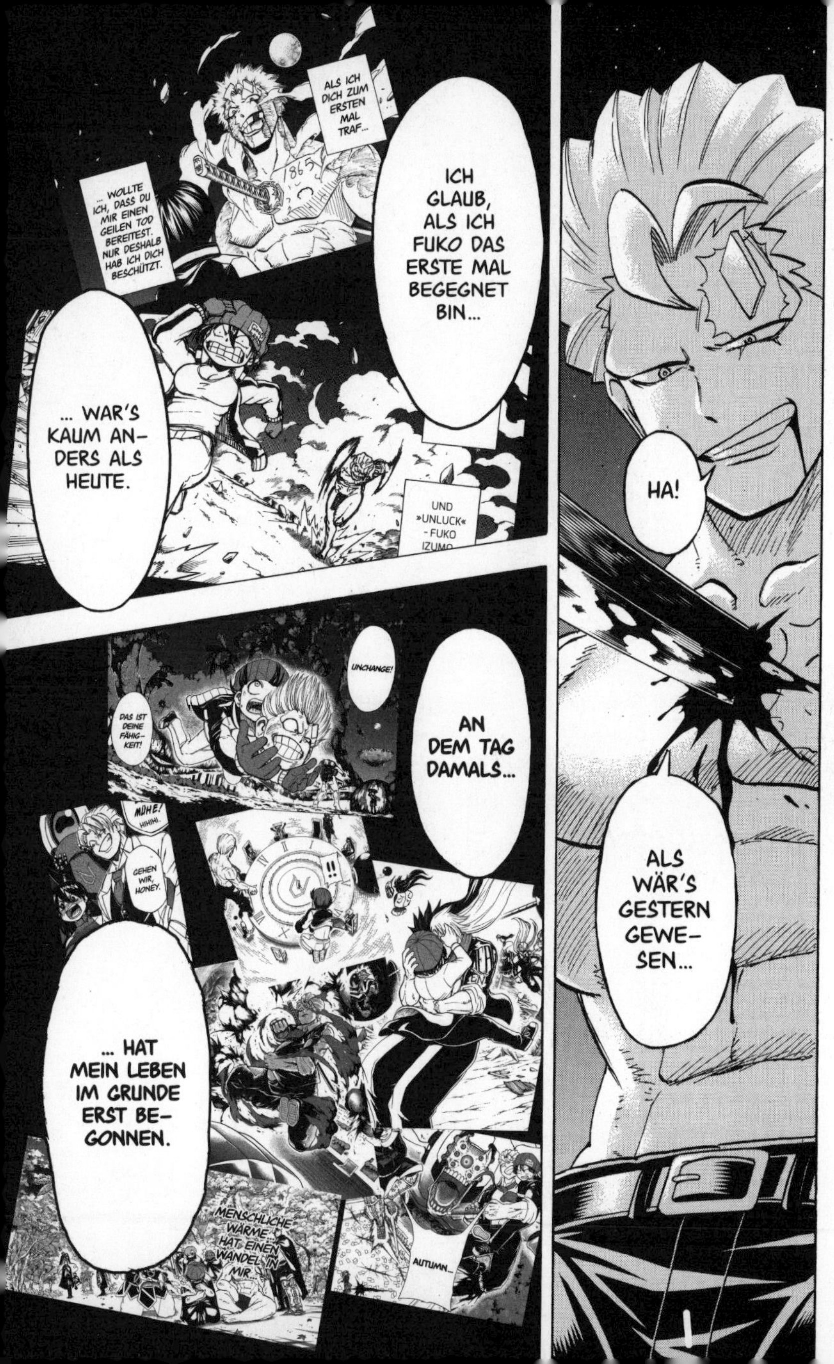
HA!
ALS WÄR'S GESTERN GEWESEN...
ALS ICH DICH ZUM ERSTEN MAL TRAF...
... WOLLTE ICH, DASS DU MIR EINEN GEILEN TOD BEREITEST. NUR DESHALB HAB ICH DICH BESCHÜTZT.
1865
ICH GLAUB, ALS ICH FUKO DAS ERSTE MAL BEGEGNET BIN...
UND »UNLUCK« - FUKO IZUMO
... WAR'S KAUM ANDERS ALS HEUTE.
UNCHANGE!
DAS IST DEINE FÄHIGKEIT!
AN DEM TAG DAMALS...
MÜHE!
HIHIHI.
GEHEN WIR, HONEY.
... HAT MEIN LEBEN IM GRUNDE ERST BEGONNEN.
MENSCHLICHE WÄRME HAT EINEN WANDEL IN MIR...
AUTUMN...

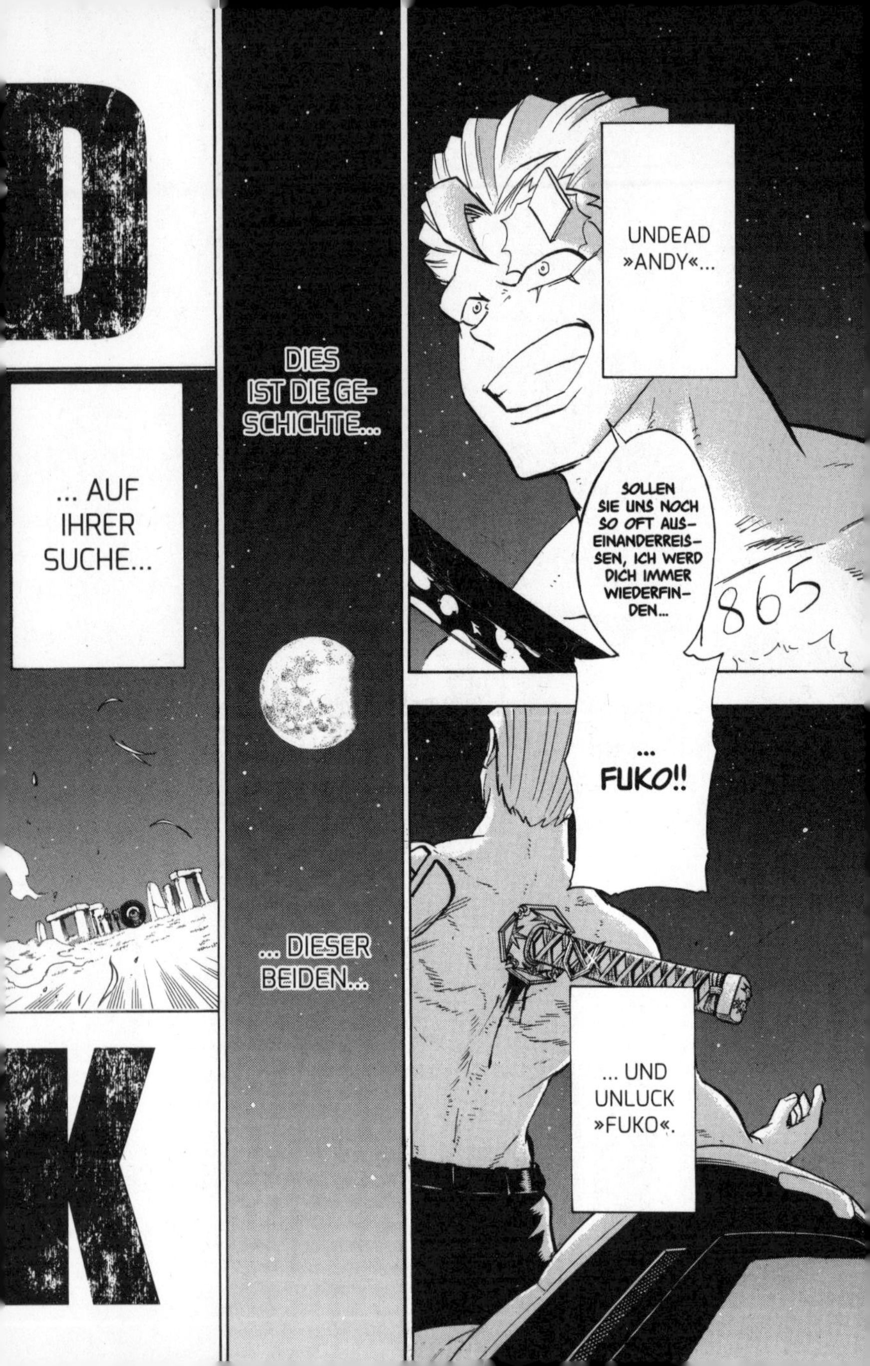
UNDEAD »ANDY«...
SOLLEN SIE UNS NOCH SO OFT AUSEINANDERREISSEN, ICH WERD DICH IMMER WIEDERFINDEN...
865
... FUKO!!
... UND UNLUCK »FUKO«.
DIES IST DIE GESCHICHTE...
... DIESER BEIDEN...
D
... AUF IHRER SUCHE...
K

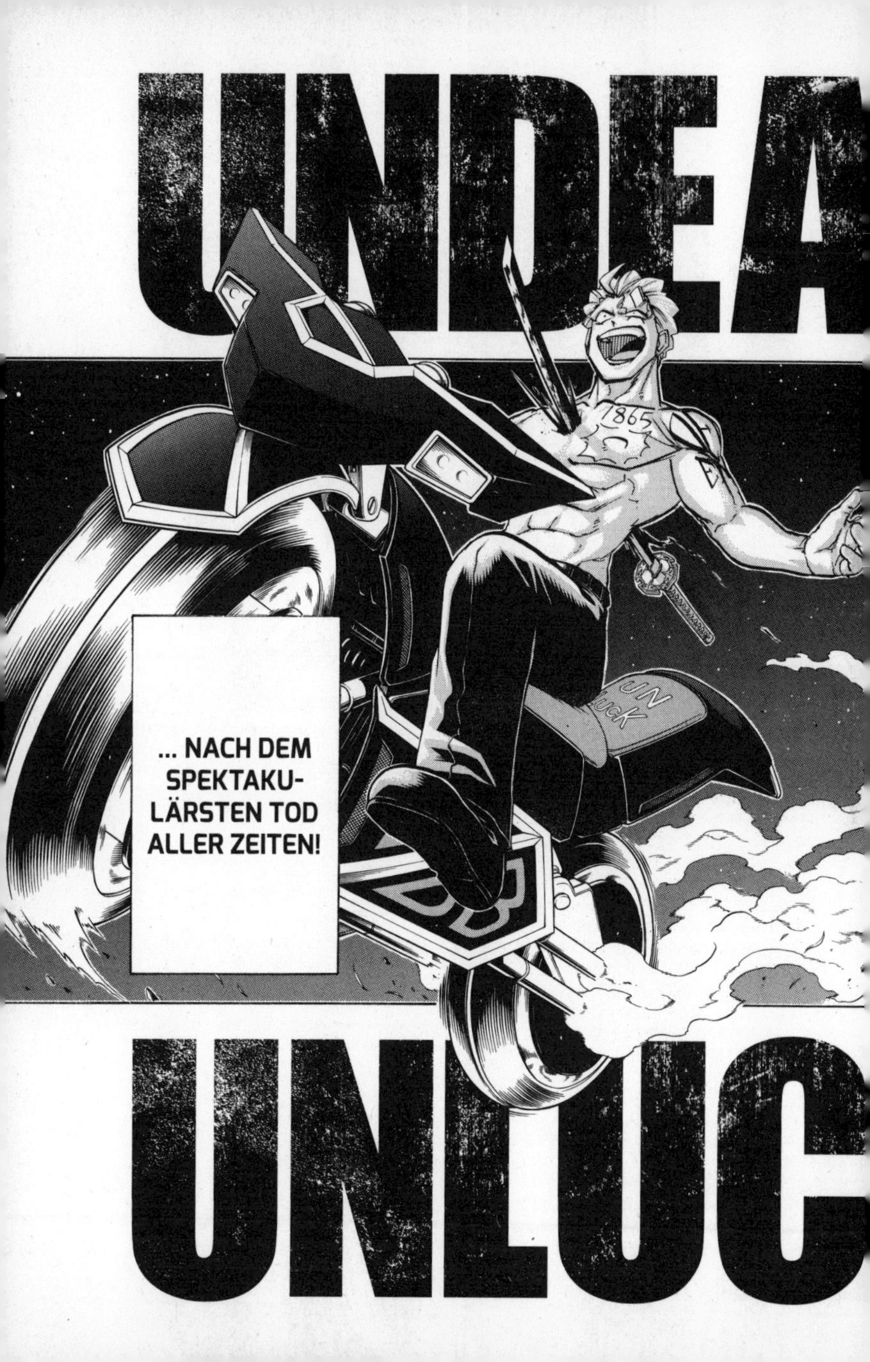
UNDEA
... NACH DEM SPEKTAKU-LÄRSTEN TOD ALLER ZEITEN!
UNLUC

DB

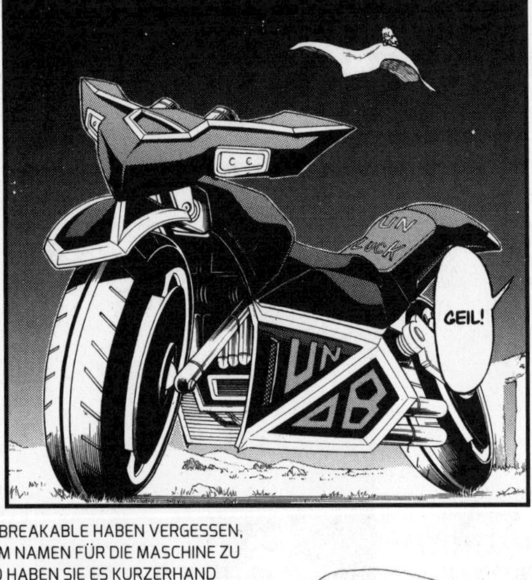

ANDY UND UNBREAKABLE HABEN VERGESSEN, NICO NACH DEM NAMEN FÜR DIE MASCHINE ZU FRAGEN, ALSO HABEN SIE ES KURZERHAND SELBST »UNDEAD UNBREAKABLE« ALIAS »DB« GETAUFT. ES IST EIN VON NICO ENTWORFENES MOTORRAD, DAS DANK ANDYS UNDEAD-SKILLS ZAHLREICHE FUNKTIONEN ERFÜLLT. ES KANN UNTER NORMALEN BEDINGUNGEN EINE GESCHWINDIGKEIT VON BIS ZU 400 KM/H ERREICHEN UND DURCH EINE EINSPRITZUNG VON ANDYS BLUT THEORETISCH SOGAR SCHALLGESCHWINDIGKEIT (LAUT NICOS ERKLÄRUNGEN). DER RAHMEN WURDE VON ISSHIN ENTWICKELT UND IST SOMIT UNZERSTÖRBAR. DAS MOTORRAD SELBST IST AUCH KAUM KAPUTT ZU KRIEGEN, AUSSER ES LIEGT EIN INTERNER SYSTEMFEHLER VOR. DIE MASCHINE IST MIT EINER KI AUSGESTATTET UND VOLL AUTOPILOTFÄHIG. SOLLTE EIN REGISTRIERTER FAHRER EINE BESTIMMTE STRECKE OHNE VORHERIGE MELDUNG VERLASSEN UND INNERHALB VON DREISSIG MINUTEN NICHT ZURÜCKKEHREN, WIRD AUTOMATISCH EINE SUCHE NACH DEM FAHRER EINGELEITET.

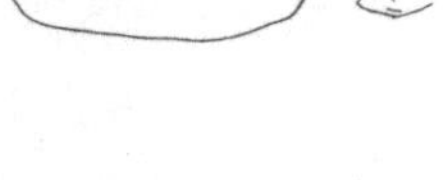

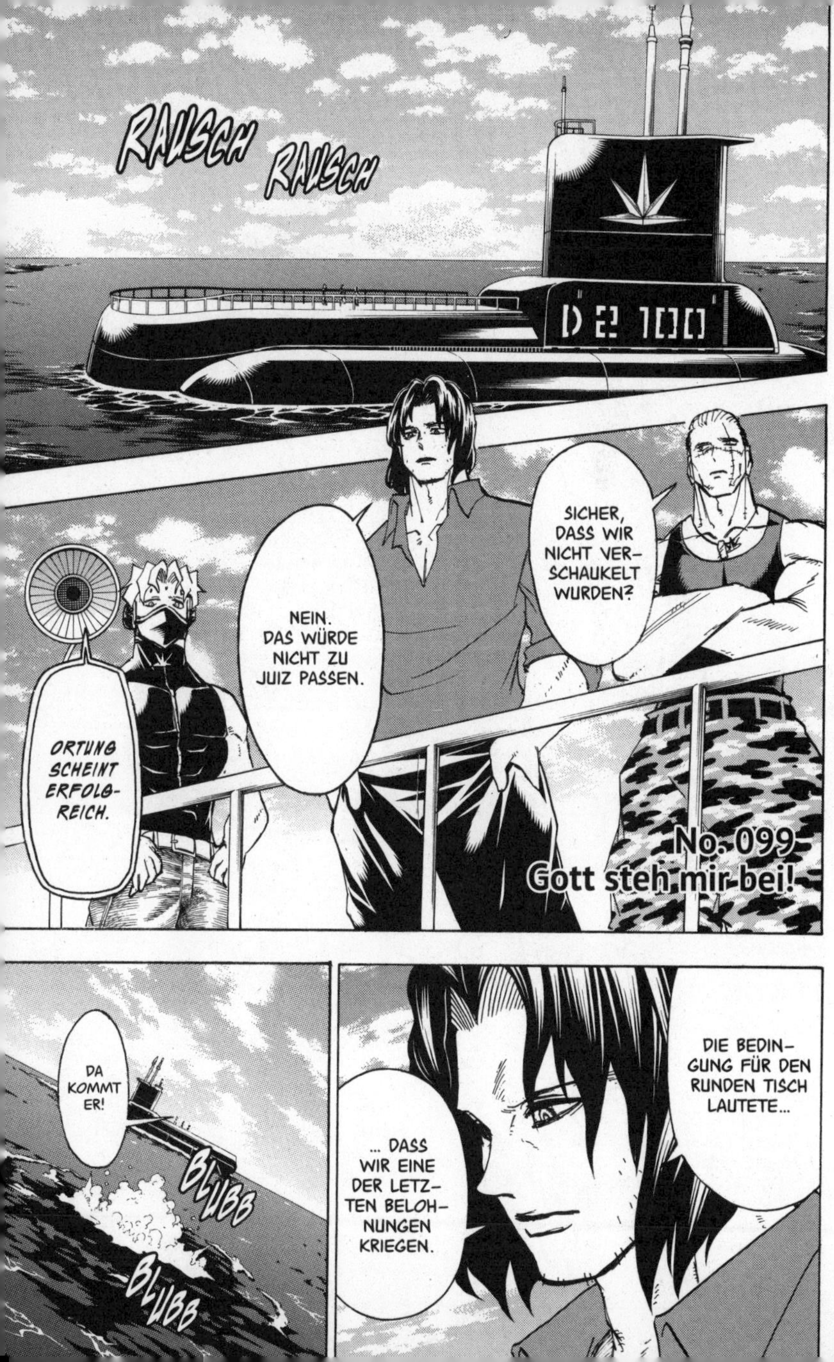
RAUSCH RAUSCH
D2 100
SICHER, DASS WIR NICHT VERSCHAUKELT WURDEN?
NEIN. DAS WÜRDE NICHT ZU JUIZ PASSEN.
ORTUNG SCHEINT ERFOLGREICH.
No. 099
Gott steh mir bei!
DIE BEDINGUNG FÜR DEN RUNDEN TISCH LAUTETE...
... DASS WIR EINE DER LETZTEN BELOHNUNGEN KRIEGEN.
DA KOMMT ER!
BLUBB
BLUBB

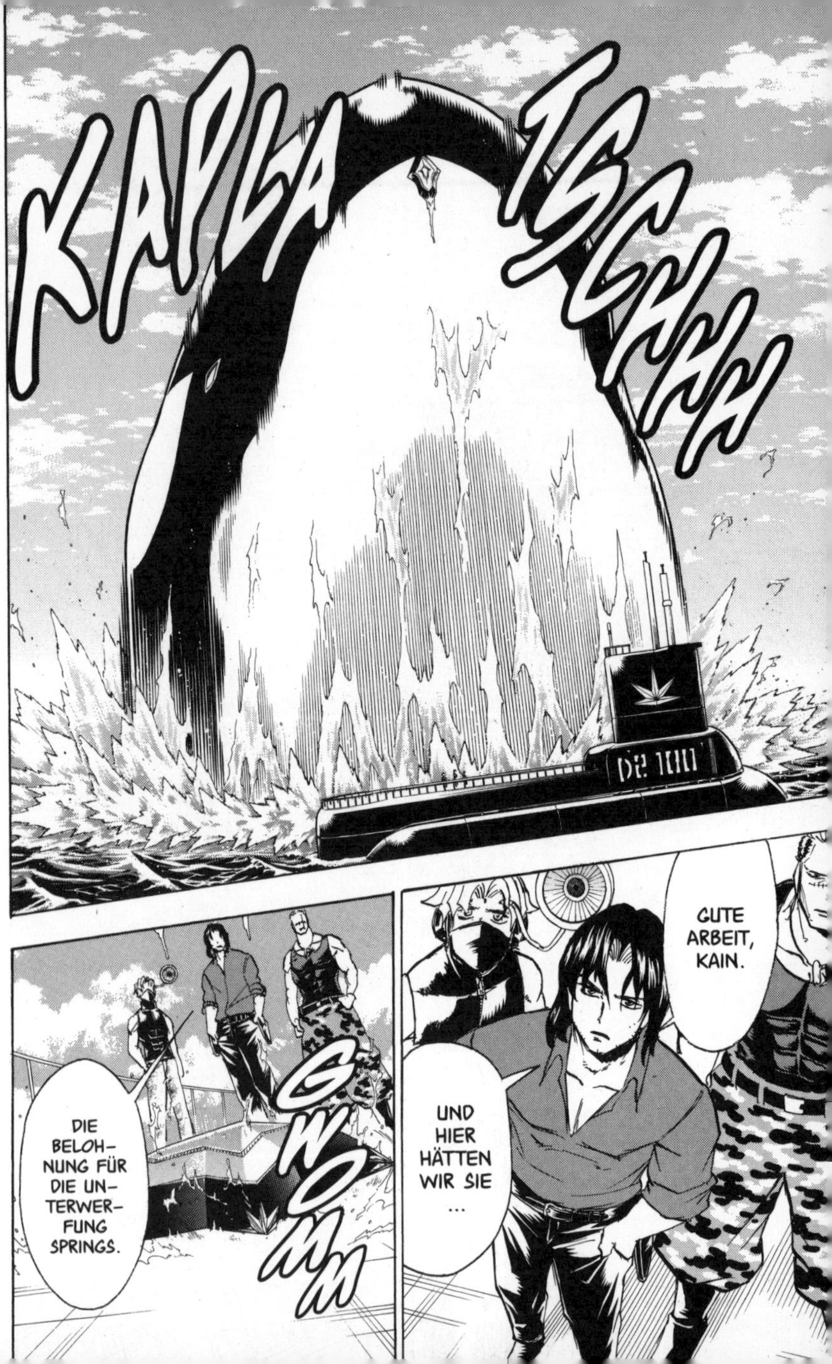
KAPLA
TSCHHH
GUTE ARBEIT, KAIN.
UND HIER HÄTTEN WIR SIE ...
GWOMMM
DIE BELOH-NUNG FÜR DIE UN-TERWER-FUNG SPRINGS.

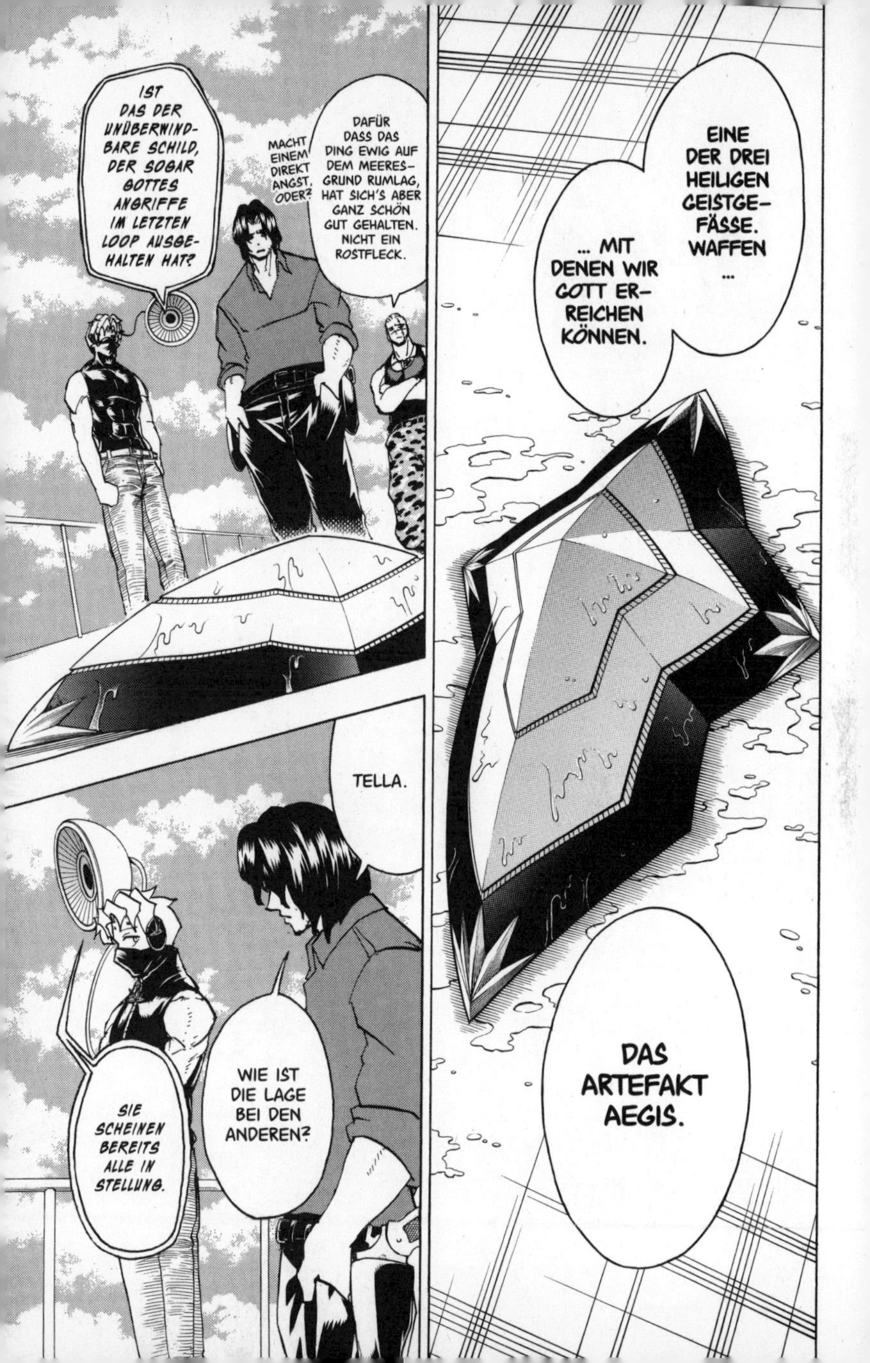
IST DAS DER UNÜBERWINDBARE SCHILD, DER SOGAR GOTTES ANGRIFFE IM LETZTEN LOOP AUSGEHALTEN HAT?
MACHT EINEM DIREKT ANGST, ODER?
DAFÜR DASS DAS DING EWIG AUF DEM MEERESGRUND RUMLAG, HAT SICH'S ABER GANZ SCHÖN GUT GEHALTEN. NICHT EIN ROSTFLECK.
EINE DER DREI HEILIGEN GEISTGEFÄSSE. WAFFEN ...
... MIT DENEN WIR GOTT ERREICHEN KÖNNEN.
DAS ARTEFAKT AEGIS.
TELLA.
WIE IST DIE LAGE BEI DEN ANDEREN?
SIE SCHEINEN BEREITS ALLE IN STELLUNG.

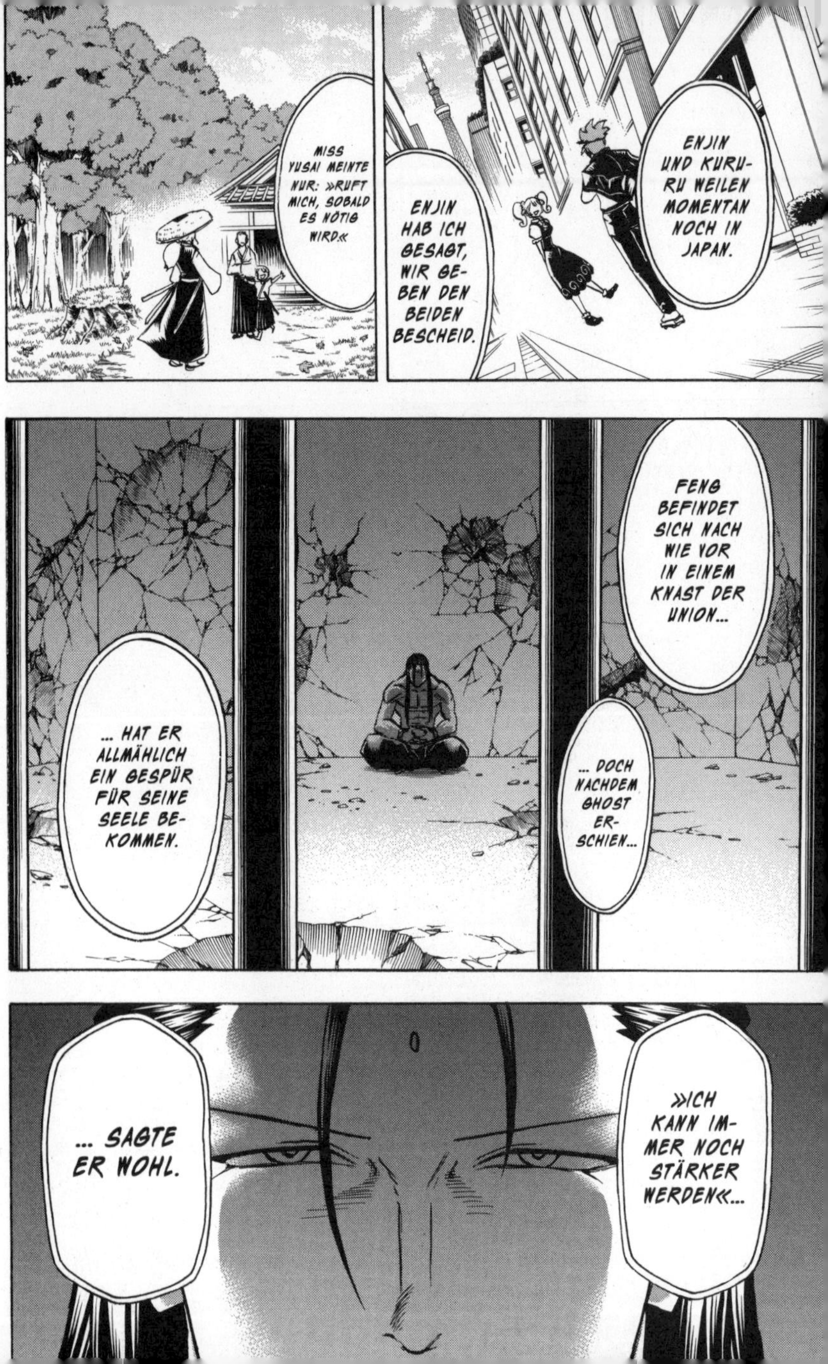
ENJIN UND KURURU WEILEN MOMENTAN NOCH IN JAPAN.
ENJIN HAB ICH GESAGT, WIR GEBEN DEN BEIDEN BESCHEID.
MISS YUSAI MEINTE NUR: »RUFT MICH, SOBALD ES NÖTIG WIRD«
FENG BEFINDET SICH NACH WIE VOR IN EINEM KNAST DER UNION…
… DOCH NACHDEM GHOST ERSCHIEN…
… HAT ER ALLMÄHLICH EIN GESPÜR FÜR SEINE SEELE BEKOMMEN.
»ICH KANN IMMER NOCH STÄRKER WERDEN«…
… SAGTE ER WOHL.

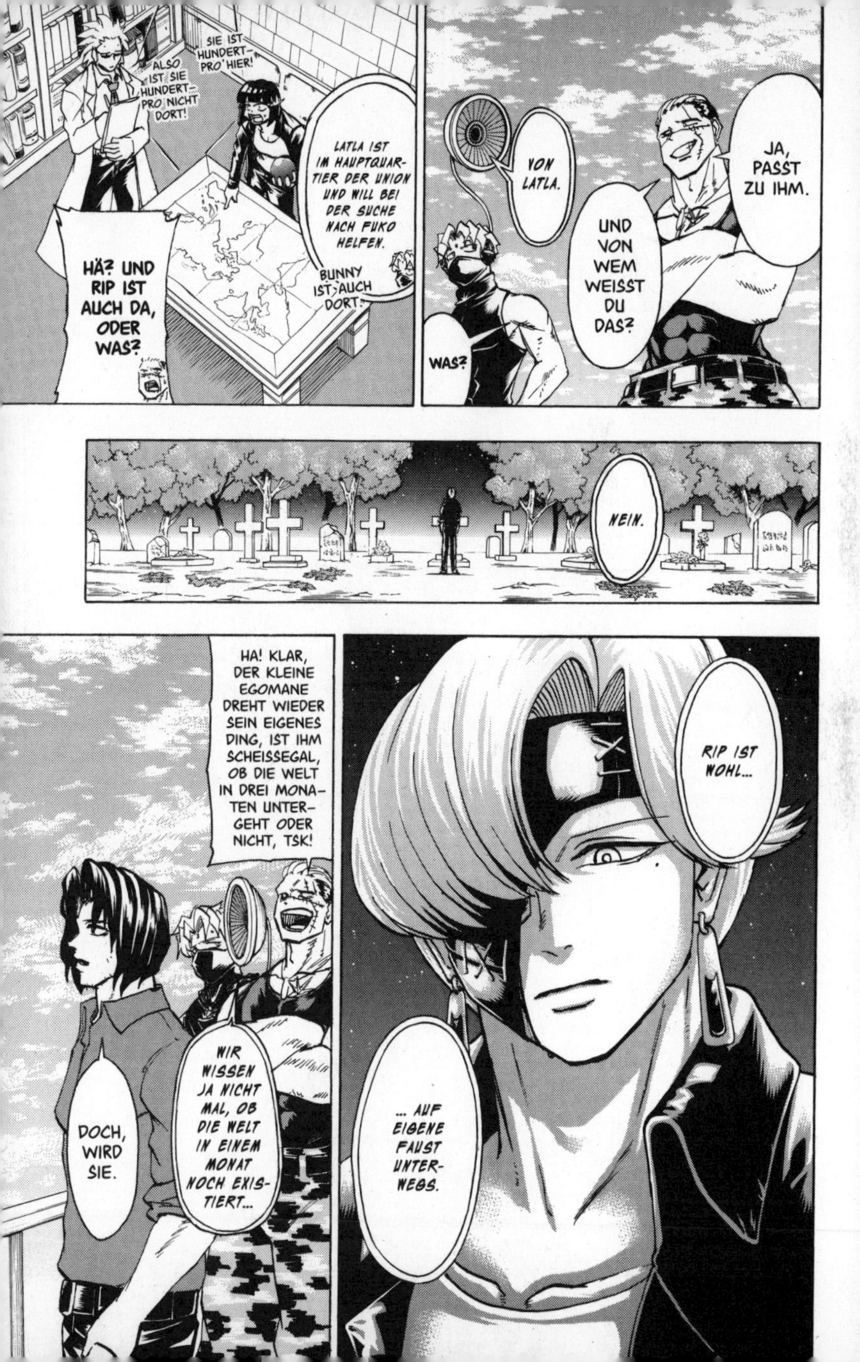
LATLA IST IM HAUPTQUARTIER DER UNION UND WILL BEI DER SUCHE NACH FUKO HELFEN.
BUNNY IST AUCH DORT?
SIE IST HUNDERT-PRO HIER!
ALSO IST SIE HUNDERT-PRO NICHT DORT!
HÄ? UND RIP IST AUCH DA, ODER WAS?
UND VON WEM WEISST DU DAS?
VON LATLA.
JA, PASST ZU IHM.
WAS?
NEIN.
RIP IST WOHL...
... AUF EIGENE FAUST UNTERWEGS.
HA! KLAR, DER KLEINE EGOMANE DREHT WIEDER SEIN EIGENES DING, IST IHM SCHEISSEGAL, OB DIE WELT IN DREI MONATEN UNTERGEHT ODER NICHT, TSK!
WIR WISSEN JA NICHT MAL, OB DIE WELT IN EINEM MONAT NOCH EXISTIERT...
DOCH, WIRD SIE.

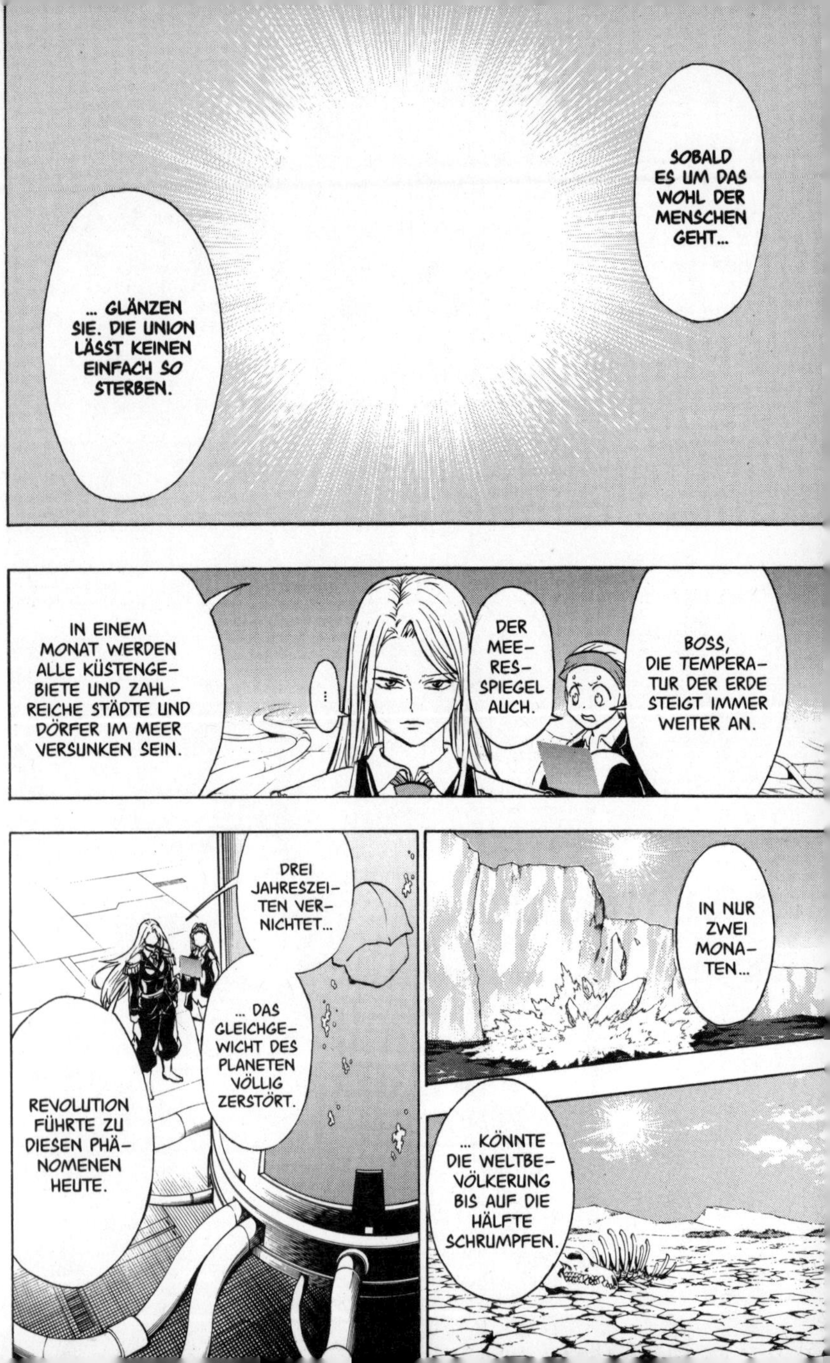
SOBALD ES UM DAS WOHL DER MENSCHEN GEHT...
... GLÄNZEN SIE. DIE UNION LÄSST KEINEN EINFACH SO STERBEN.
BOSS, DIE TEMPERATUR DER ERDE STEIGT IMMER WEITER AN.
DER MEERESSPIEGEL AUCH.
...
IN EINEM MONAT WERDEN ALLE KÜSTENGEBIETE UND ZAHLREICHE STÄDTE UND DÖRFER IM MEER VERSUNKEN SEIN.
IN NUR ZWEI MONATEN...
... KÖNNTE DIE WELTBEVÖLKERUNG BIS AUF DIE HÄLFTE SCHRUMPFEN.
DREI JAHRESZEITEN VERNICHTET...
... DAS GLEICHGEWICHT DES PLANETEN VÖLLIG ZERSTÖRT.
REVOLUTION FÜHRTE ZU DIESEN PHÄNOMENEN HEUTE.

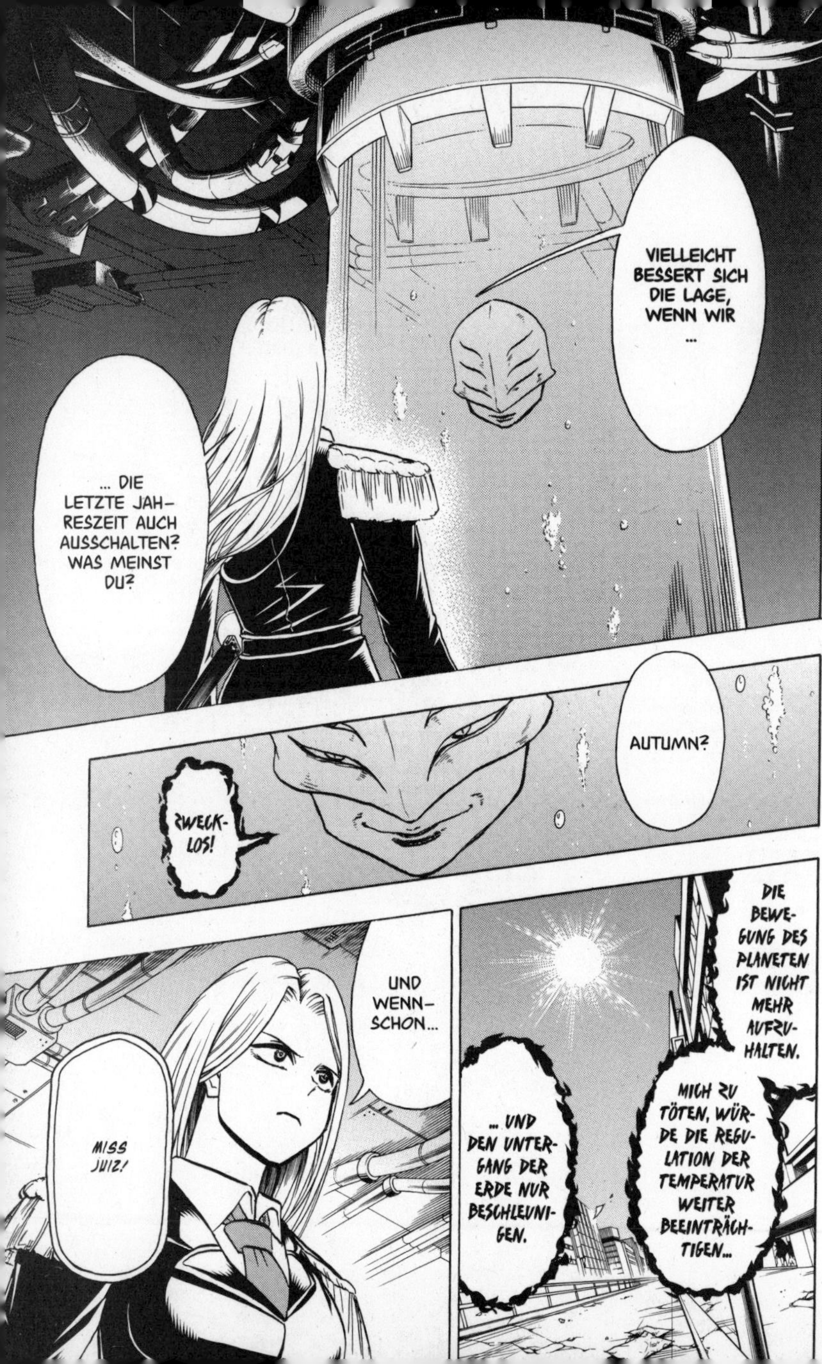
VIELLEICHT BESSERT SICH DIE LAGE, WENN WIR ...
... DIE LETZTE JAHRESZEIT AUCH AUSSCHALTEN? WAS MEINST DU?
AUTUMN?
ZWECKLOS!
DIE BEWEGUNG DES PLANETEN IST NICHT MEHR AUFZUHALTEN.
MICH ZU TÖTEN, WÜRDE DIE REGULATION DER TEMPERATUR WEITER BEEINTRÄCHTIGEN...
... UND DEN UNTERGANG DER ERDE NUR BESCHLEUNIGEN.
UND WENNSCHON...
MISS JUIZ!

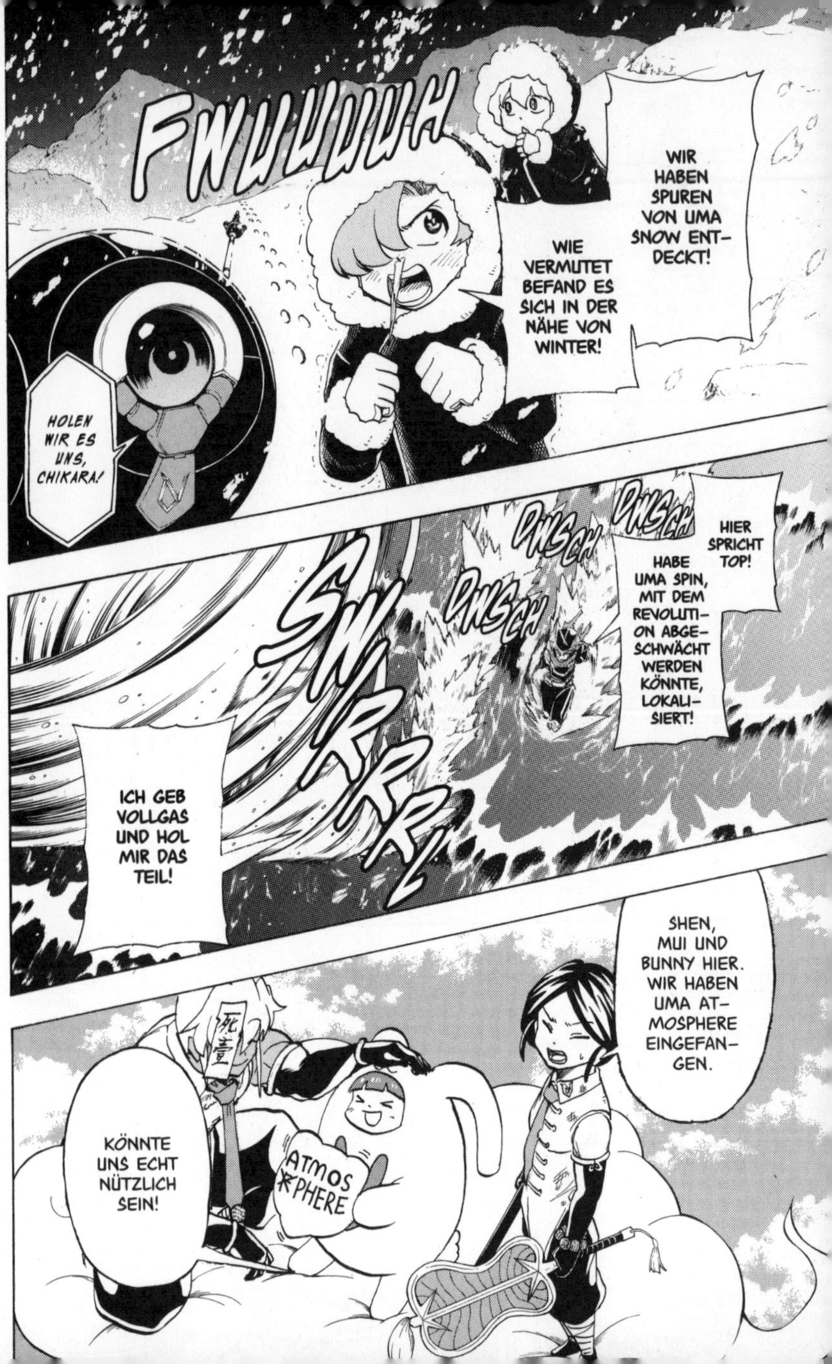
FWUUUUUH
WIR HABEN SPUREN VON UMA SNOW ENTDECKT!
WIE VERMUTET BEFAND ES SICH IN DER NÄHE VON WINTER!
HOLEN WIR ES UNS, CHIKARA!
DWSCH
DWSCH
DWSCH
HIER SPRICHT TOP!
HABE UMA SPIN, MIT DEM REVOLUTION ABGESCHWÄCHT WERDEN KÖNNTE, LOKALISIERT!
SWIRRRRL
ICH GEB VOLLGAS UND HOL MIR DAS TEIL!
SHEN, MUI UND BUNNY HIER. WIR HABEN UMA ATMOSPHERE EINGEFANGEN.
KÖNNTE UNS ECHT NÜTZLICH SEIN!
ATMOS PHERE

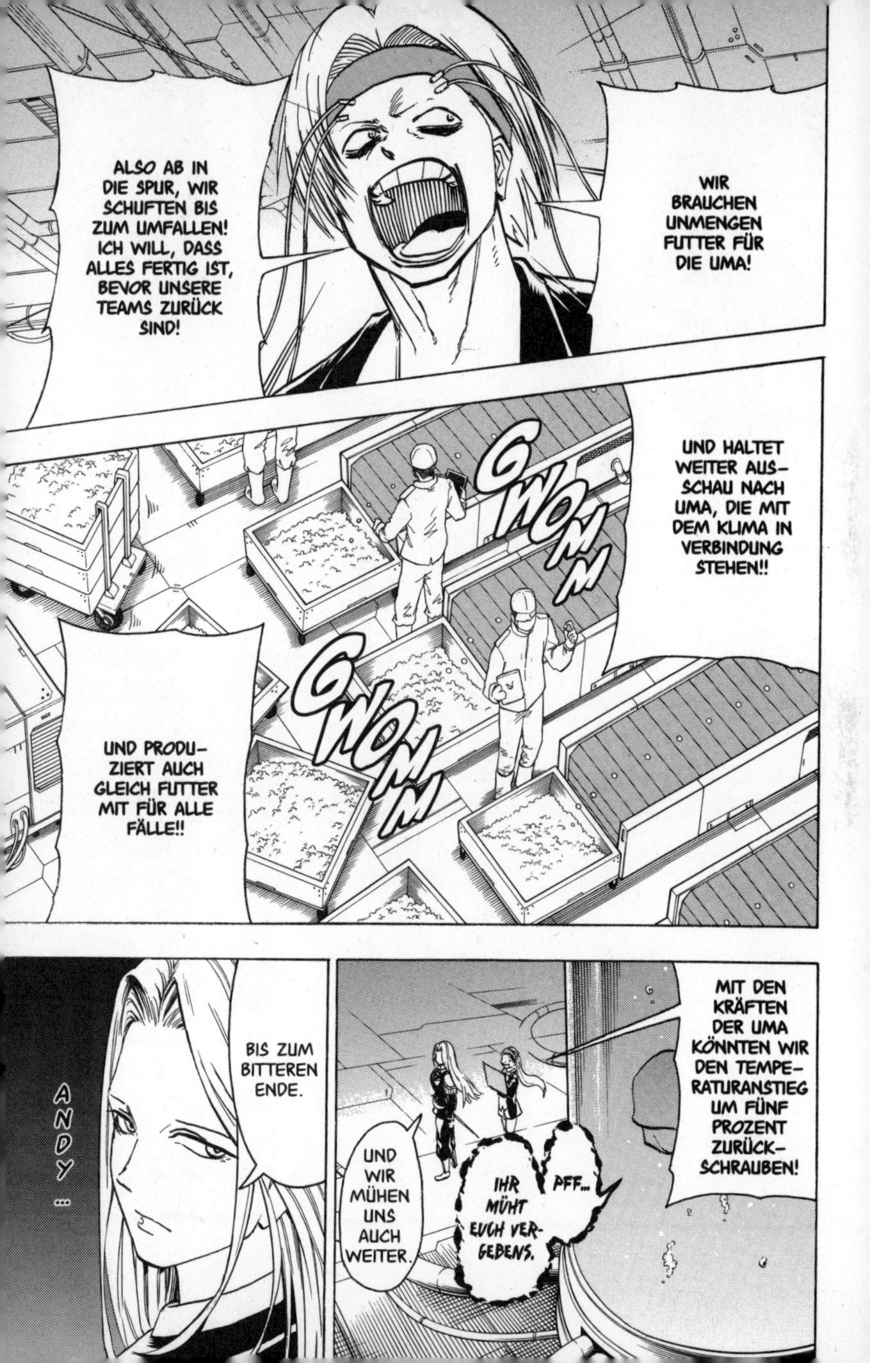
ALSO AB IN DIE SPUR, WIR SCHUFTEN BIS ZUM UMFALLEN! ICH WILL, DASS ALLES FERTIG IST, BEVOR UNSERE TEAMS ZURÜCK SIND!
WIR BRAUCHEN UNMENGEN FUTTER FÜR DIE UMA!
GWOMM
UND HALTET WEITER AUS-SCHAU NACH UMA, DIE MIT DEM KLIMA IN VERBINDUNG STEHEN!!
UND PRODU-ZIERT AUCH GLEICH FUTTER MIT FÜR ALLE FÄLLE!!
GWOMM
ANDY ...
BIS ZUM BITTEREN ENDE.
UND WIR MÜHEN UNS AUCH WEITER.
MIT DEN KRÄFTEN DER UMA KÖNNTEN WIR DEN TEMPE-RATURANSTIEG UM FÜNF PROZENT ZURÜCK-SCHRAUBEN!
PFF...
IHR MÜHT EUCH VER-GEBENS.

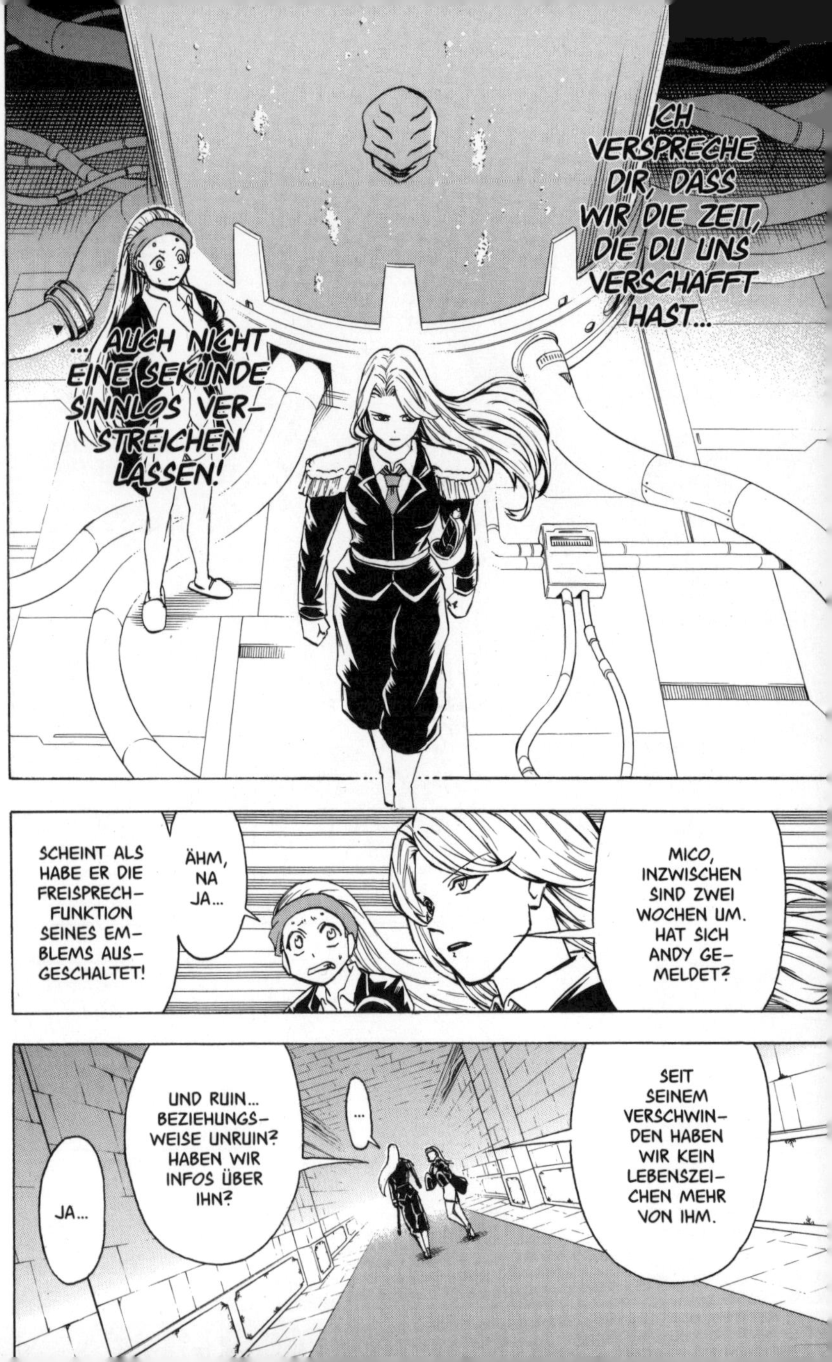
ICH VERSPRECHE DIR, DASS WIR DIE ZEIT, DIE DU UNS VERSCHAFFT HAST...
...AUCH NICHT EINE SEKUNDE SINNLOS VERSTREICHEN LASSEN!
MICO, INZWISCHEN SIND ZWEI WOCHEN UM. HAT SICH ANDY GEMELDET?
ÄHM, NA JA...
SCHEINT ALS HABE ER DIE FREISPRECHFUNKTION SEINES EMBLEMS AUSGESCHALTET!
SEIT SEINEM VERSCHWINDEN HABEN WIR KEIN LEBENSZEICHEN MEHR VON IHM.
...
UND RUIN... BEZIEHUNGSWEISE UNRUIN? HABEN WIR INFOS ÜBER IHN?
JA...

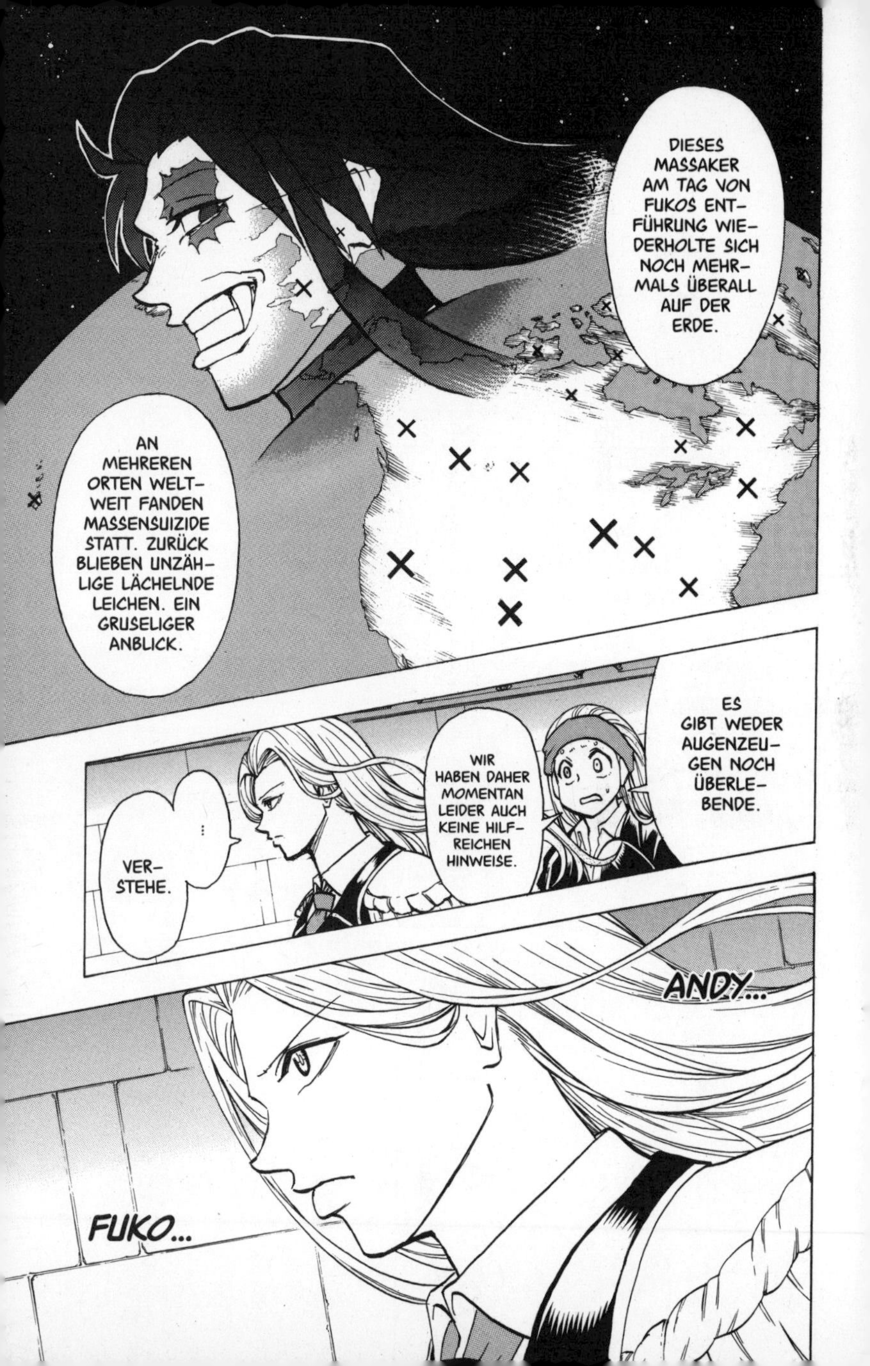
DIESES MASSAKER AM TAG VON FUKOS ENT-FÜHRUNG WIE-DERHOLTE SICH NOCH MEHR-MALS ÜBERALL AUF DER ERDE.
AN MEHREREN ORTEN WELT-WEIT FANDEN MASSENSUIZIDE STATT. ZURÜCK BLIEBEN UNZÄH-LIGE LÄCHELNDE LEICHEN. EIN GRUSELIGER ANBLICK.
ES GIBT WEDER AUGENZEU-GEN NOCH ÜBERLE-BENDE.
WIR HABEN DAHER MOMENTAN LEIDER AUCH KEINE HILF-REICHEN HINWEISE.
...
VER-STEHE.
ANDY...
FUKO...

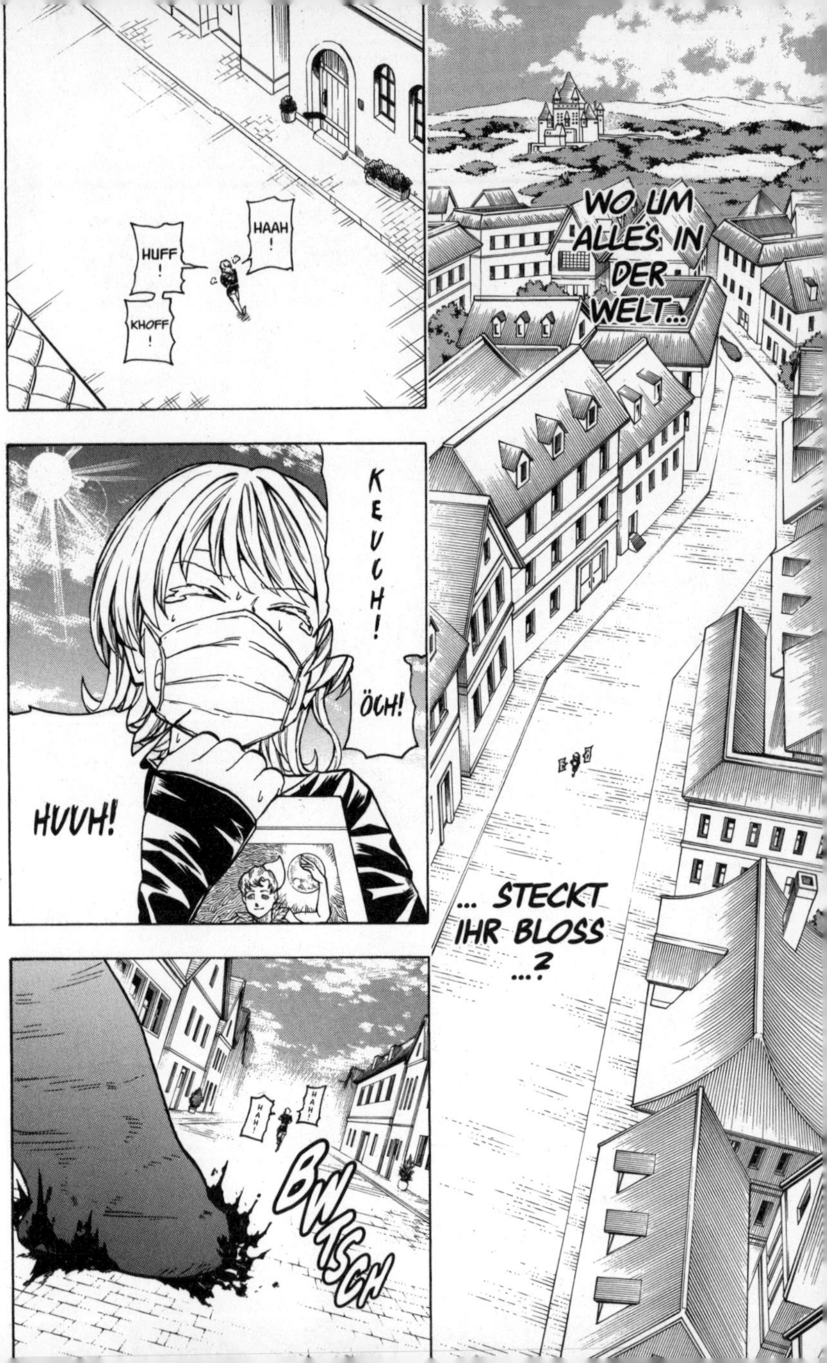
WO UM ALLES IN DER WELT...
... STECKT IHR BLOSS ...?
HAAH!
HUFF!
KHOFF!
KEUCH!
ÖCH!
HUUH!
HAH!
HAH!
BWISCH

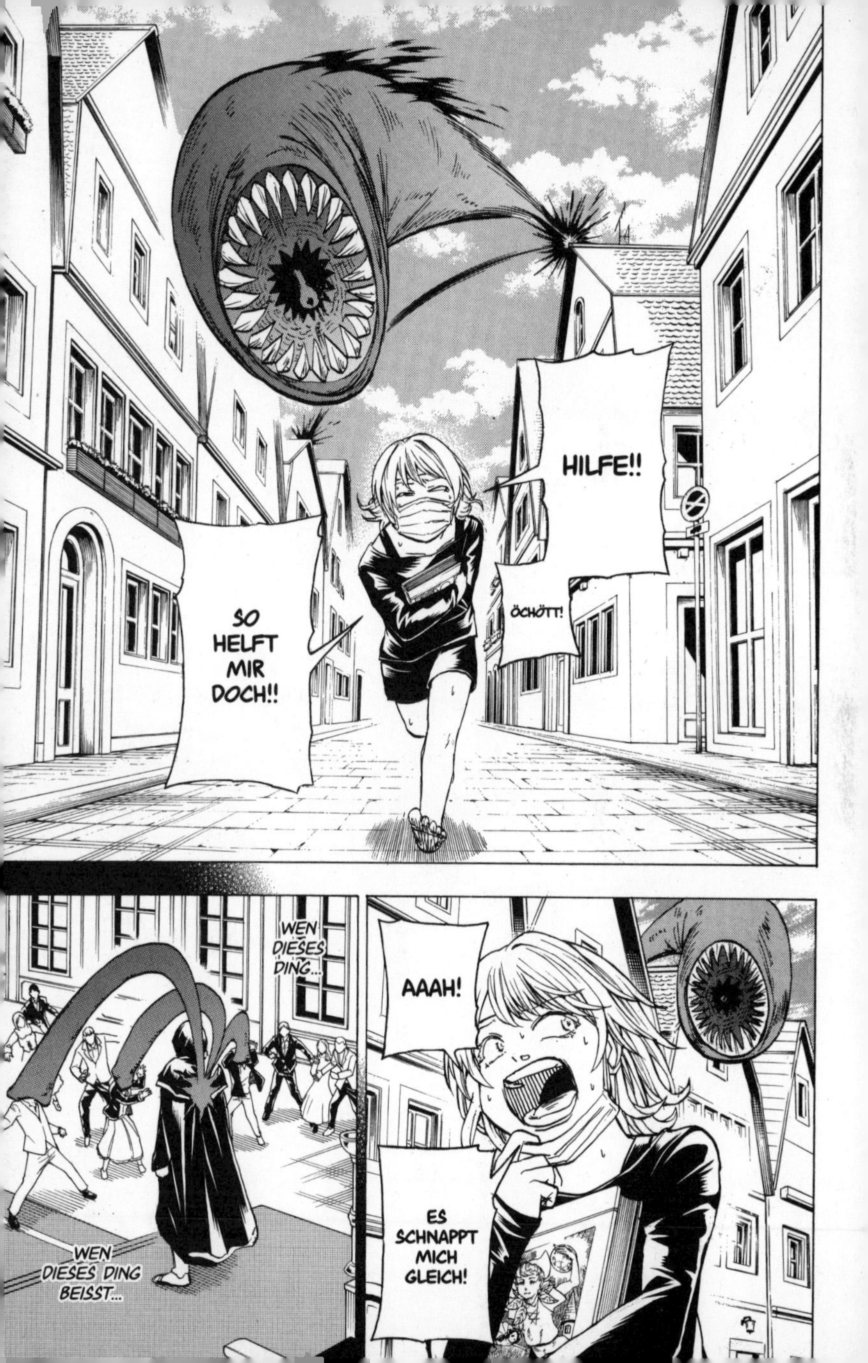
HILFE!!
ÖCHÖTT!
SO HELFT MIR DOCH!!
AAAH!
ES SCHNAPPT MICH GLEICH!
WEN DIESES DING...
WEN DIESES DING BEISST...

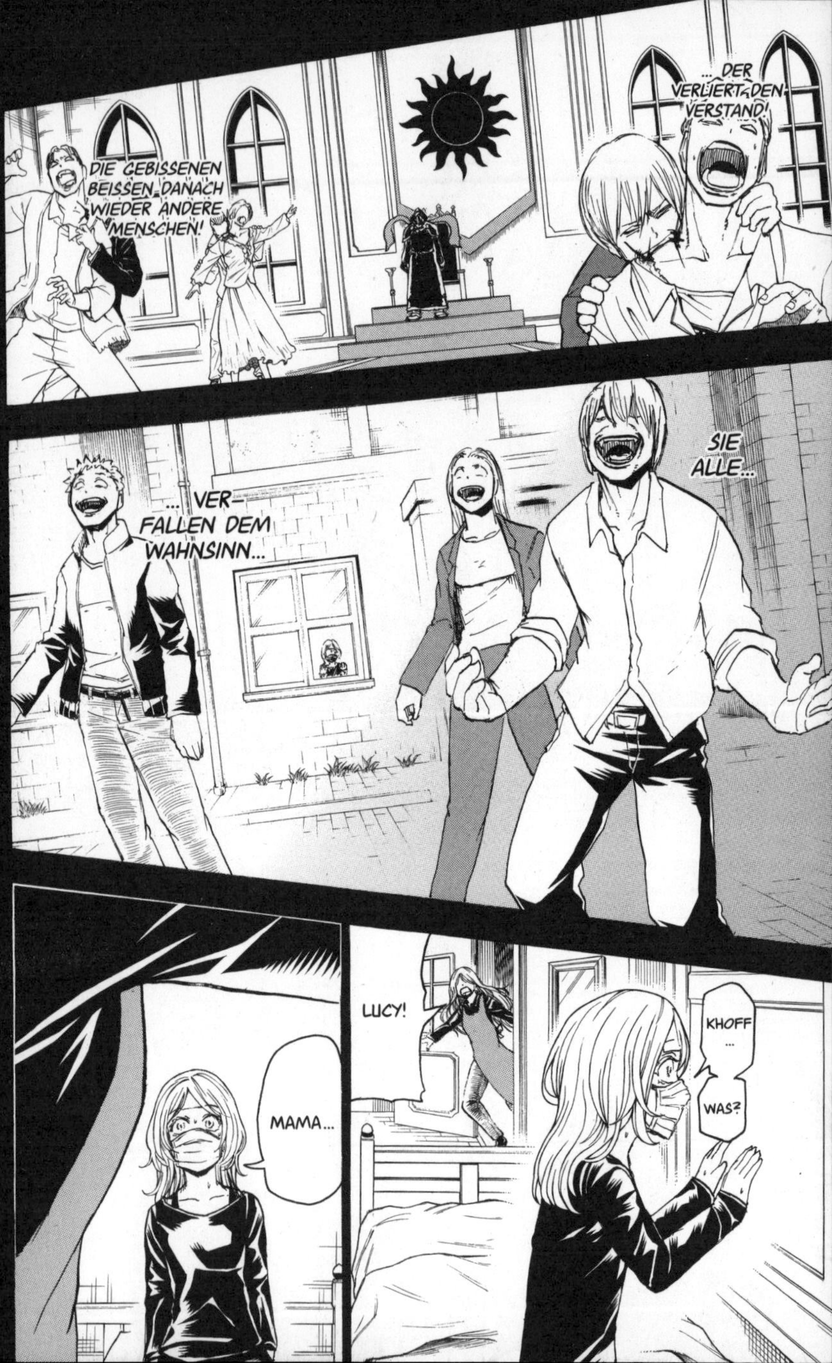
... DER VERLIERT DEN VERSTAND!
DIE GEBISSENEN BEISSEN DANACH WIEDER ANDERE MENSCHEN!
SIE ALLE...
... VER-FALLEN DEM WAHNSINN...
LUCY!
KHOFF ...
WAS?
MAMA...

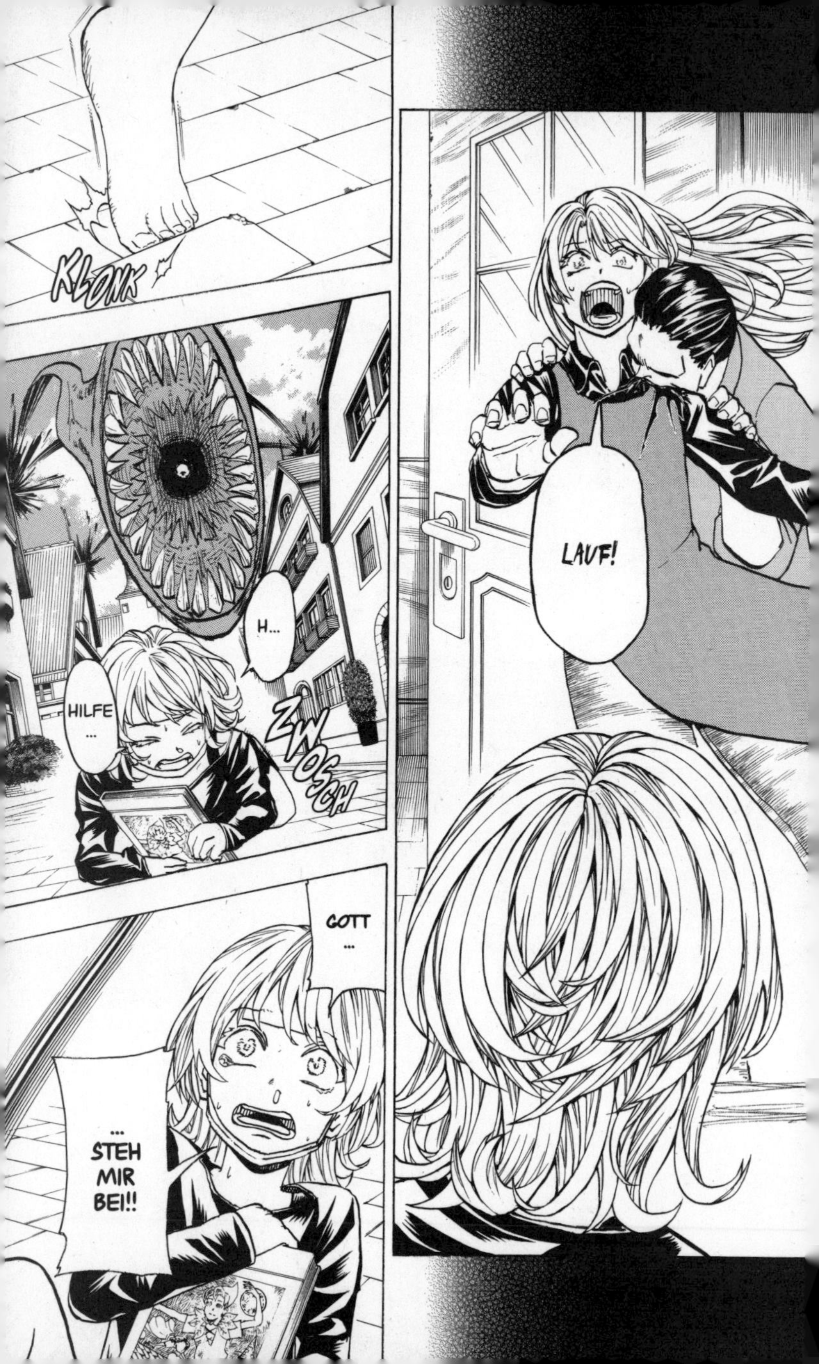
KLONK
H...
HILFE ...
ZWOSCH
GOTT ...
... STEH MIR BEI!!
LAUF!

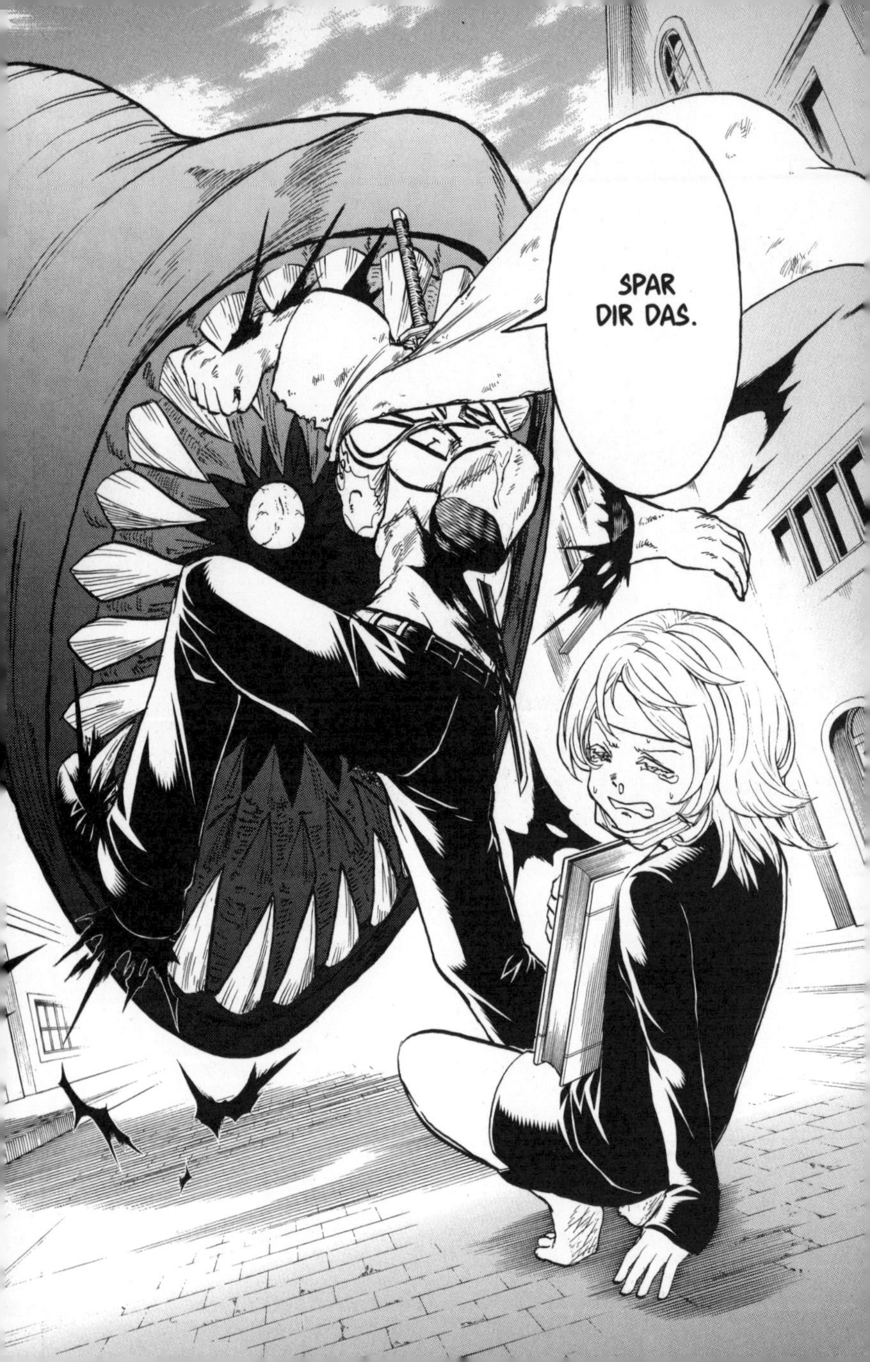
SPAR DIR DAS.

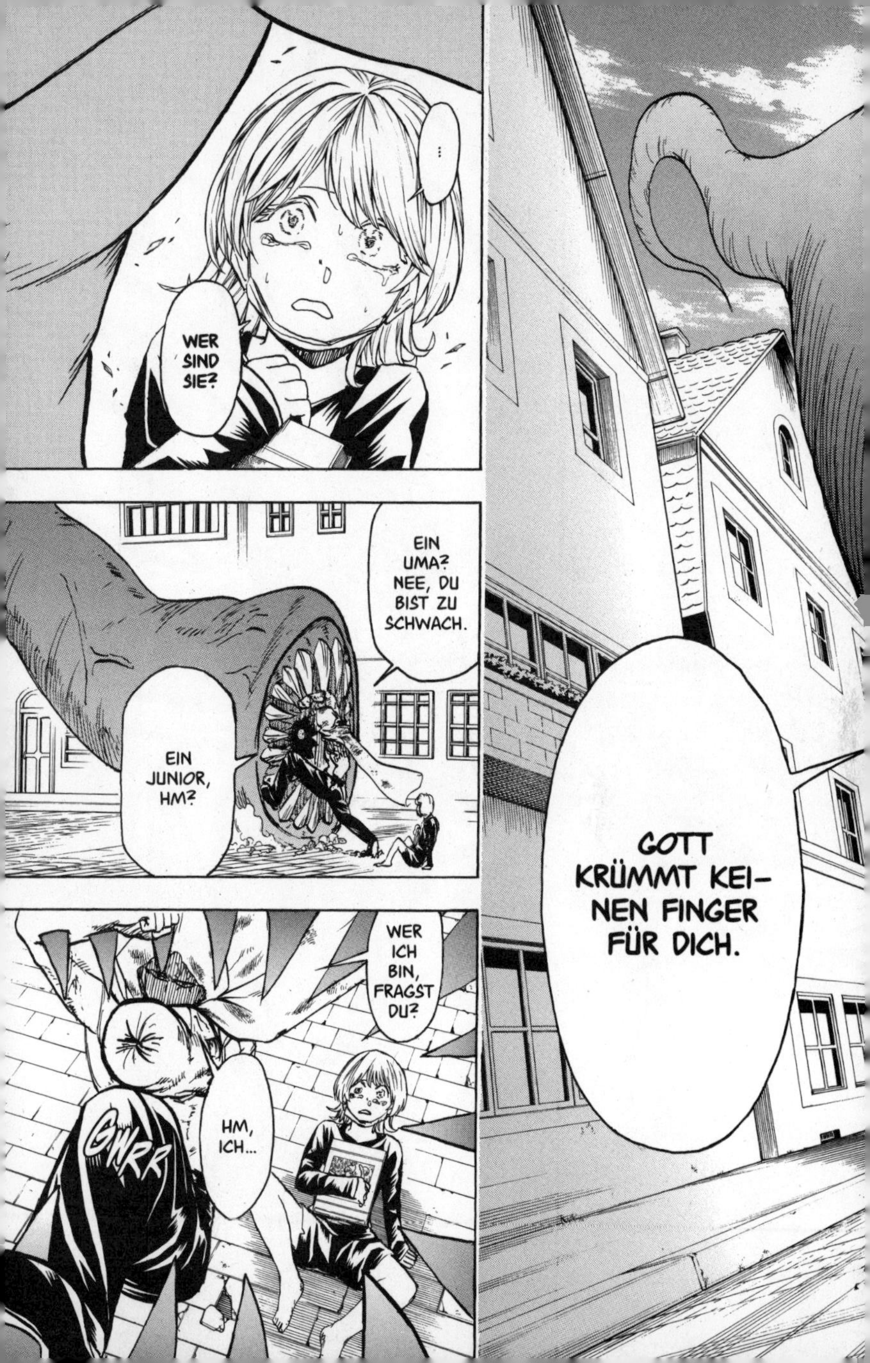
…
WER SIND SIE?
EIN UMA? NEE, DU BIST ZU SCHWACH.
EIN JUNIOR, HM?
WER ICH BIN, FRAGST DU?
HM, ICH…
GWRR
GOTT KRÜMMT KEI-NEN FINGER FÜR DICH.

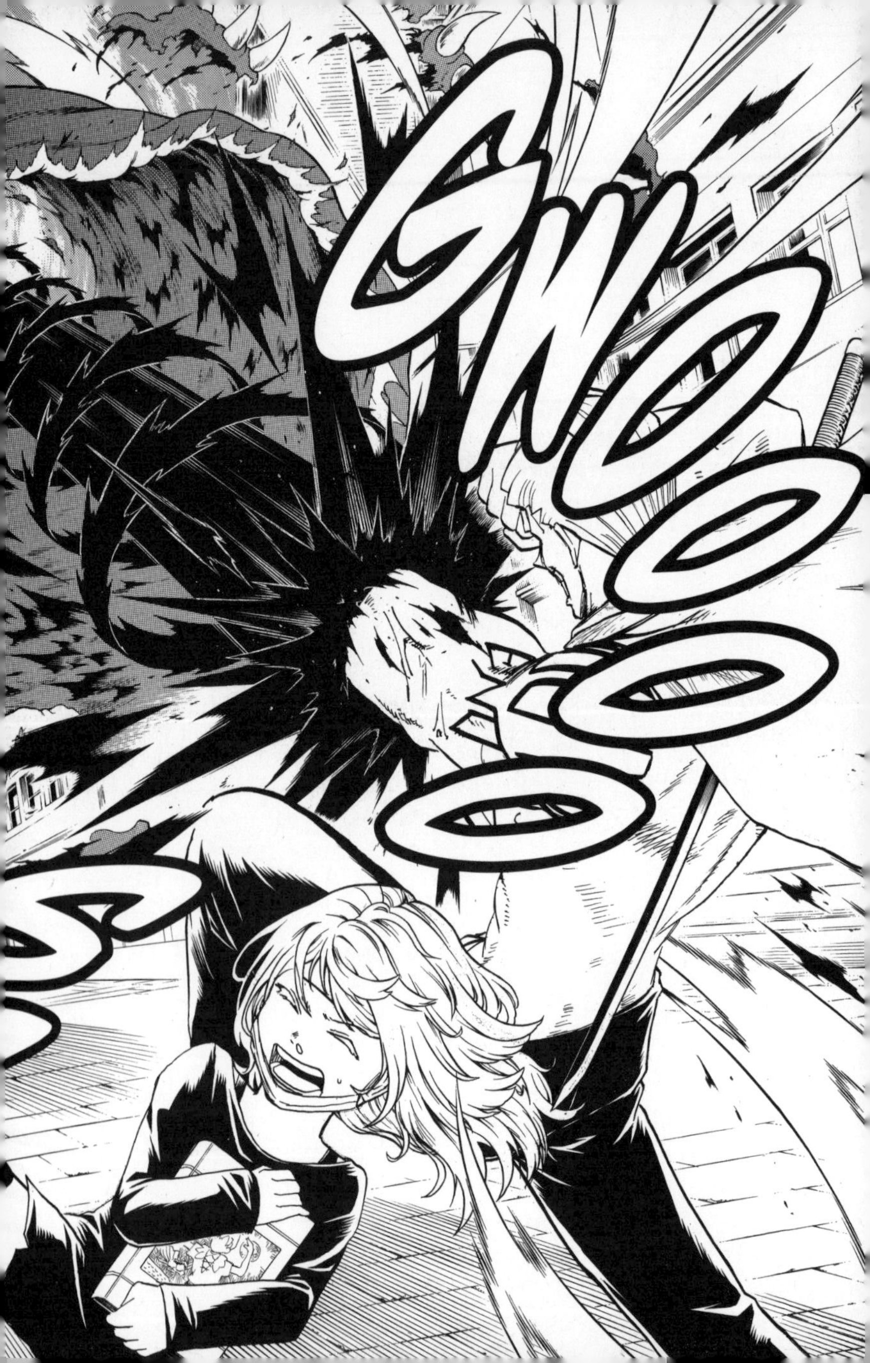
GWOOOS

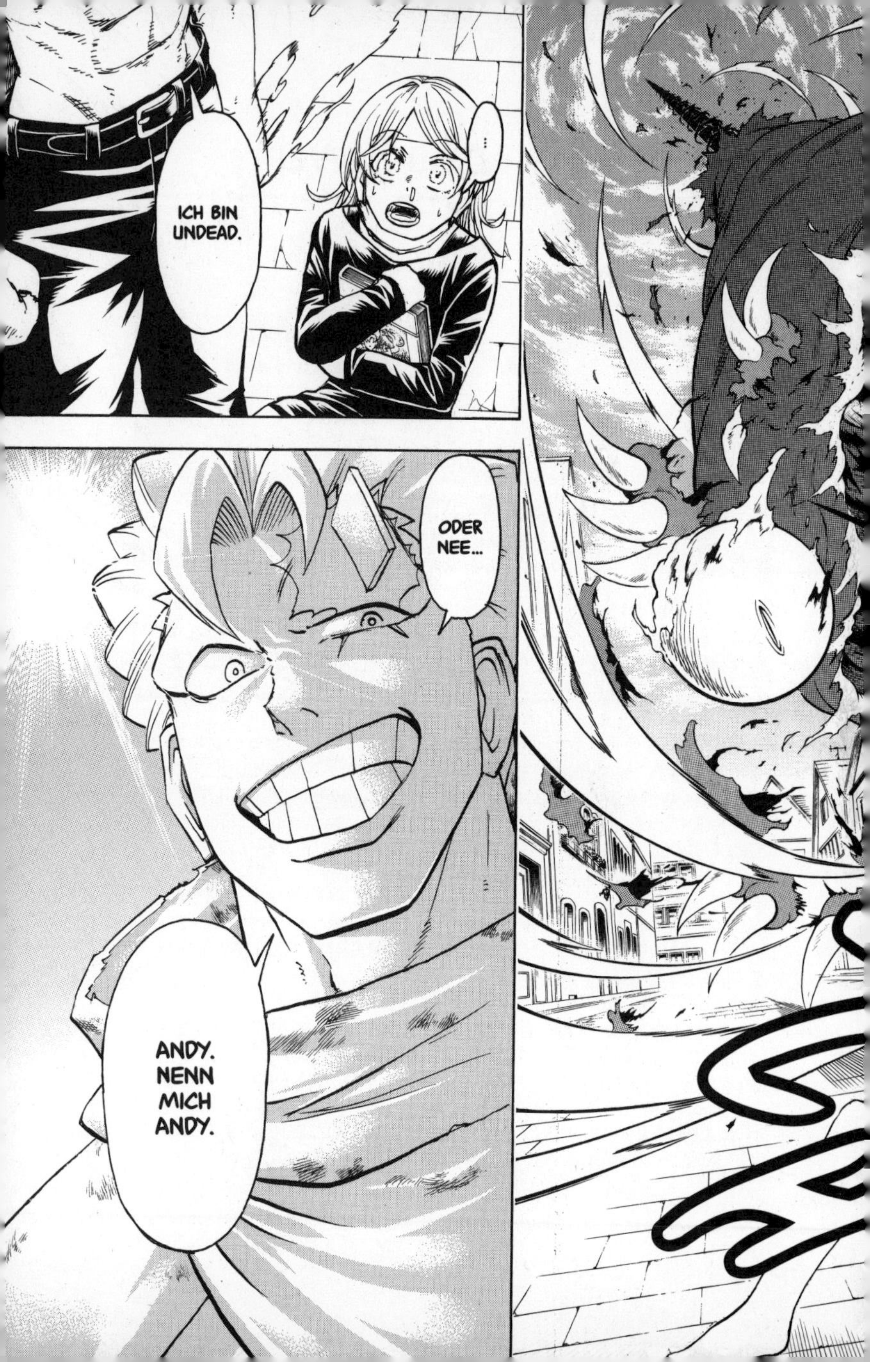
ICH BIN UNDEAD.
...
ODER NEE...
ANDY. NENN MICH ANDY.

ARTEFAKT D2100 (DIVER)

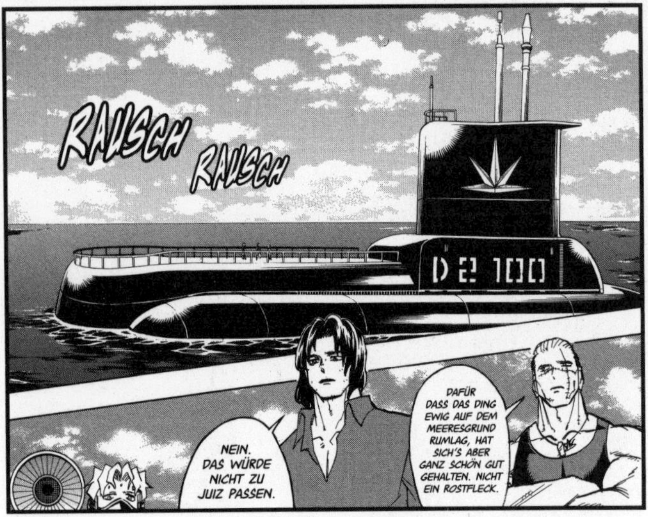

EIN ARTEFAKT IN FORM EINES U-BOOTS, DAS IN UNDERS BESITZ IST. AUSGESTATTET MIT EINER STARKEN PANZERUNG UND TORPEDOS ZUR UNTERWASSERABWEHR IM KAMPF GEGEN UMA. WIRD EIN TORPEDO ABGESCHOSSEN, KANN ERNEUT GELADEN WERDEN, WOFÜR DER NUTZER DES GESCHOSSES ZEHN JAHRE SEINES LEBENS ZUR VERFÜGUNG STELLEN MUSS. DIESER NACHTEIL WIRD DADURCH VERMIEDEN, DASS UNDER DEN UNERSCHÖPFLICHKEITS-SKILL VON CREED NUTZT. KANN UMA UND ARTEFAKTE AUFSPÜREN, DIE SICH IN DER NÄHE BEFINDEN, ABER NUR UNTER WASSER. DAS U-BOOT IST AUCH MIT EINEM RADAR AUSGESTATTET.

NEBENBEI BEMERKT: KAIN, EIN UMA, DAS ANDY MAG, BETRACHTET DAS U-BOOT D2100 ALS EINEN FREUND. VIELLEICHT IST AUCH DAS EIN GRUND, WESHALB KAIN HÄUFIG FISCHE, DIE ER GEFANGEN HAT, AN DECK ZURÜCKLÄSST, UM SEINEN UMA-FREUND ZU FÜTTERN. WEIL ES EINE ZIEMLICHE VERSCHWENDUNG WÄRE, KÜMMERT TELLA SICH UM DEN FISCH UND ANDY GENIESST DIE LECKERBISSEN.

No. 100 Hard Mode

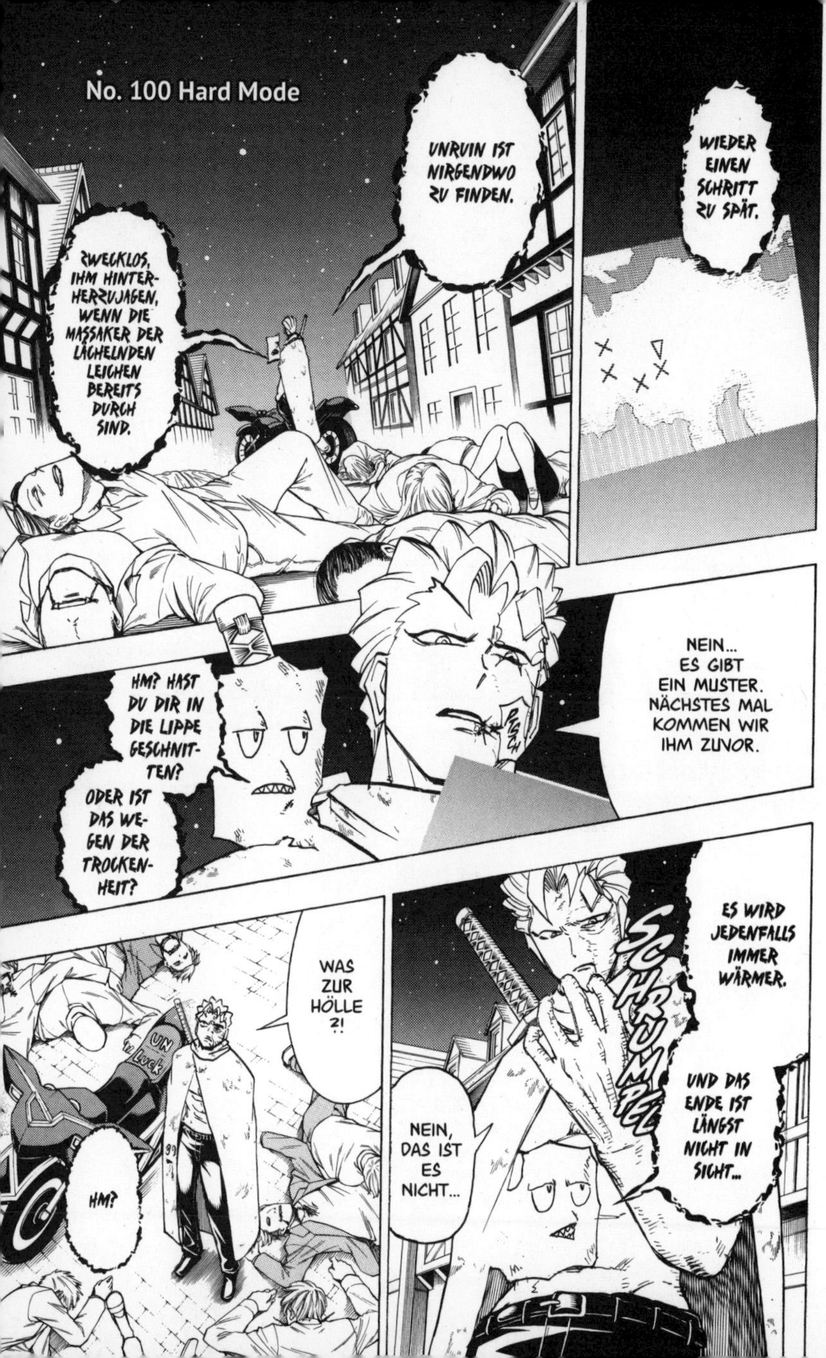

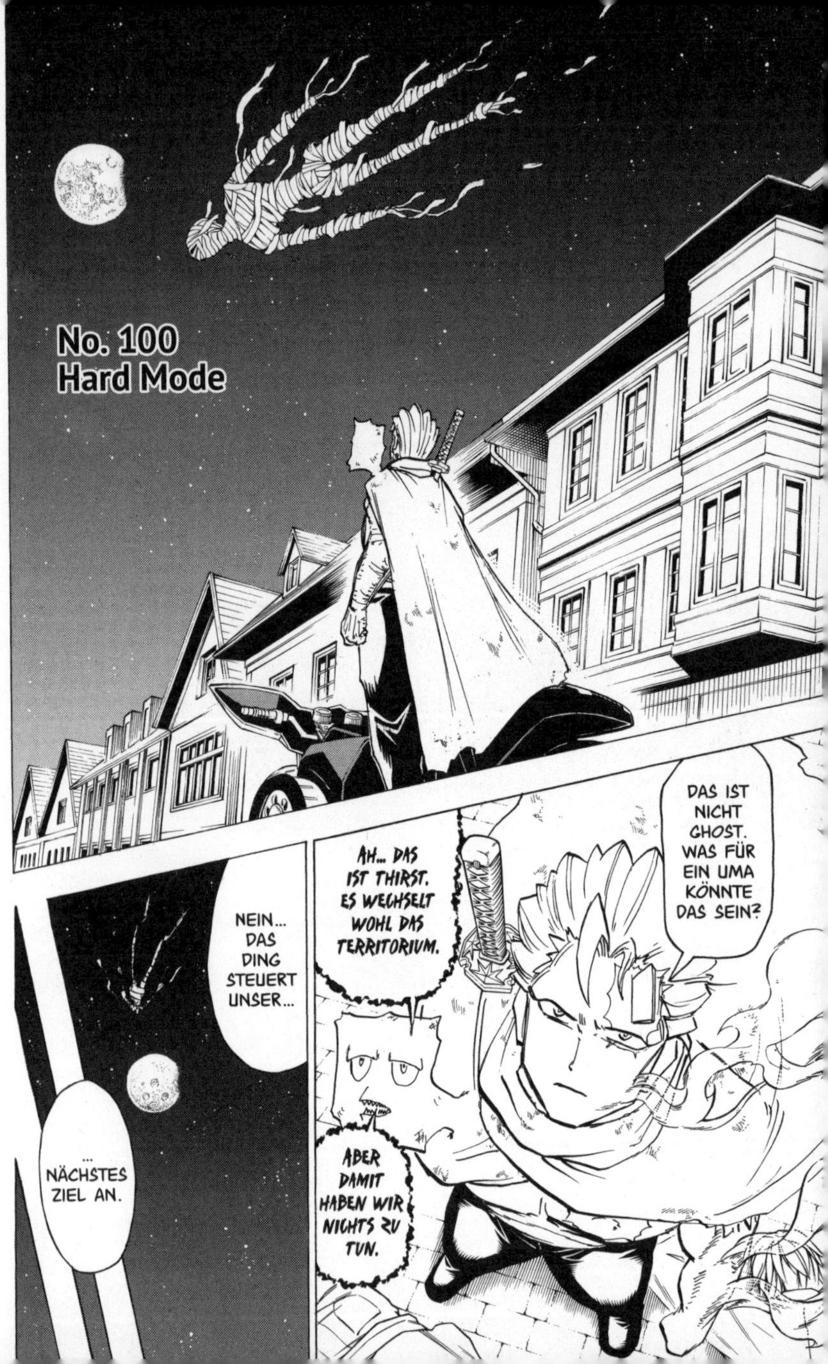
No. 100
Hard Mode
DAS IST NICHT GHOST. WAS FÜR EIN UMA KÖNNTE DAS SEIN?
AH... DAS IST THIRST. ES WECHSELT WOHL DAS TERRITORIUM.
ABER DAMIT HABEN WIR NICHTS ZU TUN.
NEIN... DAS DING STEUERT UNSER...
... NÄCHSTES ZIEL AN.

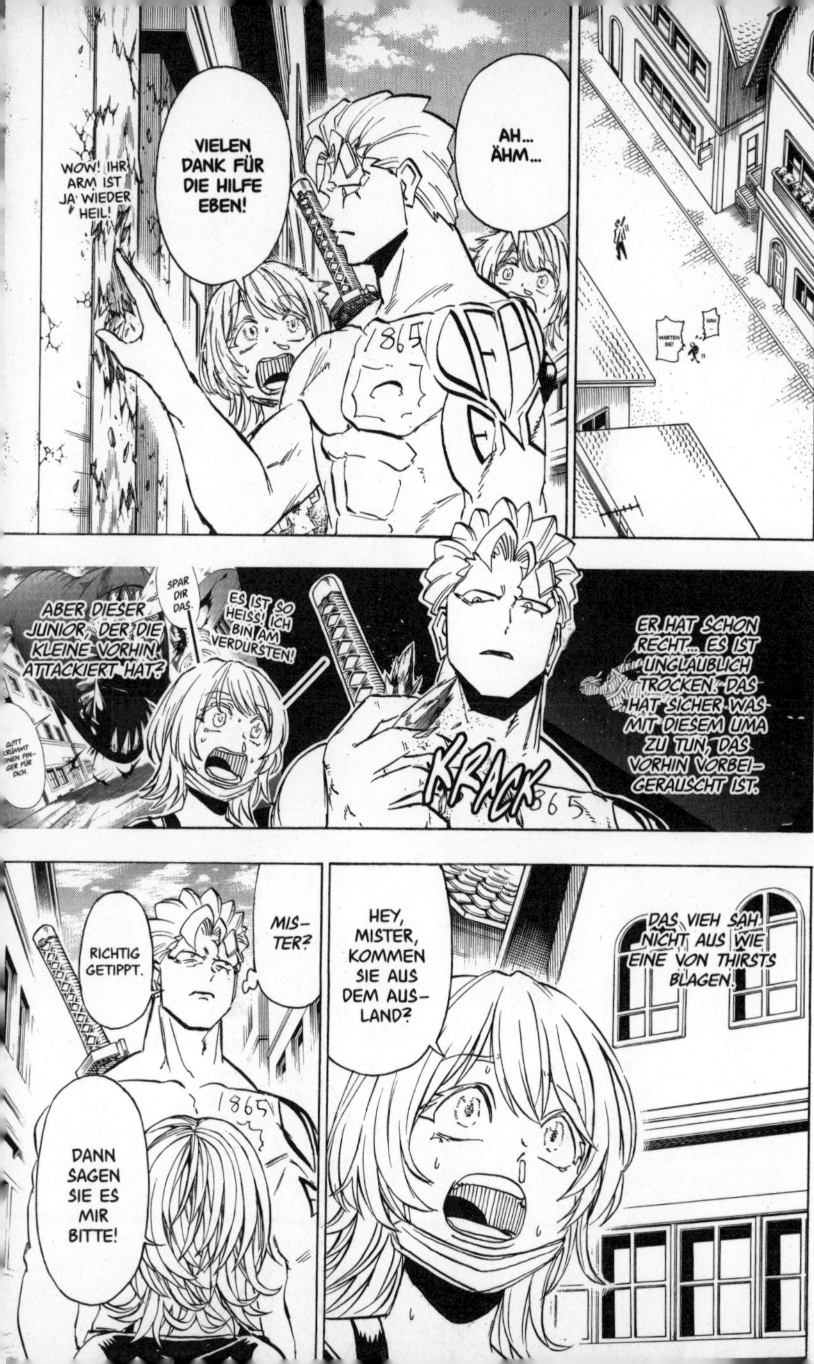
WARTEN SIE!
HAH –
AH... ÄHM...
VIELEN DANK FÜR DIE HILFE EBEN!
WOW! IHR ARM IST JA WIEDER HEIL!
ER HAT SCHON RECHT... ES IST UNGLAUBLICH TROCKEN. DAS HAT SICHER WAS MIT DIESEM UMA ZU TUN, DAS VORHIN VORBEIGERAUSCHT IST.
KRACK
1865
ES IST SO HEISS! ICH BIN AM VERDURSTEN!
SPAR DIR DAS.
ABER DIESER JUNIOR, DER DIE KLEINE VORHIN ATTACKIERT HAT?
GOTT KRÜMMT EINEN FINGER FÜR DICH.
DAS VIEH SAH NICHT AUS WIE EINE VON THIRSTS BLAGEN.
HEY, MISTER, KOMMEN SIE AUS DEM AUSLAND?
MISTER?
RICHTIG GETIPPT.
DANN SAGEN SIE ES MIR BITTE!

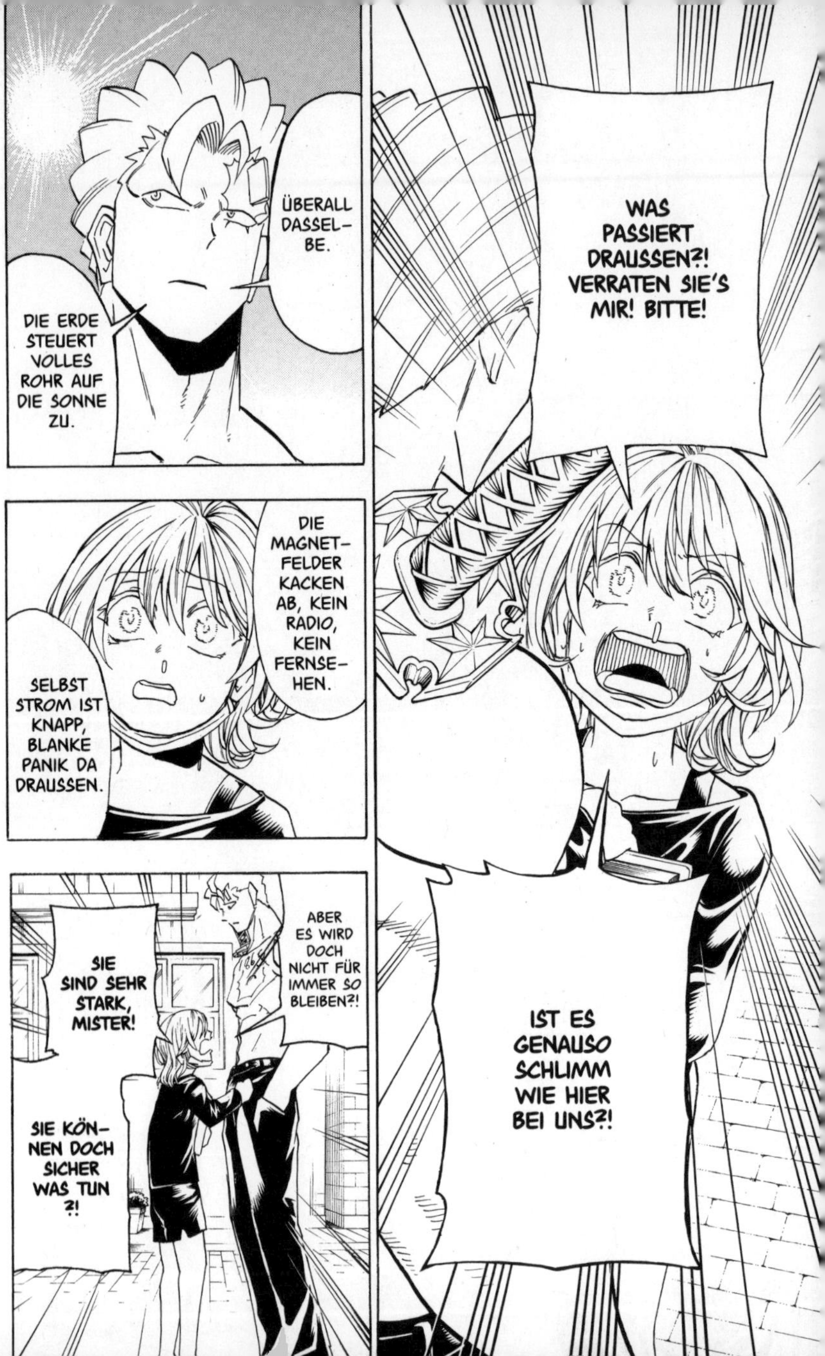
WAS PASSIERT DRAUSSEN?! VERRATEN SIE'S MIR! BITTE!
IST ES GENAUSO SCHLIMM WIE HIER BEI UNS?!
ÜBERALL DASSEL-BE.
DIE ERDE STEUERT VOLLES ROHR AUF DIE SONNE ZU.
DIE MAGNET-FELDER KACKEN AB, KEIN RADIO, KEIN FERNSE-HEN.
SELBST STROM IST KNAPP, BLANKE PANIK DA DRAUSSEN.
ABER ES WIRD DOCH NICHT FÜR IMMER SO BLEIBEN?!
SIE SIND SEHR STARK, MISTER!
SIE KÖN-NEN DOCH SICHER WAS TUN ?!

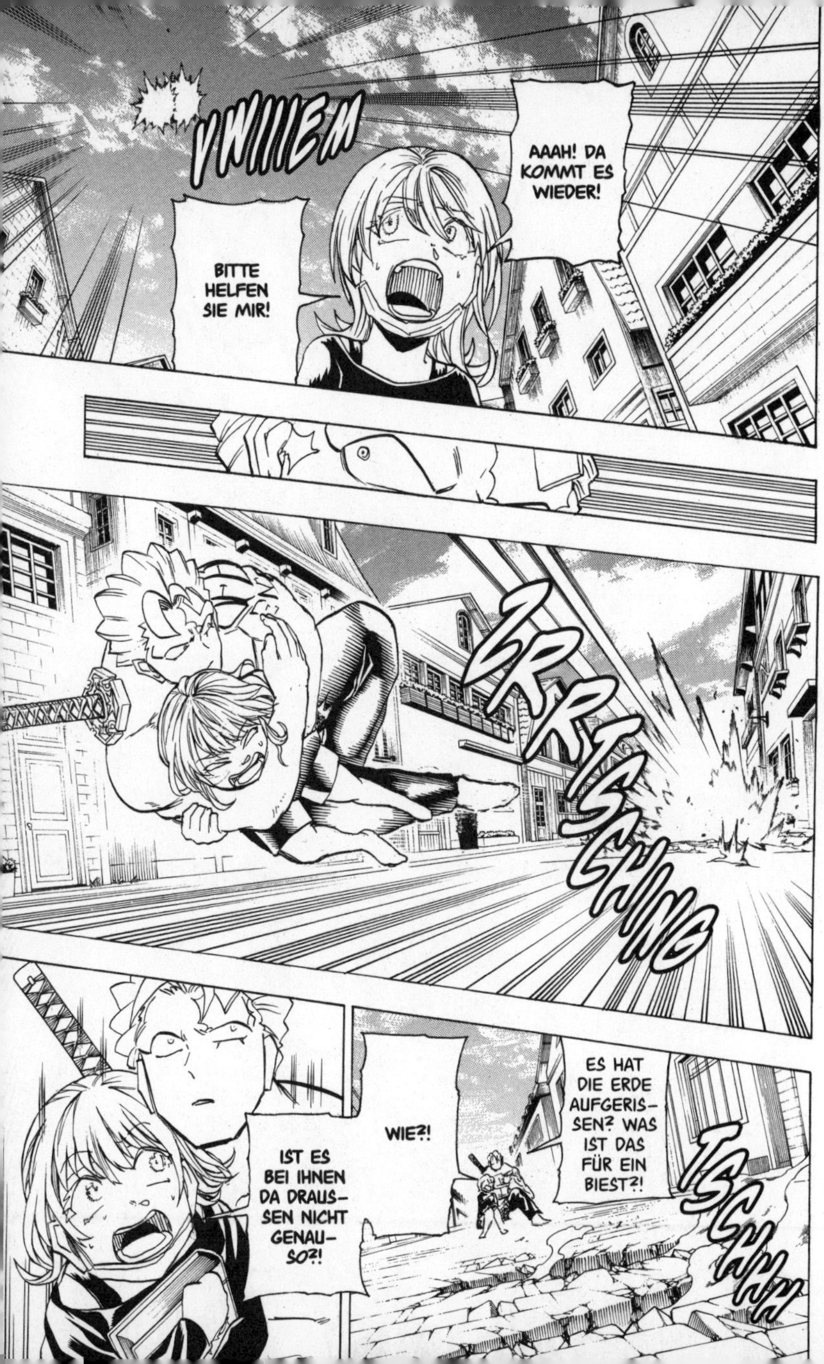
AAAH! DA KOMMT ES WIEDER!
VWIIEM
BITTE HELFEN SIE MIR!
ZRRISCHING
TSCHHH
ES HAT DIE ERDE AUFGERISSEN? WAS IST DAS FÜR EIN BIEST?!
WIE?!
IST ES BEI IHNEN DA DRAUSSEN NICHT GENAUSO?!

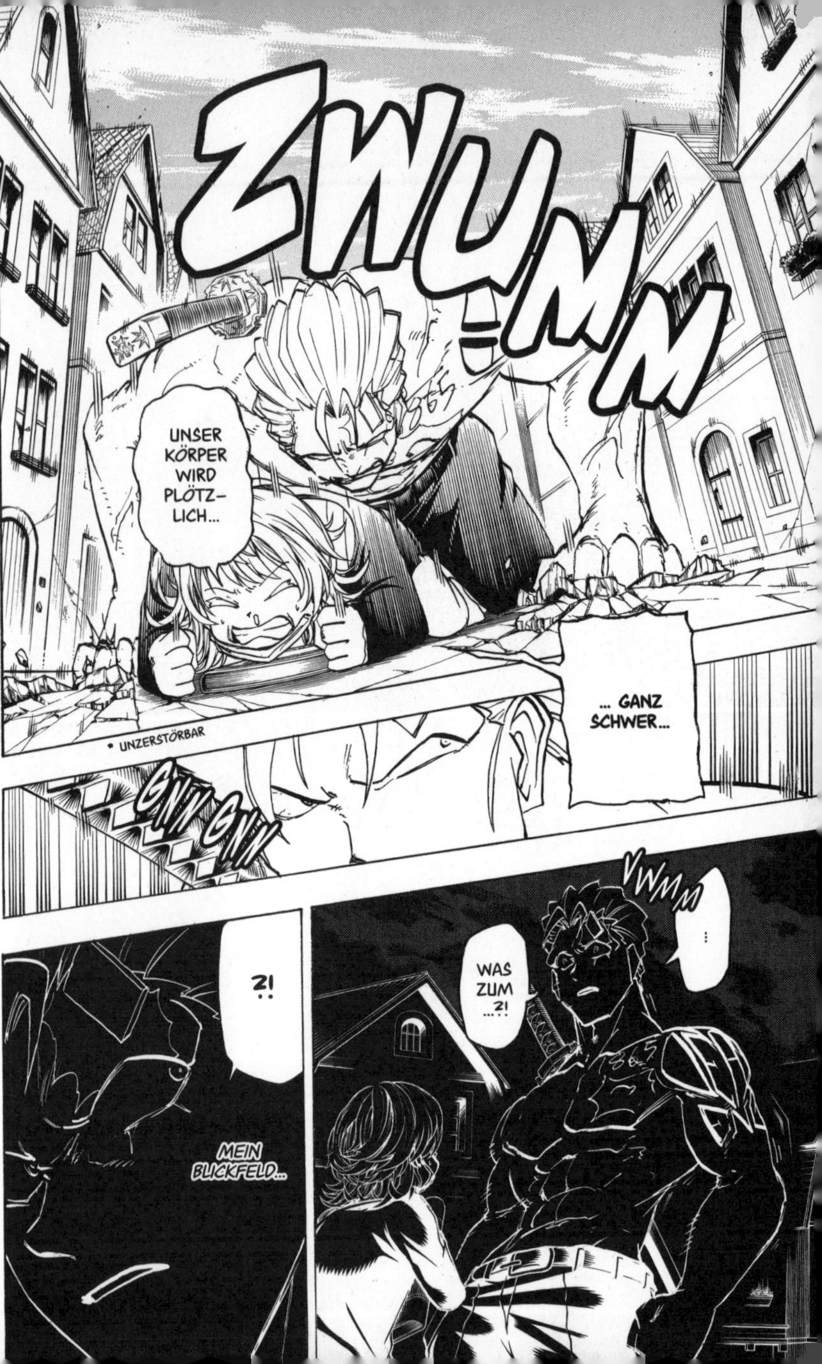
ZWUMMM
UNSER KÖRPER WIRD PLÖTZLICH...
* UNZERSTÖRBAR
... GANZ SCHWER...
GNN GNN
VWMM
...
WAS ZUM ...?!
?!
MEIN BLICKFELD...

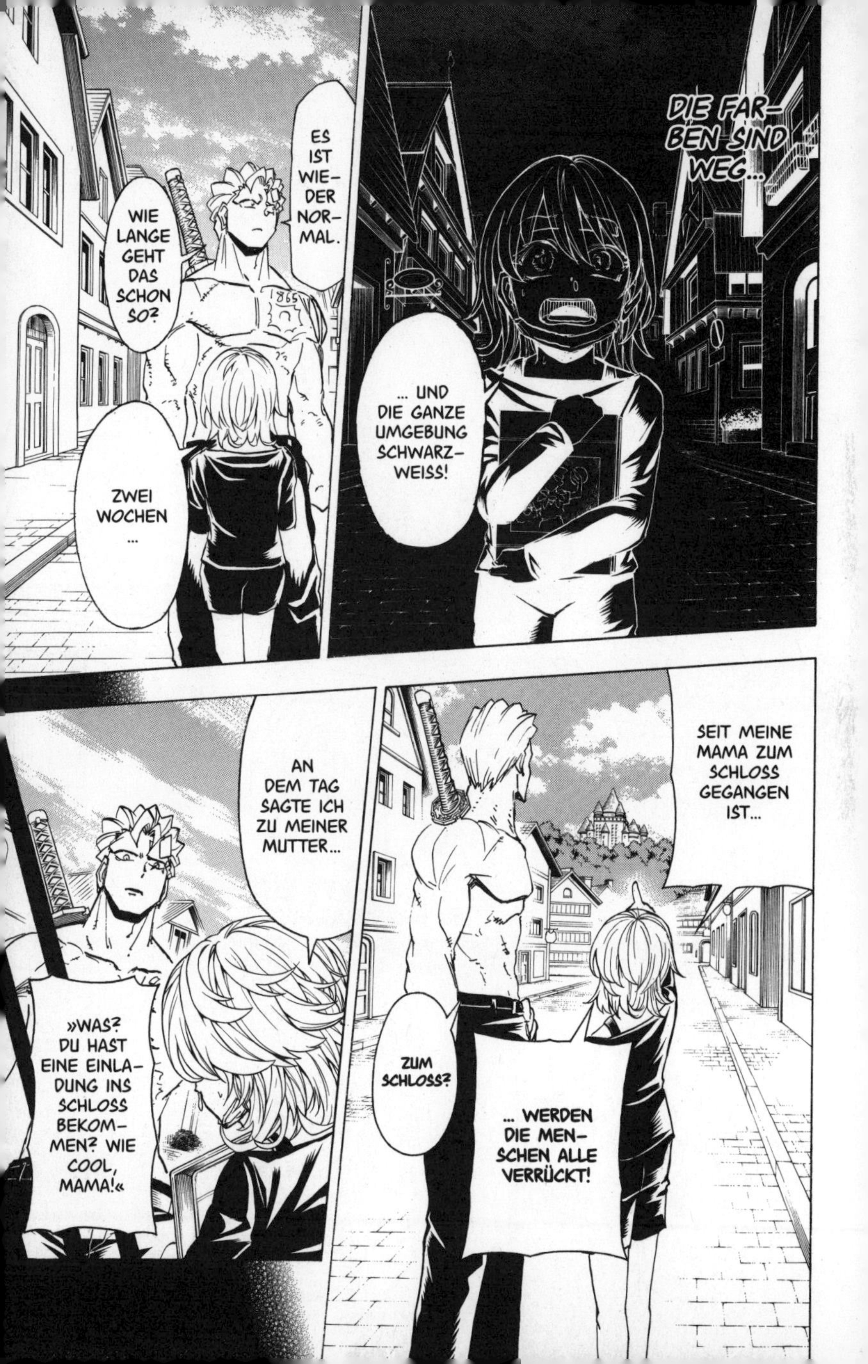
DIE FARBEN SIND WEG...
... UND DIE GANZE UMGEBUNG SCHWARZWEISS!
ES IST WIEDER NORMAL.
WIE LANGE GEHT DAS SCHON SO?
ZWEI WOCHEN ...
SEIT MEINE MAMA ZUM SCHLOSS GEGANGEN IST...
ZUM SCHLOSS?
... WERDEN DIE MENSCHEN ALLE VERRÜCKT!
AN DEM TAG SAGTE ICH ZU MEINER MUTTER...
»WAS? DU HAST EINE EINLADUNG INS SCHLOSS BEKOMMEN? WIE COOL, MAMA!«

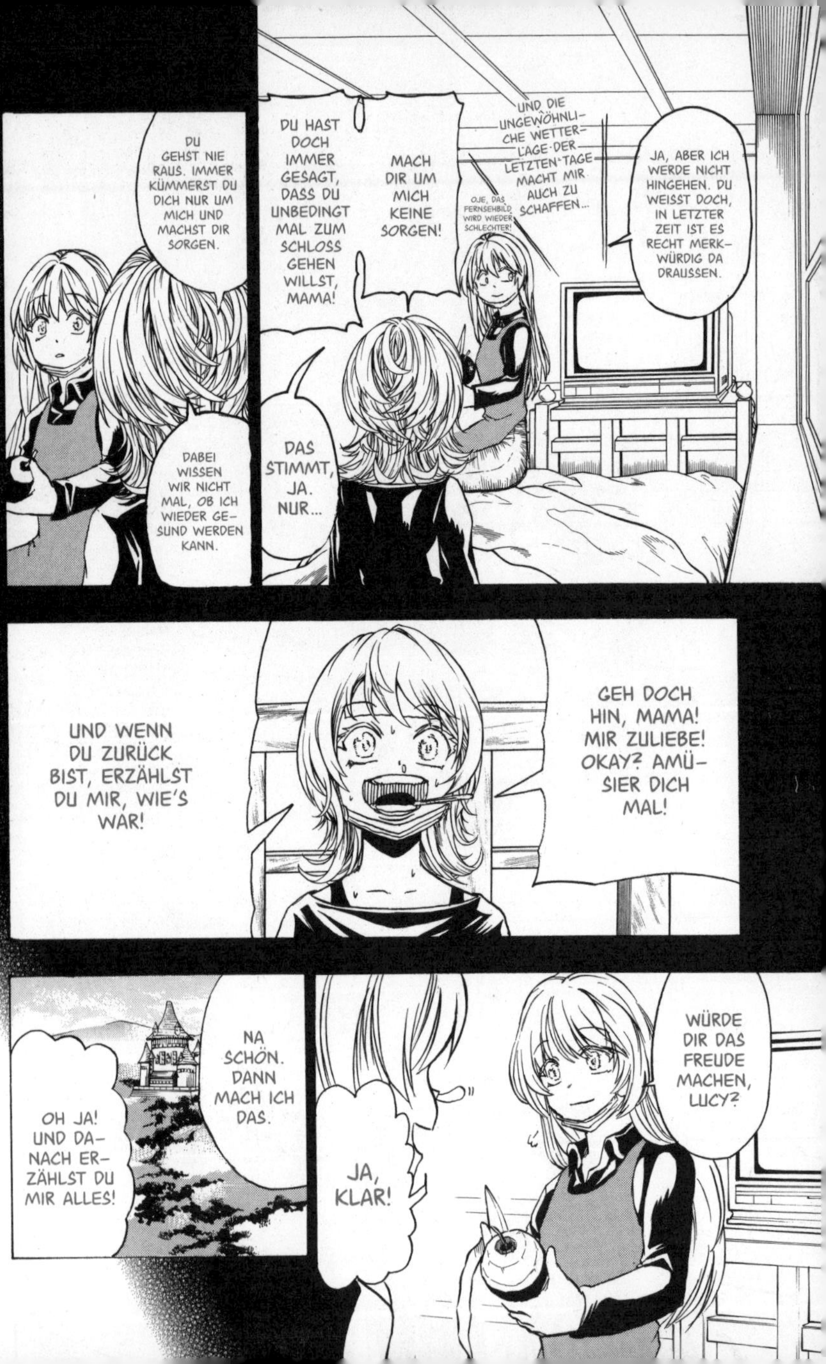

JA, ABER ICH WERDE NICHT HINGEHEN. DU WEISST DOCH, IN LETZTER ZEIT IST ES RECHT MERKWÜRDIG DA DRAUSSEN.
UND DIE UNGEWÖHNLICHE WETTERLAGE DER LETZTEN TAGE MACHT MIR AUCH ZU SCHAFFEN…
OJE, DAS FERNSEHBILD WIRD WIEDER SCHLECHTER!
MACH DIR UM MICH KEINE SORGEN!
DU HAST DOCH IMMER GESAGT, DASS DU UNBEDINGT MAL ZUM SCHLOSS GEHEN WILLST, MAMA!
DAS STIMMT, JA. NUR…
DU GEHST NIE RAUS. IMMER KÜMMERST DU DICH NUR UM MICH UND MACHST DIR SORGEN.
DABEI WISSEN WIR NICHT MAL, OB ICH WIEDER GESUND WERDEN KANN.
GEH DOCH HIN, MAMA! MIR ZULIEBE! OKAY? AMÜSIER DICH MAL!
UND WENN DU ZURÜCK BIST, ERZÄHLST DU MIR, WIE'S WAR!
WÜRDE DIR DAS FREUDE MACHEN, LUCY?
JA, KLAR!
NA SCHÖN. DANN MACH ICH DAS.
OH JA! UND DANACH ERZÄHLST DU MIR ALLES!

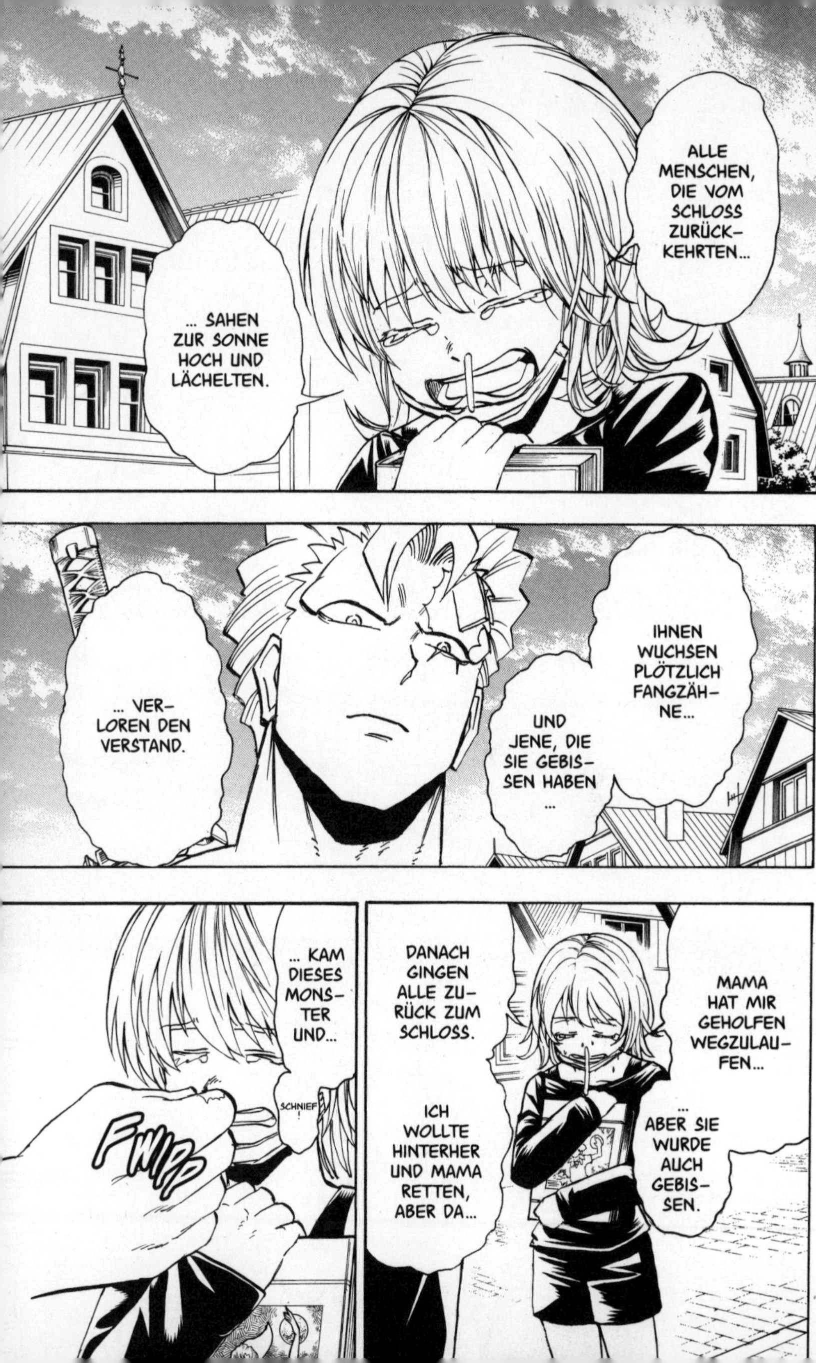
ALLE MENSCHEN, DIE VOM SCHLOSS ZURÜCKKEHRTEN ...
... SAHEN ZUR SONNE HOCH UND LÄCHELTEN.
IHNEN WUCHSEN PLÖTZLICH FANGZÄHNE ...
UND JENE, DIE SIE GEBISSEN HABEN ...
... VERLOREN DEN VERSTAND.
MAMA HAT MIR GEHOLFEN WEGZULAUFEN ...
... ABER SIE WURDE AUCH GEBISSEN.
DANACH GINGEN ALLE ZURÜCK ZUM SCHLOSS.
ICH WOLLTE HINTERHER UND MAMA RETTEN, ABER DA ...
... KAM DIESES MONSTER UND ...
SCHNIEF!
FWIPP

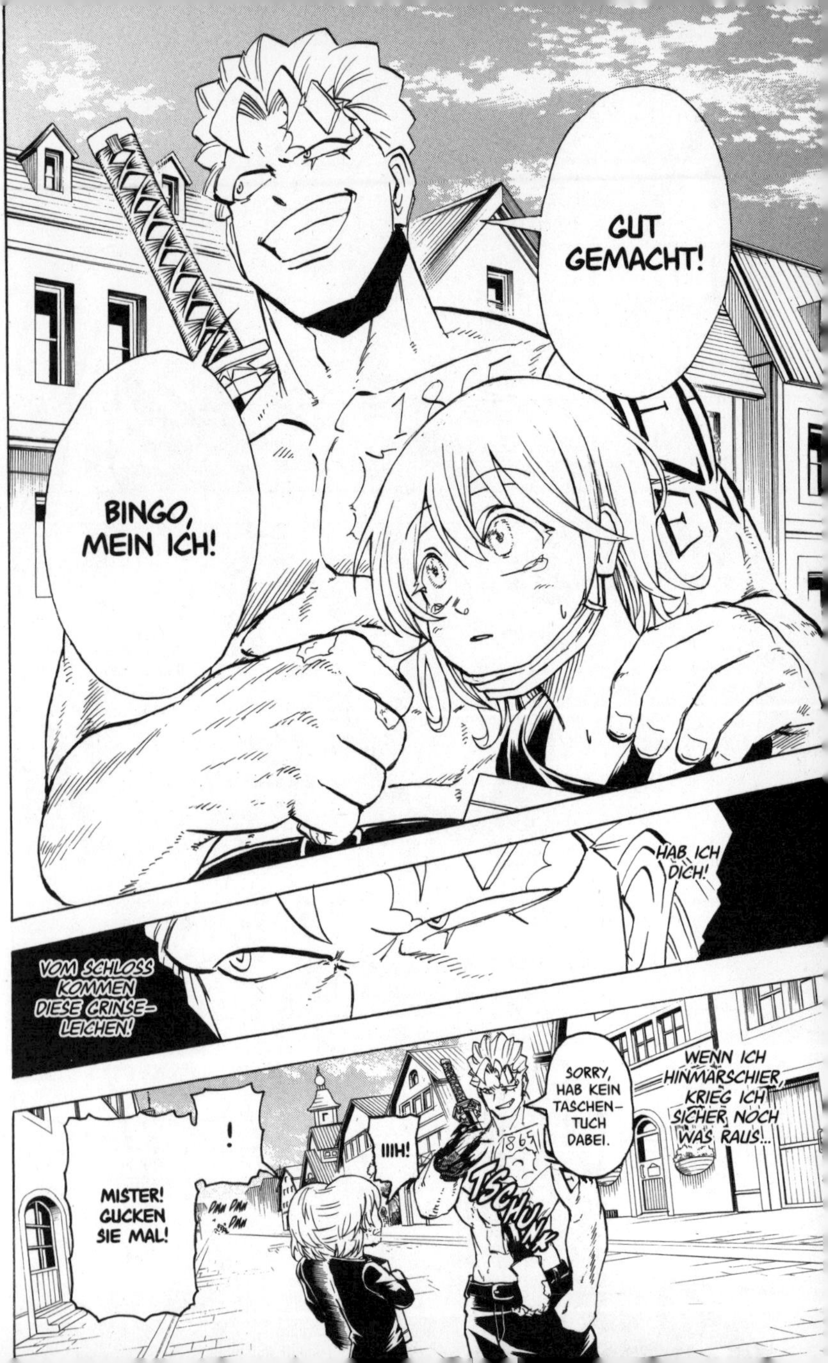
GUT GEMACHT!
BINGO, MEIN ICH!
HAB ICH DICH!
VOM SCHLOSS KOMMEN DIESE GRINSE-LEICHEN!
WENN ICH HINMARSCHIER, KRIEG ICH SICHER NOCH WAS RAUS...
SORRY, HAB KEIN TASCHEN-TUCH DABEI.
TSCHUNK
IIIH!
!
MISTER! GUCKEN SIE MAL!
DAH DAH DAH

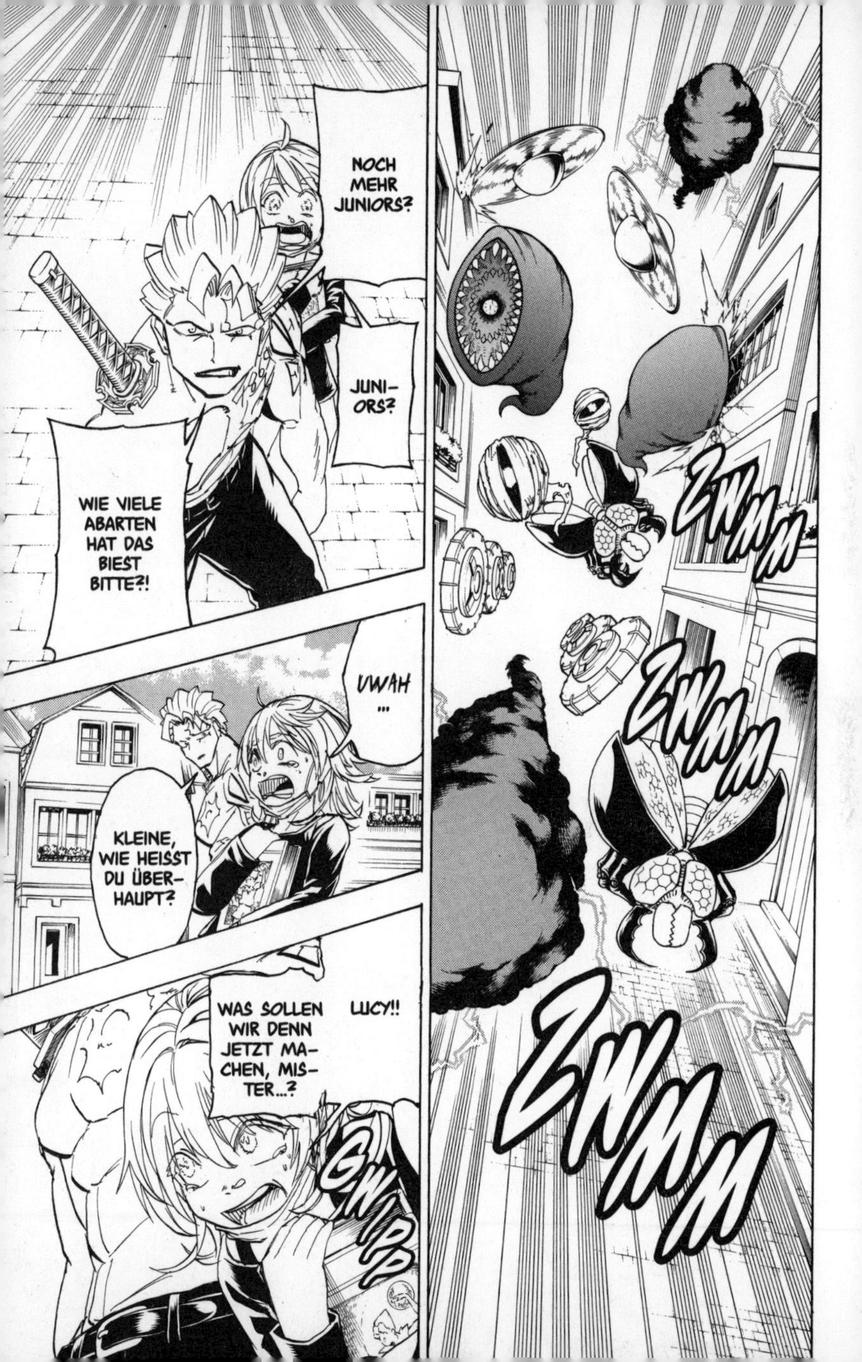
ZWMMM
ZWMMM
ZWMMM
NOCH MEHR JUNIORS?
JUNI-ORS?
WIE VIELE ABARTEN HAT DAS BIEST BITTE?!
UWAH ...
KLEINE, WIE HEISST DU ÜBER-HAUPT?
LUCY!!
WAS SOLLEN WIR DENN JETZT MA-CHEN, MIS-TER...?

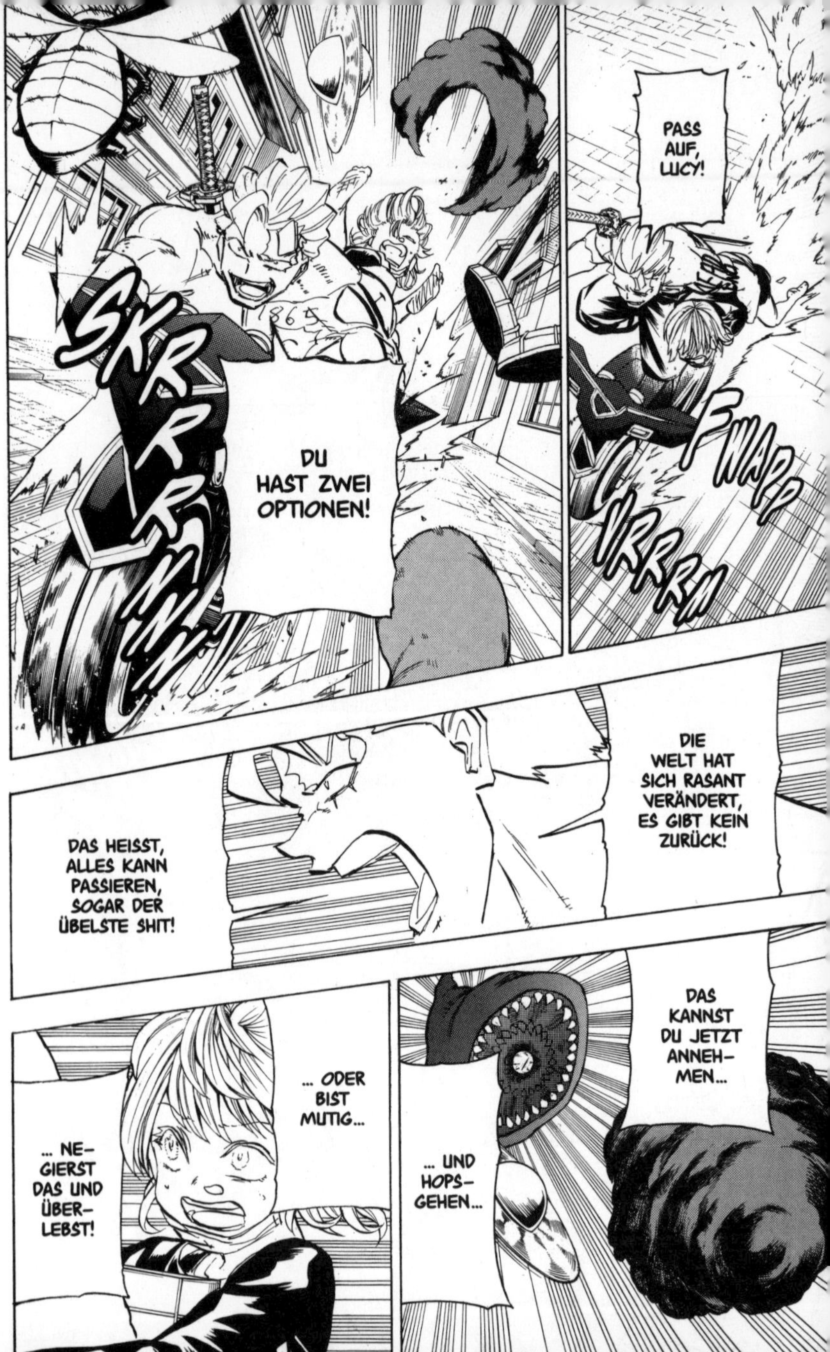
PASS AUF, LUCY!
DU HAST ZWEI OPTIONEN!
DIE WELT HAT SICH RASANT VERÄNDERT, ES GIBT KEIN ZURÜCK!
DAS HEISST, ALLES KANN PASSIEREN, SOGAR DER ÜBELSTE SHIT!
DAS KANNST DU JETZT ANNEH-MEN...
... UND HOPS-GEHEN...
... ODER BIST MUTIG...
... NE-GIERST DAS UND ÜBER-LEBST!

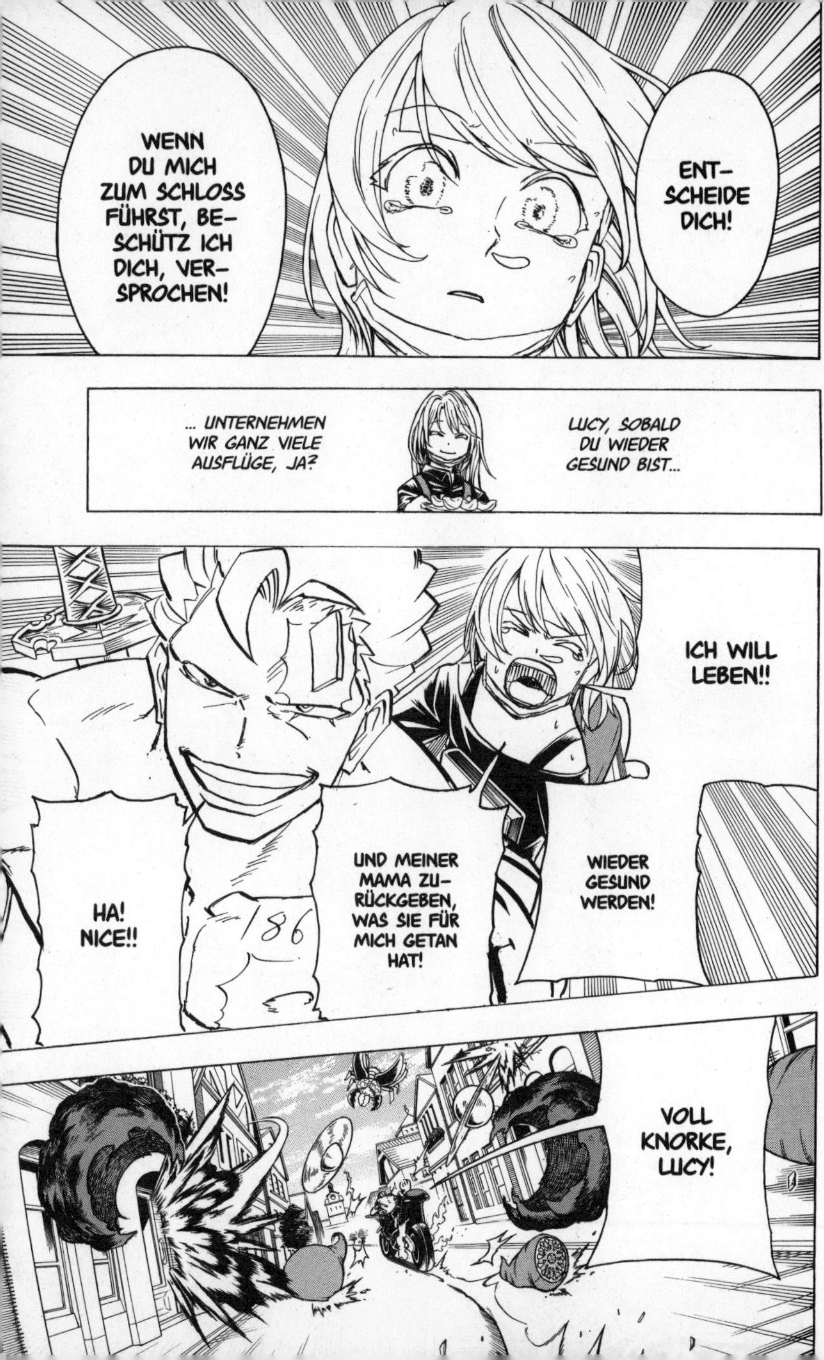
ENT-
SCHEIDE
DICH!
WENN
DU MICH
ZUM SCHLOSS
FÜHRST, BE-
SCHÜTZ ICH
DICH, VER-
SPROCHEN!
LUCY, SOBALD
DU WIEDER
GESUND BIST...
... UNTERNEHMEN
WIR GANZ VIELE
AUSFLÜGE, JA?
ICH WILL
LEBEN!!
WIEDER
GESUND
WERDEN!
UND MEINER
MAMA ZU-
RÜCKGEBEN,
WAS SIE FÜR
MICH GETAN
HAT!
186
HA!
NICE!!
VOLL
KNORKE,
LUCY!

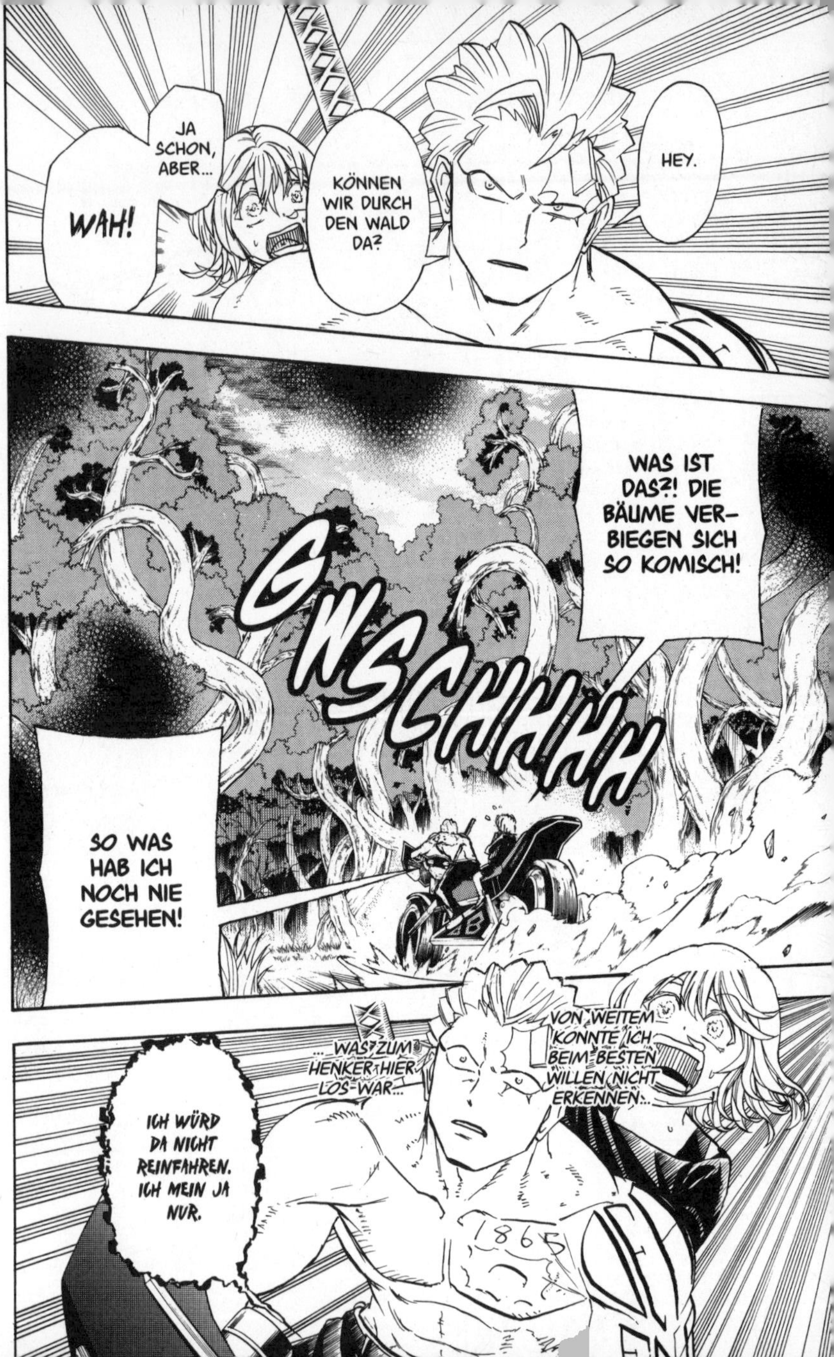
HEY.
KÖNNEN WIR DURCH DEN WALD DA?
JA SCHON, ABER...
WAH!
WAS IST DAS?! DIE BÄUME VER-BIEGEN SICH SO KOMISCH!
GWSCHHHHH
SO WAS HAB ICH NOCH NIE GESEHEN!
VON WEITEM KONNTE ICH BEIM BESTEN WILLEN NICHT ERKENNEN...
...WAS ZUM HENKER HIER LOS WAR...
ICH WÜRD DA NICHT REINFAHREN. ICH MEIN JA NUR.

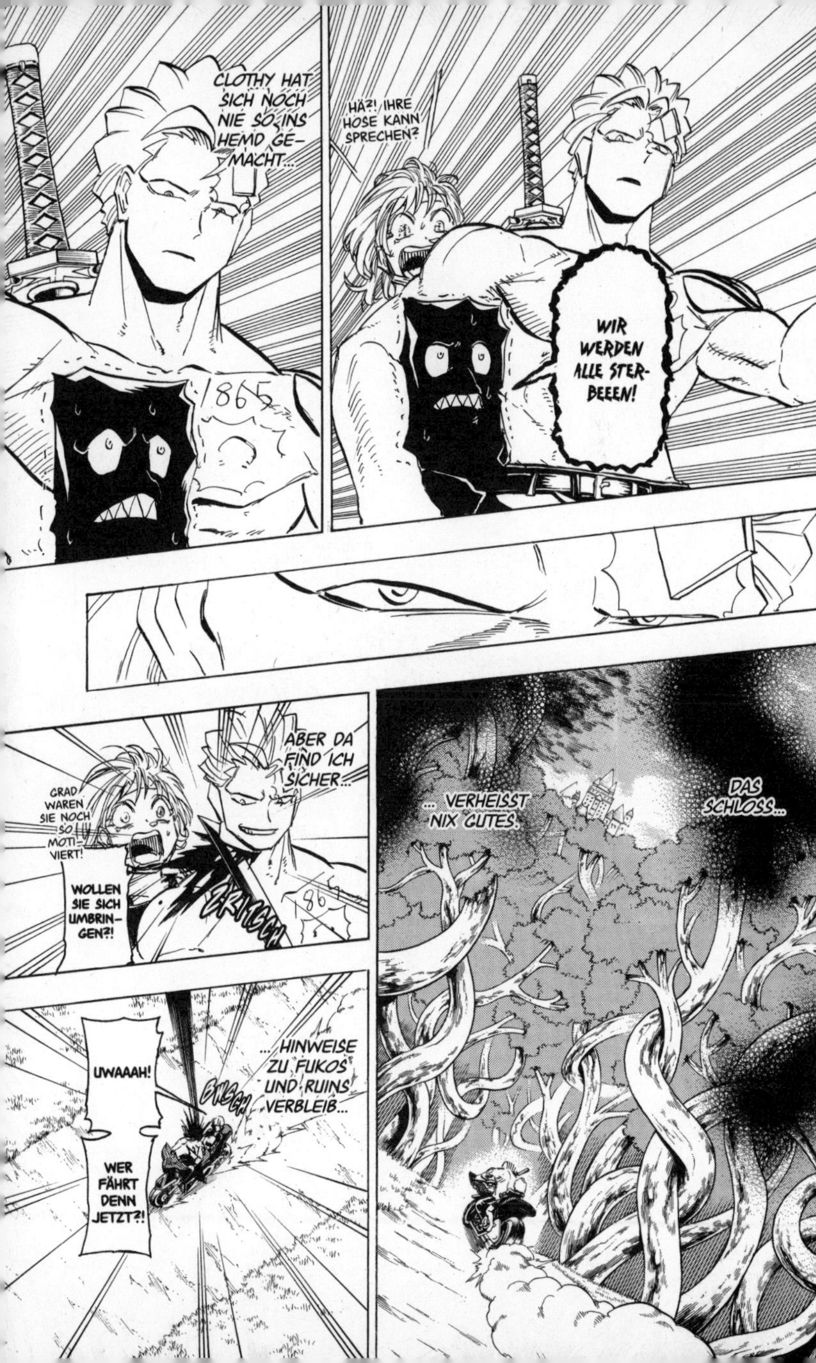
CLOTHY HAT SICH NOCH NIE SO INS HEMD GEMACHT...
HÄ?! IHRE HOSE KANN SPRECHEN?
WIR WERDEN ALLE STERBEEEN!
ABER DA FIND ICH SICHER...
GRAD WAREN SIE NOCH SO MOTIVIERT!
WOLLEN SIE SICH UMBRINGEN?!
ZRTSCH
...HINWEISE ZU FUKOS UND RUINS VERBLEIB...
UWAAAH!
WER FÄHRT DENN JETZT?!
DAS SCHLOSS...
... VERHEISST NIX GUTES.

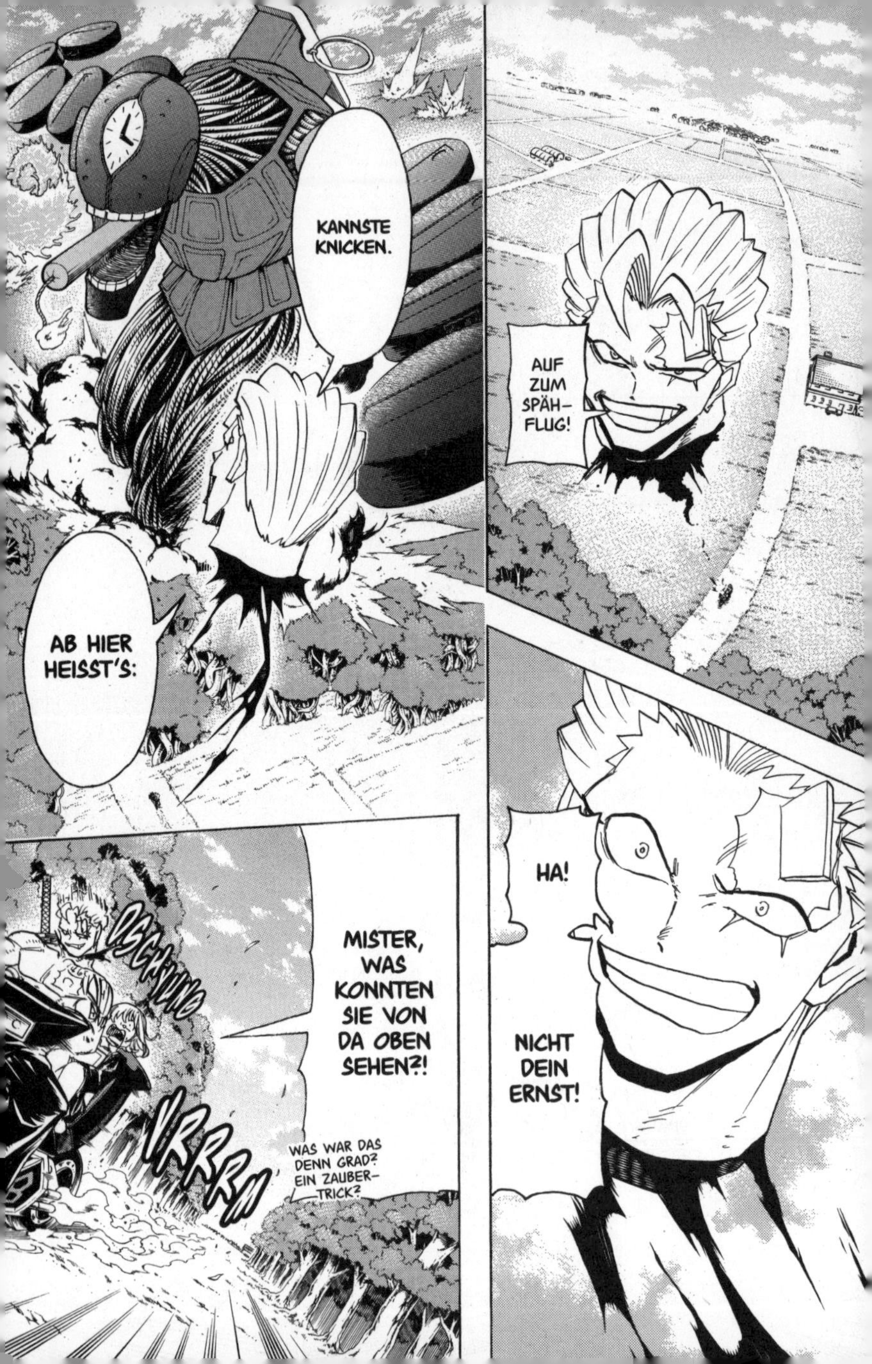
AUF ZUM SPÄH-FLUG!
KANNSTE KNICKEN.
AB HIER HEISST'S:
HA!
NICHT DEIN ERNST!
MISTER, WAS KONNTEN SIE VON DA OBEN SEHEN?!
WAS WAR DAS DENN GRAD? EIN ZAUBER-TRICK?

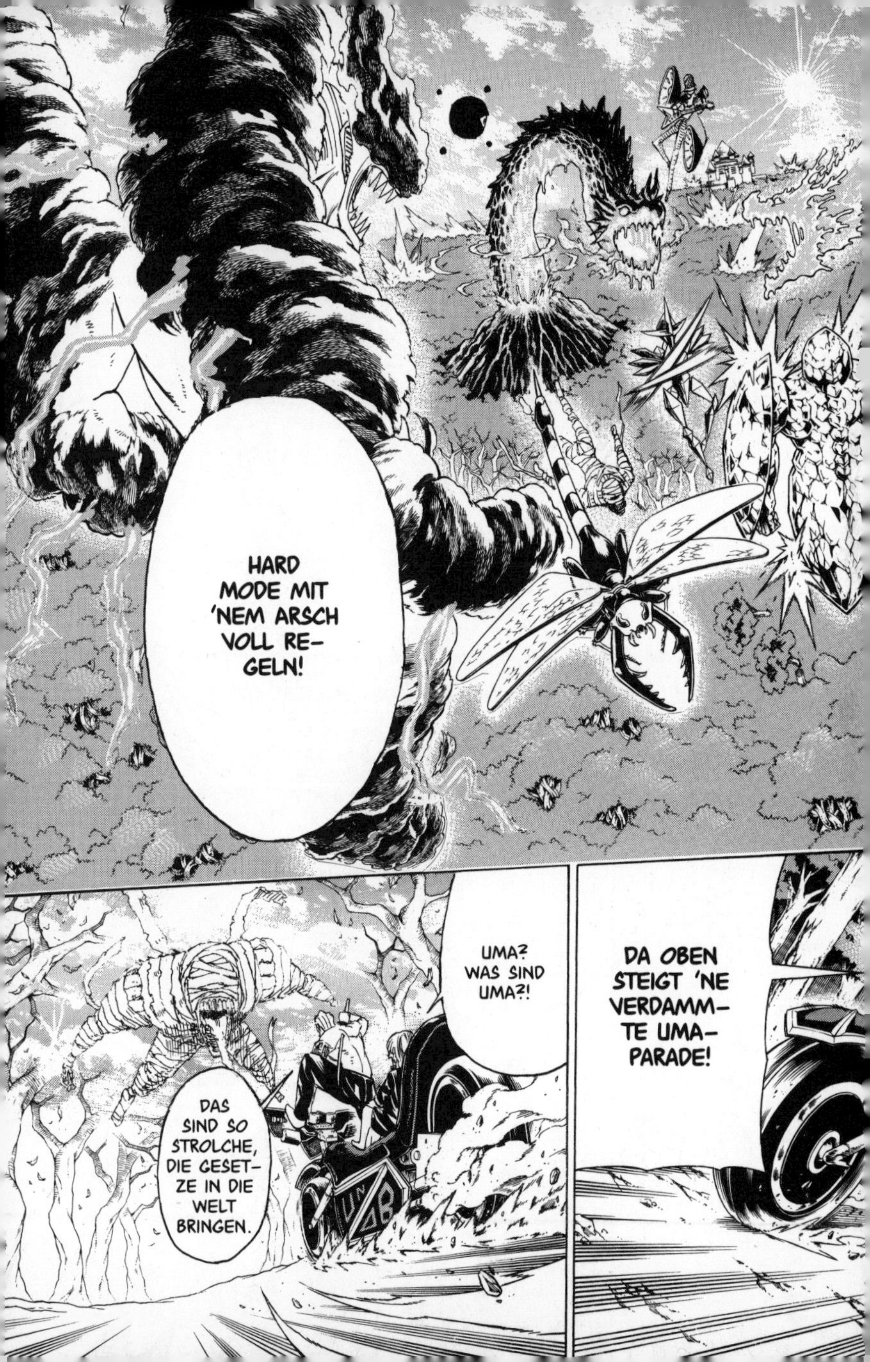
HARD MODE MIT 'NEM ARSCH VOLL RE-GELN!
DA OBEN STEIGT 'NE VERDAMM-TE UMA-PARADE!
UMA? WAS SIND UMA?!
DAS SIND SO STROLCHE, DIE GESET-ZE IN DIE WELT BRINGEN.

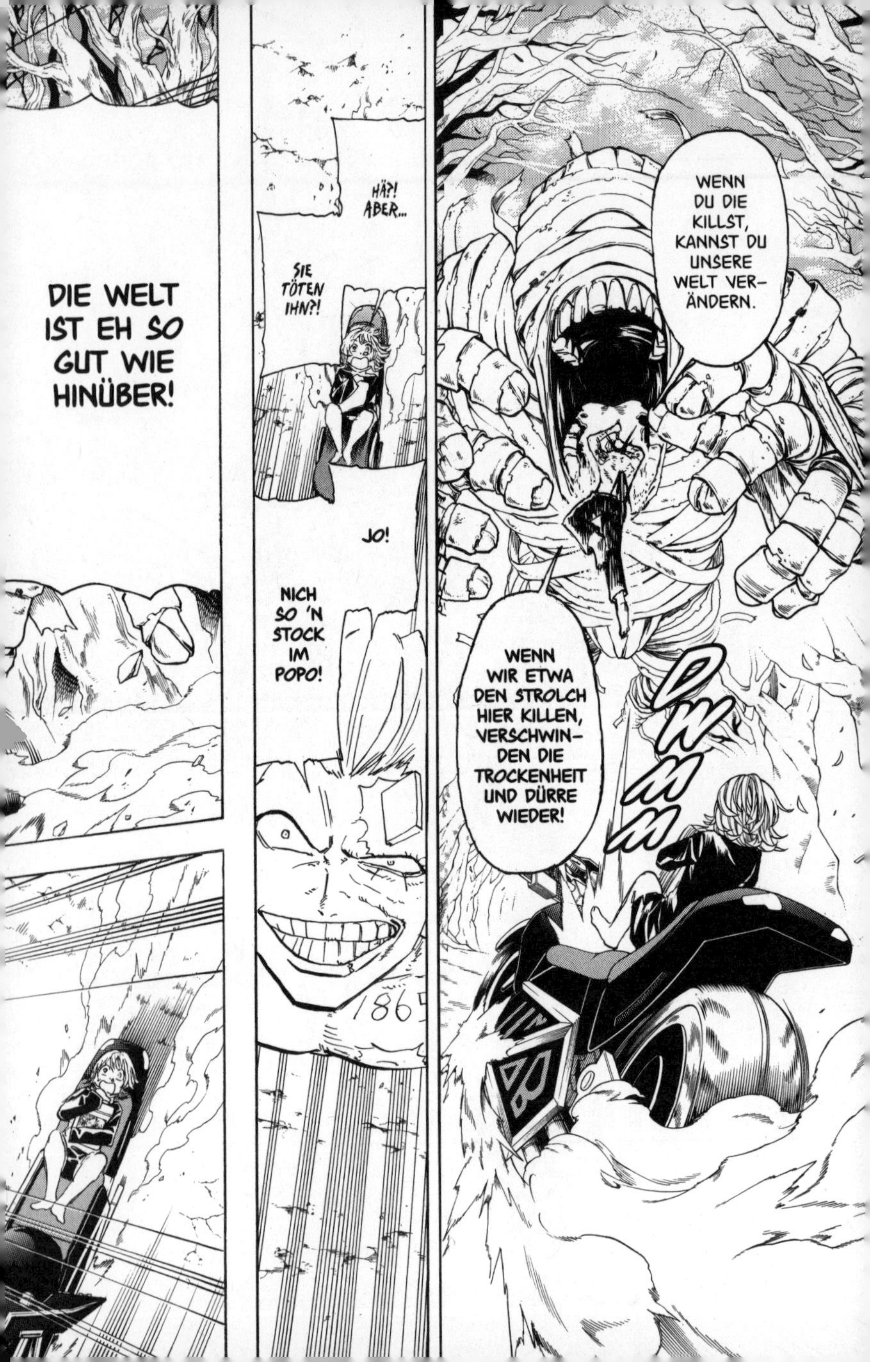
WENN DU DIE KILLST, KANNST DU UNSERE WELT VERÄNDERN.
WENN WIR ETWA DEN STROLCH HIER KILLEN, VERSCHWINDEN DIE TROCKENHEIT UND DÜRRE WIEDER!
DWMMM
HÄ?! ABER...
SIE TÖTEN IHN?!
JO!
NICH SO 'N STOCK IM POPO!
DIE WELT IST EH SO GUT WIE HINÜBER!

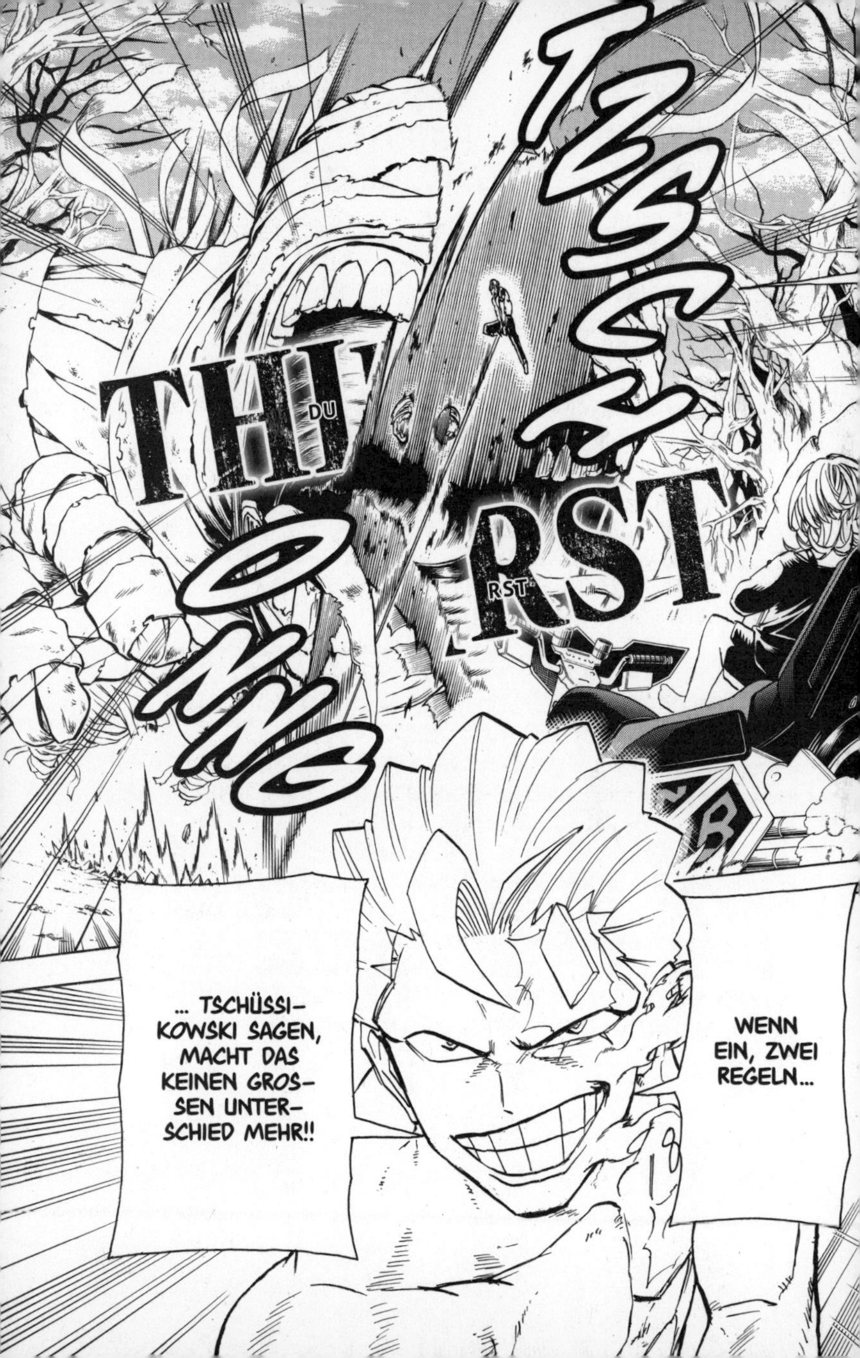
WENN EIN, ZWEI REGELN...
... TSCHÜSSI-KOWSKI SAGEN, MACHT DAS KEINEN GROS-SEN UNTER-SCHIED MEHR!!

WIR FEIERN DAS 100. KAPITEL! AUF, AUF, EIN KLEINER PLAUSCH!

DANK EURER BAHNBRECHENDEN UNTERSTÜTZUNG HAT »UNDEAD UNLUCK« TATSÄCHLICH DAS HUNDERTSTE KAPITEL GEKNACKT! SIEHT AUS, ALS WÜRDEN WIR SOGAR EINE TROPHÄE DAFÜR BEKOMMEN! JIPPIE! IST DAS NICHT GROSSARTIG?! WENN ICH SO AUF DIE BISHERIGE STORY ZURÜCKSCHAU, DANN IST ECHT JEDE MENGE PASSIERT! DENKT NUR MAL, DER ANGRIFF AM ANFANG, DER VERSUCH VON ANDY UND FUKO, DER UNION BEIZUTRETEN, DIE ZWEITE PERSONA UNSERER HAUPTFIGUR, SELTSAME AUSSERIRDISCHE, DIE PLÖTZLICH AUS DEM WELTALL AUFTAUCHTEN, DANN NOCH EIN VERRÄTER AUS DEN EIGENEN REIHEN! FUKO, DIE IN DAS BUCH SPRANG, DIE VIER JAHRESZEITEN, DER ANGRIFF AUF FUKO DURCH RUIN UND SO WEITER UND SO FORT… WENN ICH DAS HIER SO AUFSCHREIBE, BEKOMME ICH ECHT DAS GEFÜHL, DASS ICH EUCH, MEINE LIEBEN LESERINNEN UND LESER, EINMAL KOMPLETT INS TOHUWABOHU MITGENOMMEN HABE. ICH WEISS NICHT, OB DAS GUT ODER SCHLECHT IST, ABER VIELLEICHT IST ES GENAU DAS, WAS »UNDEAD UNLUCK« AM ENDE AUSMACHT. DASS ALL DIE SKILLS UNSERER HELDINNEN UND HELDEN SICH IMMER WIEDER DIE HAND REICHEN UND DIE BEMÜHUNGEN ALLER AM ENDE ZU EINEM GRANDIOSEN ERGEBNIS FÜHREN. DER TITEL VON BAND 12 LAUTET JA »RESTART« - AUCH DAS EIN GRUND, WESHALB ICH DAS HIER SCHREIBE, WÄHREND ICH NOCH EINMAL AUF DIE GESCHICHTE ZURÜCKBLICKE. UND SO WIRD DER ETWAS CHAOTISCHE WEG UNSERER NEGATOREN WEITERGEHEN. SOLLTET IHR ALSO NACH WIE VOR INTERESSIERT SEIN AN IHREN ABENTEUERN UND DER ACHTERBAHNFAHRT DER GEFÜHLE, DIE IHRE QUESTS MIT SICH BRINGEN, DANN HOFFE ICH, DASS IHR UNS AUCH WEITERHIN UNTERSTÜTZEN UND »UNDEAD UNLUCK« LESEN WERDET!

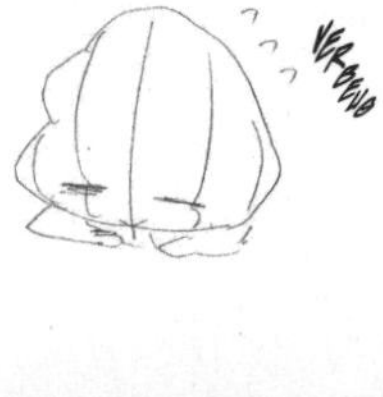

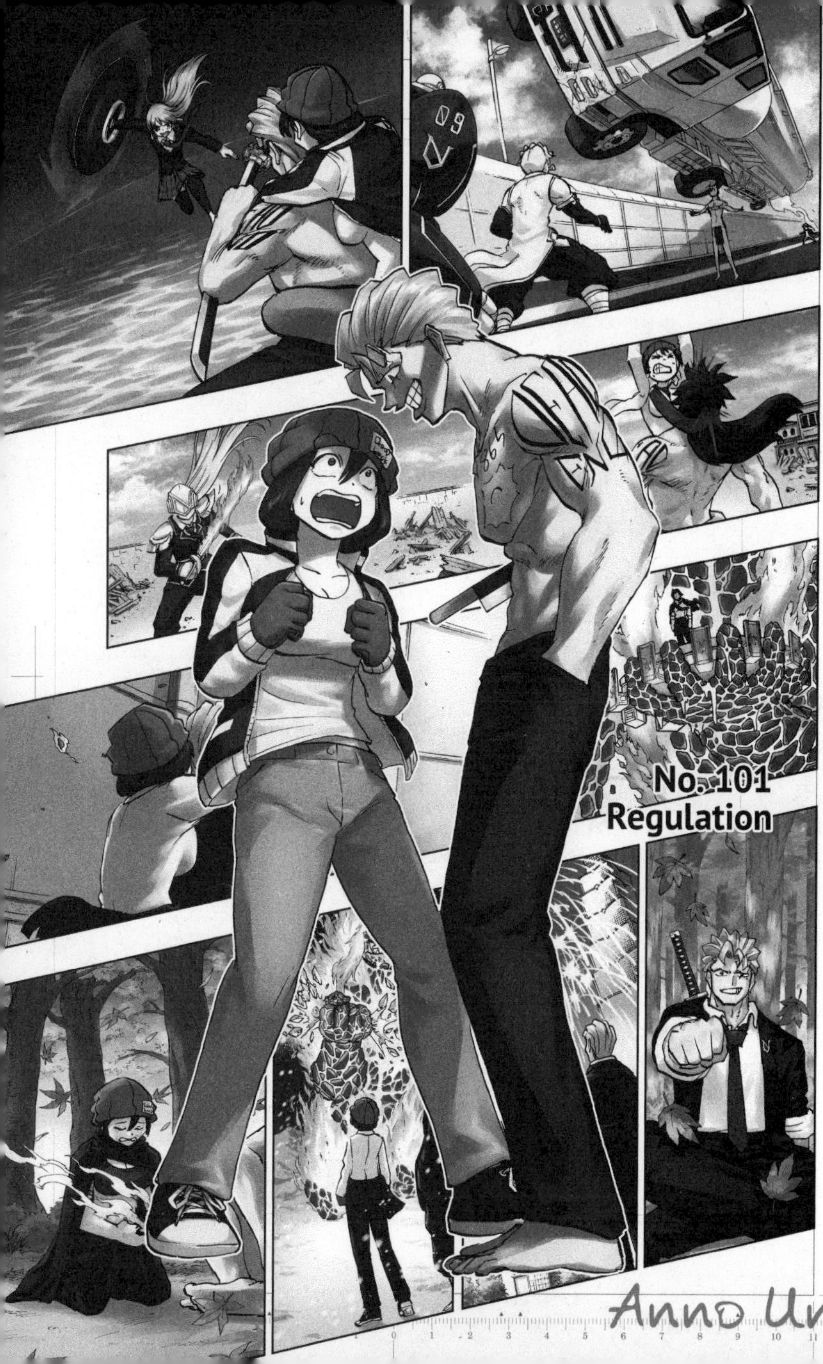
No. 101
Regulation

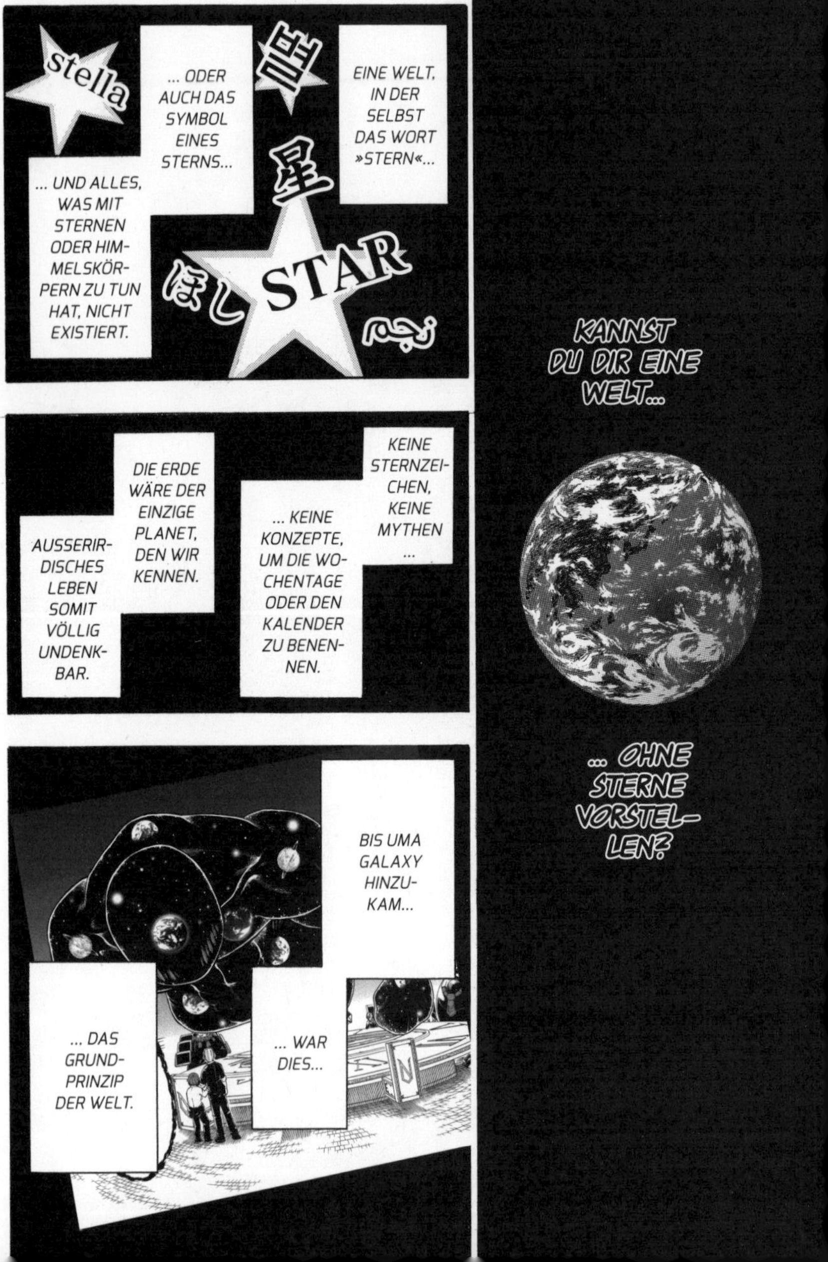
KANNST DU DIR EINE WELT...
... OHNE STERNE VORSTEL-LEN?
EINE WELT, IN DER SELBST DAS WORT »STERN«...
星
... ODER AUCH DAS SYMBOL EINES STERNS...
stella
... UND ALLES, WAS MIT STERNEN ODER HIM-MELSKÖR-PERN ZU TUN HAT, NICHT EXISTIERT.
星
STAR
ほし
نجم
KEINE STERNZEI-CHEN, KEINE MYTHEN ...
... KEINE KONZEPTE, UM DIE WO-CHENTAGE ODER DEN KALENDER ZU BENEN-NEN.
DIE ERDE WÄRE DER EINZIGE PLANET, DEN WIR KENNEN.
AUSSERIR-DISCHES LEBEN SOMIT VÖLLIG UNDENK-BAR.
BIS UMA GALAXY HINZU-KAM...
... WAR DIES...
... DAS GRUND-PRINZIP DER WELT.

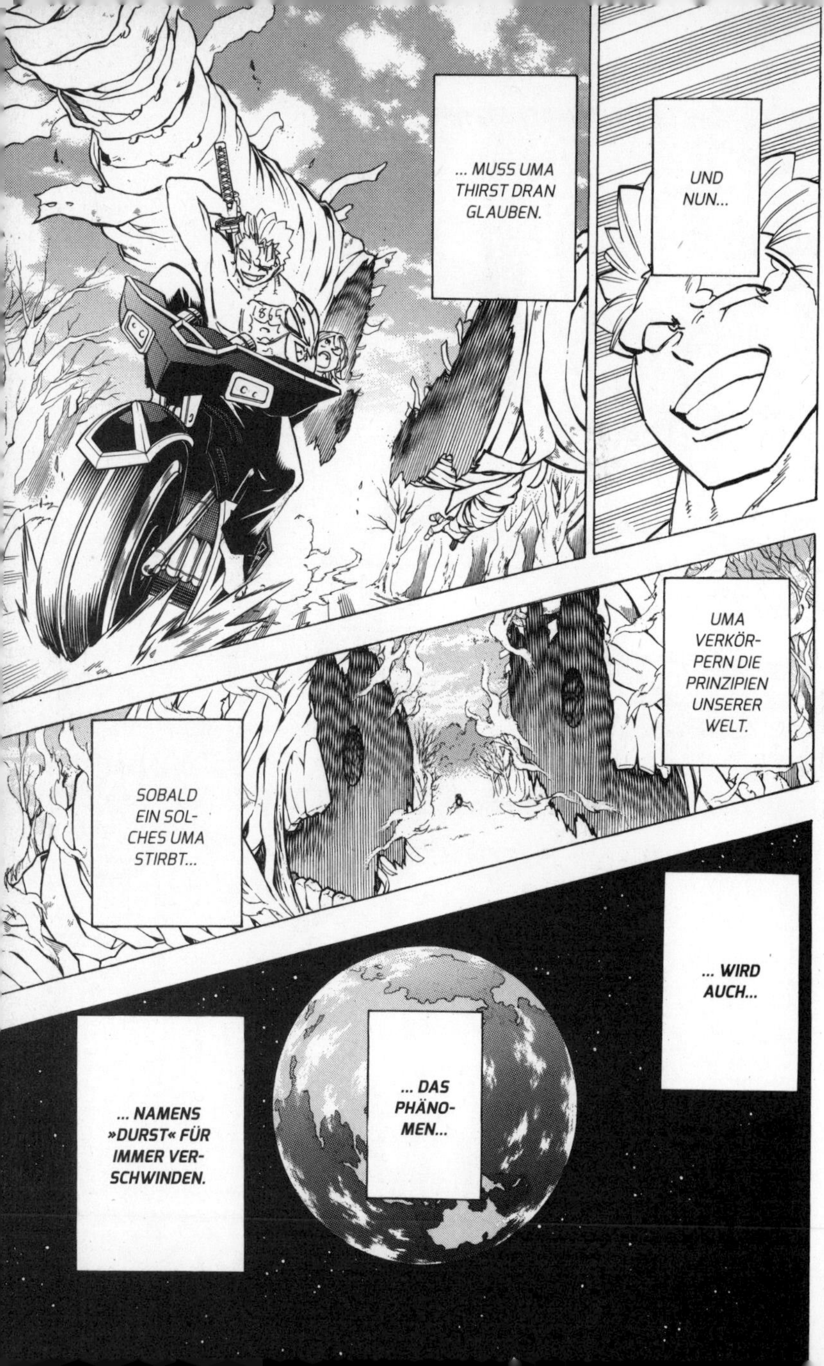
UND NUN...
... MUSS UMA THIRST DRAN GLAUBEN.
UMA VERKÖR-PERN DIE PRINZIPIEN UNSERER WELT.
SOBALD EIN SOL-CHES UMA STIRBT...
... WIRD AUCH...
... DAS PHÄNO-MEN...
... NAMENS »DURST« FÜR IMMER VER-SCHWINDEN.

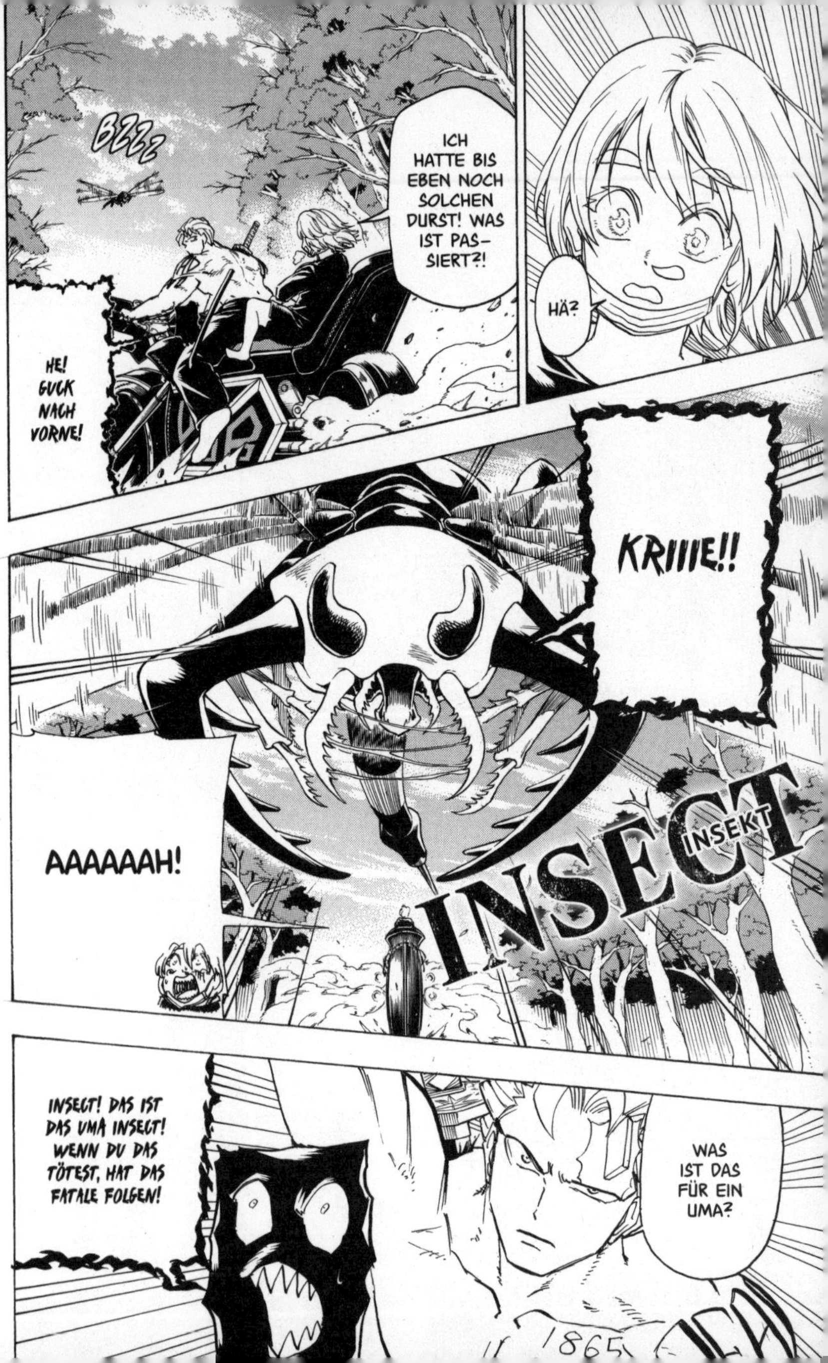
HÄ?
ICH HATTE BIS EBEN NOCH SOLCHEN DURST! WAS IST PAS-SIERT?!
BZZZ
HE! GUCK NACH VORNE!
KRIIIE!!
INSECT
INSEKT
AAAAAAH!
WAS IST DAS FÜR EIN UMA?
INSECT! DAS IST DAS UMA INSECT! WENN DU DAS TÖTEST, HAT DAS FATALE FOLGEN!

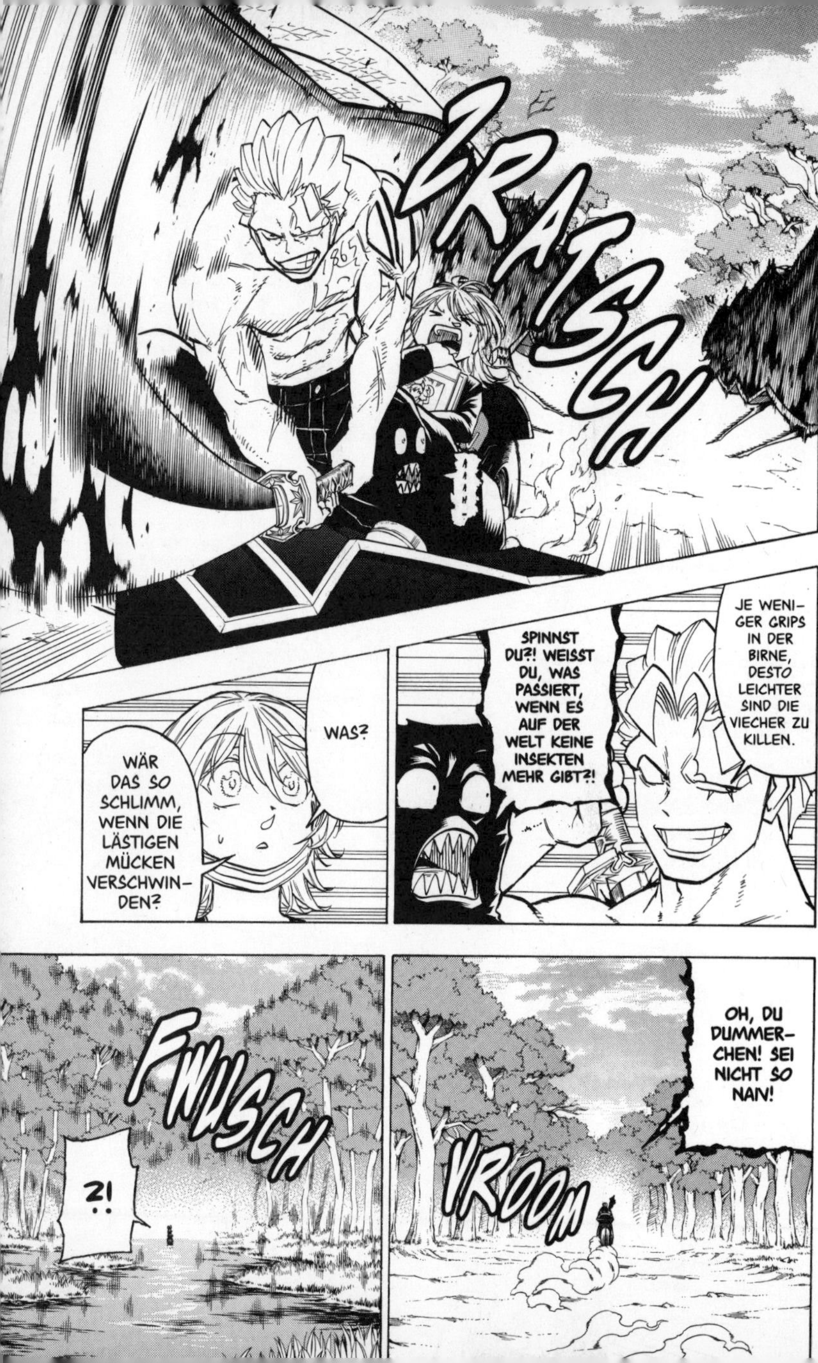
ZRATSCH
AAAH!
JE WENIGER GRIPS IN DER BIRNE, DESTO LEICHTER SIND DIE VIECHER ZU KILLEN.
SPINNST DU?! WEISST DU, WAS PASSIERT, WENN ES AUF DER WELT KEINE INSEKTEN MEHR GIBT?!
WAS?
WÄR DAS SO SCHLIMM, WENN DIE LÄSTIGEN MÜCKEN VERSCHWINDEN?
OH, DU DUMMERCHEN! SEI NICHT SO NAIV!
VROOM
FWUSCH
?!

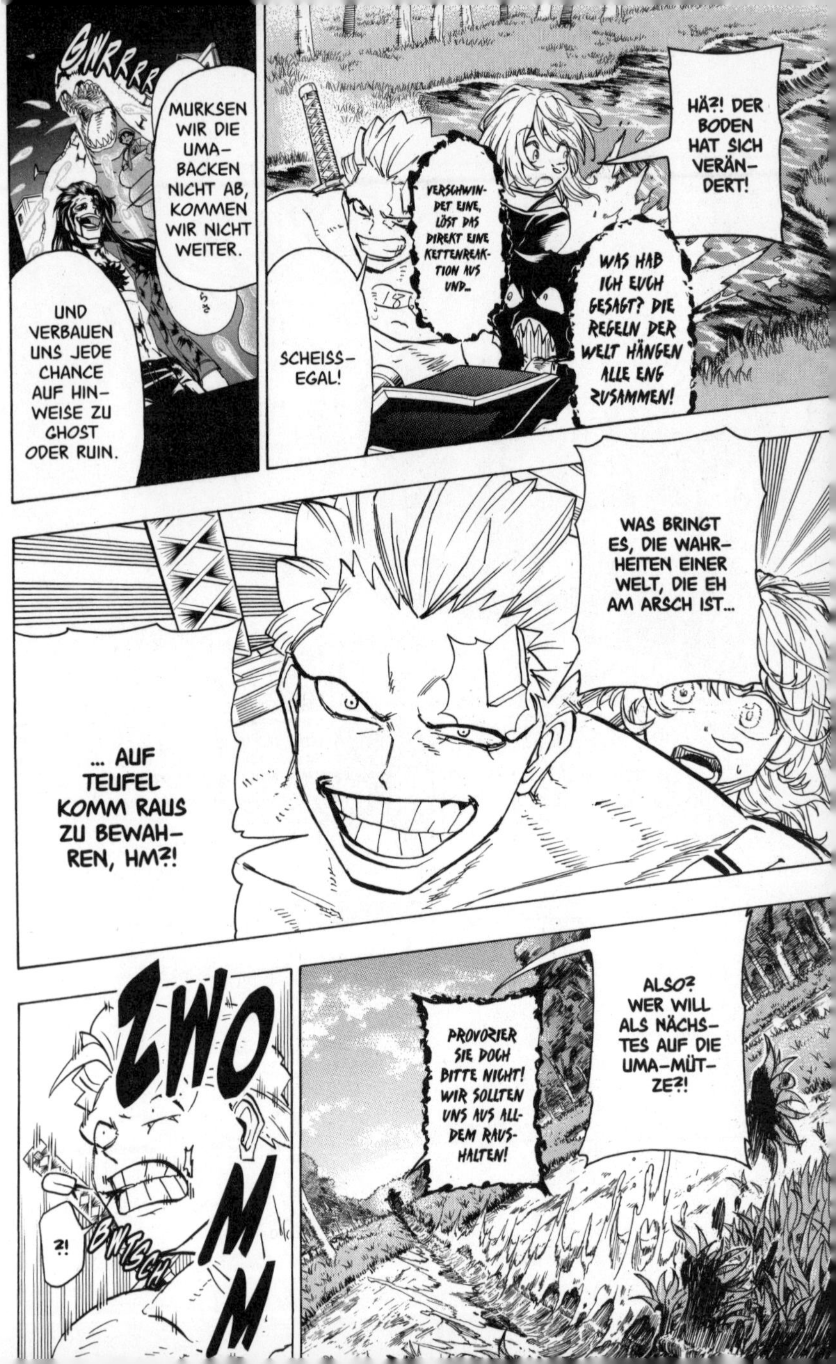

HÄ?! DER BODEN HAT SICH VERÄNDERT!
WAS HAB ICH EUCH GESAGT? DIE REGELN DER WELT HÄNGEN ALLE ENG ZUSAMMEN!
VERSCHWINDET EINE, LÖST DAS DIREKT EINE KETTENREAKTION AUS UND...
SCHEISS-EGAL!
GWRRRR
MURKSEN WIR DIE UMA-BACKEN NICHT AB, KOMMEN WIR NICHT WEITER.
UND VERBAUEN UNS JEDE CHANCE AUF HINWEISE ZU GHOST ODER RUIN.
WAS BRINGT ES, DIE WAHRHEITEN EINER WELT, DIE EH AM ARSCH IST...
... AUF TEUFEL KOMM RAUS ZU BEWAHREN, HM?!
ALSO? WER WILL ALS NÄCHSTES AUF DIE UMA-MÜTZE?!
PROVOZIER SIE DOCH BITTE NICHT! WIR SOLLTEN UNS AUS ALLDEM RAUSHALTEN!
ZWOMM
BWISCH
?!

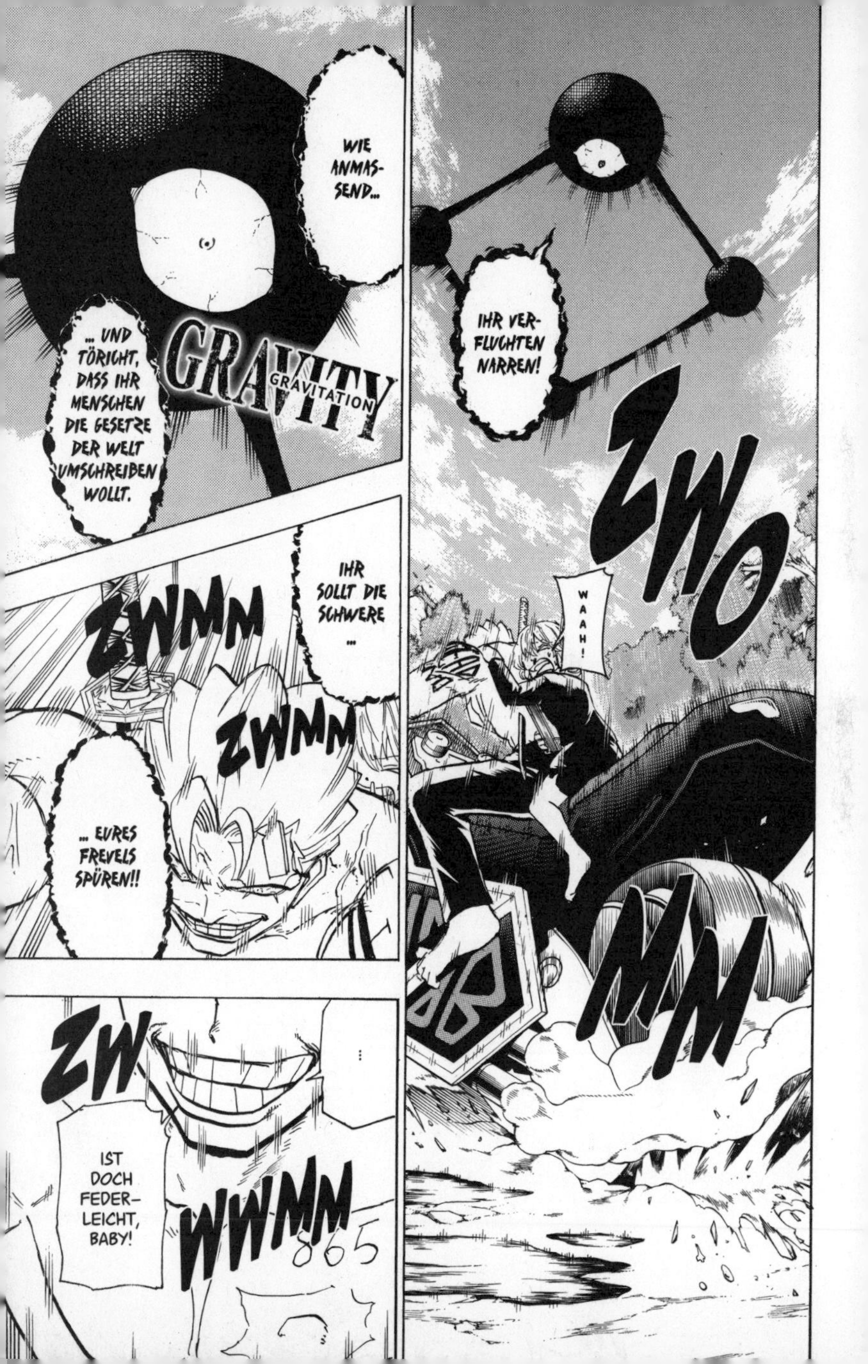
IHR VERFLUCHTEN NARREN!
ZWO
WAAH!
MMM
WIE ANMASSEND...
GRAVITY
GRAVITATION
... UND TÖRICHT, DASS IHR MENSCHEN DIE GESETZE DER WELT UMSCHREIBEN WOLLT.
IHR SOLLT DIE SCHWERE ...
ZWMM
ZWMM
... EURES FREVELS SPÜREN!!
ZW
IST DOCH FEDERLEICHT, BABY!
WWMM

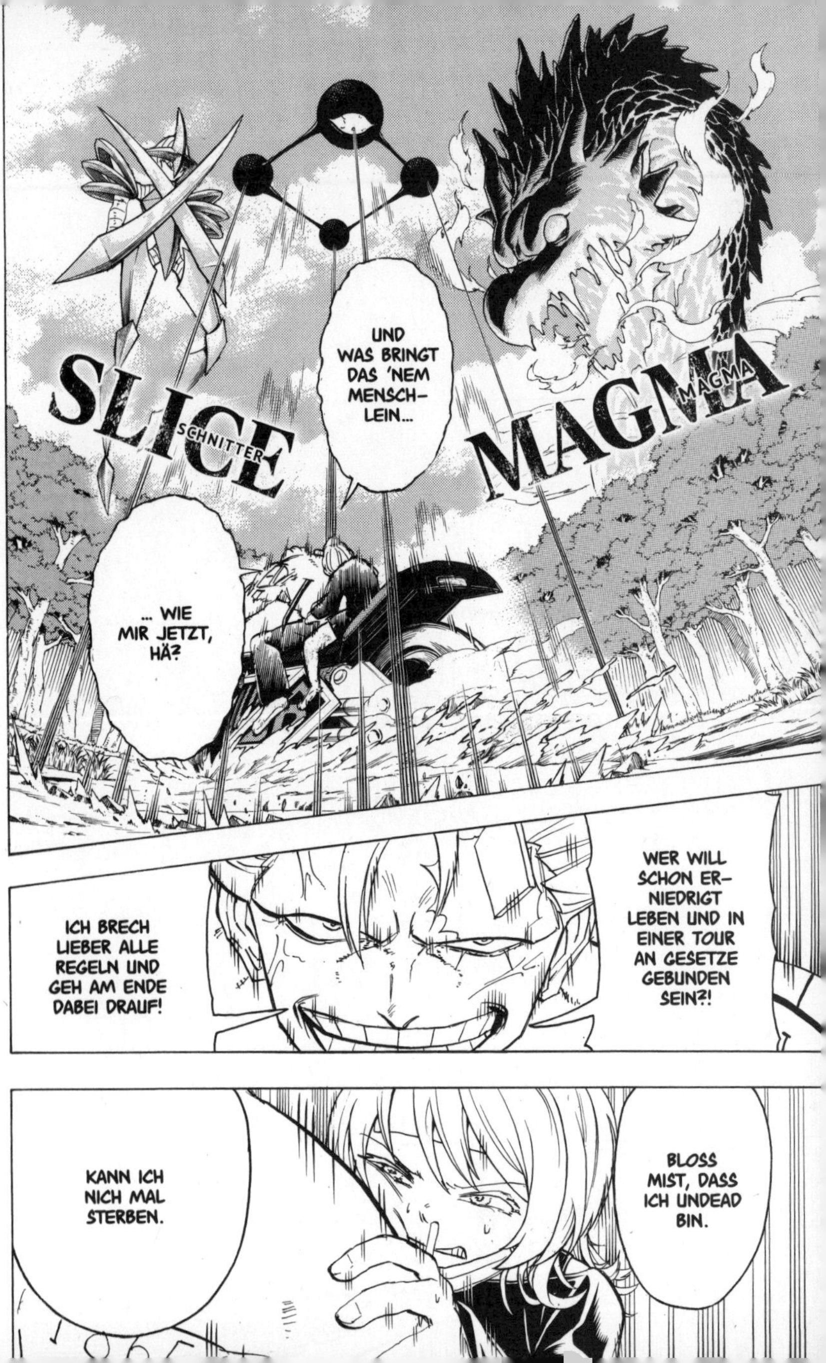
MAGMA
MAGMA
UND WAS BRINGT DAS 'NEM MENSCH-LEIN...
SLICE
SCHNITTER
... WIE MIR JETZT, HÄ?
WER WILL SCHON ER-NIEDRIGT LEBEN UND IN EINER TOUR AN GESETZE GEBUNDEN SEIN?!
ICH BRECH LIEBER ALLE REGELN UND GEH AM ENDE DABEI DRAUF!
BLOSS MIST, DASS ICH UNDEAD BIN.
KANN ICH NICH MAL STERBEN.

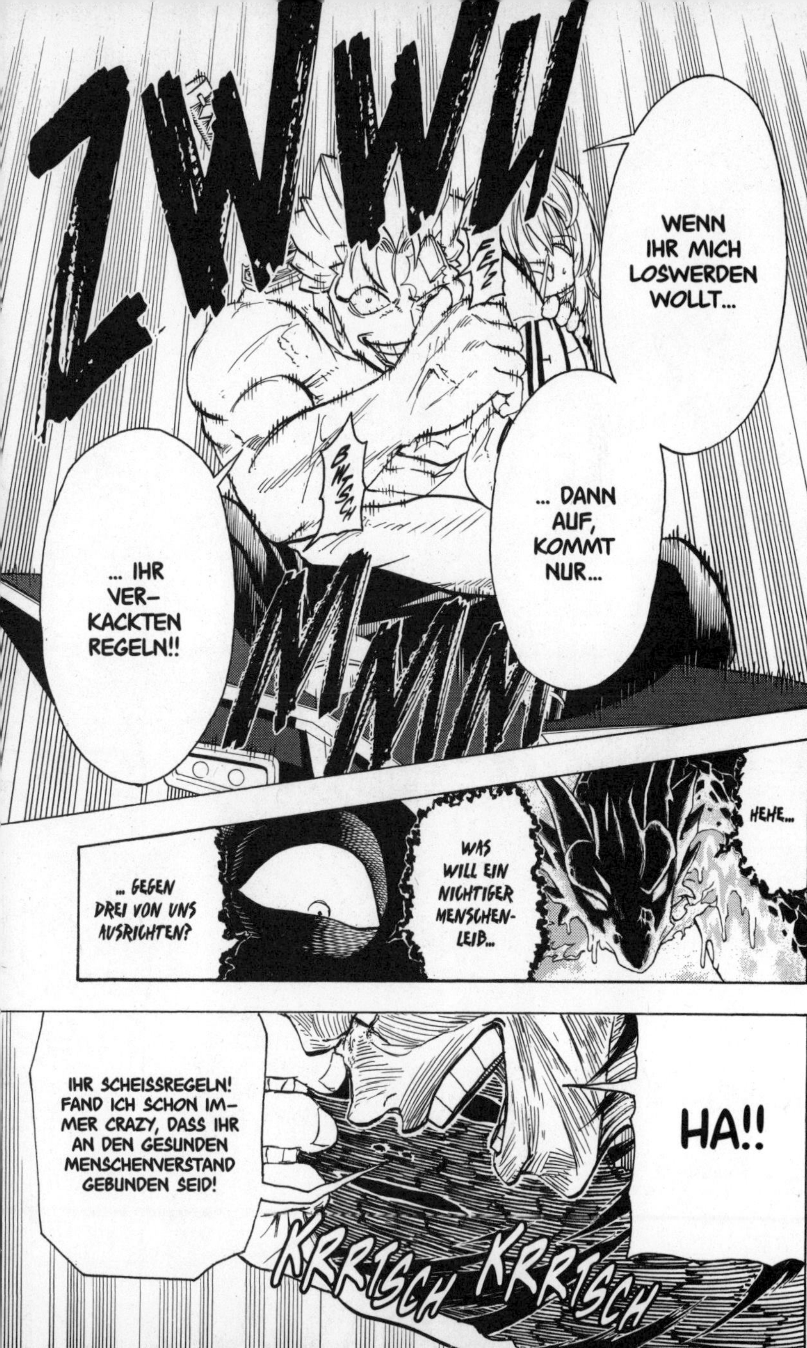
WENN IHR MICH LOSWERDEN WOLLT...
... DANN AUF, KOMMT NUR...
... IHR VER-KACKTEN REGELN!!
HEHE...
WAS WILL EIN NICHTIGER MENSCHEN-LEIB...
... GEGEN DREI VON UNS AUSRICHTEN?
HA!!
IHR SCHEISSREGELN! FAND ICH SCHON IM-MER CRAZY, DASS IHR AN DEN GESUNDEN MENSCHENVERSTAND GEBUNDEN SEID!
KRRISCH KRRISCH

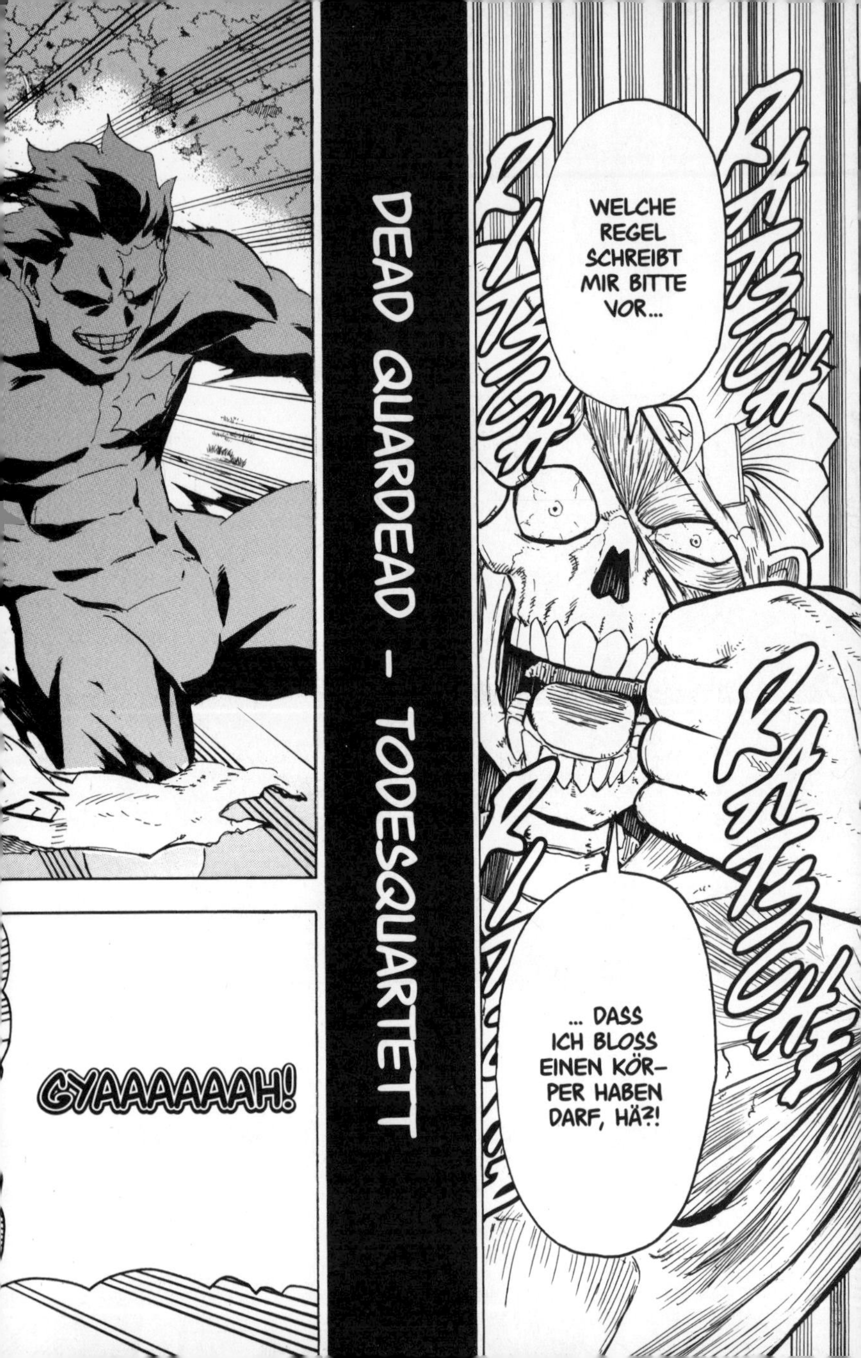
WELCHE REGEL SCHREIBT MIR BITTE VOR...
... DASS ICH BLOSS EINEN KÖR-PER HABEN DARF, HÄ?!
DEAD QUARDEAD – TODESQUARTETT
GYAAAAAAAH!

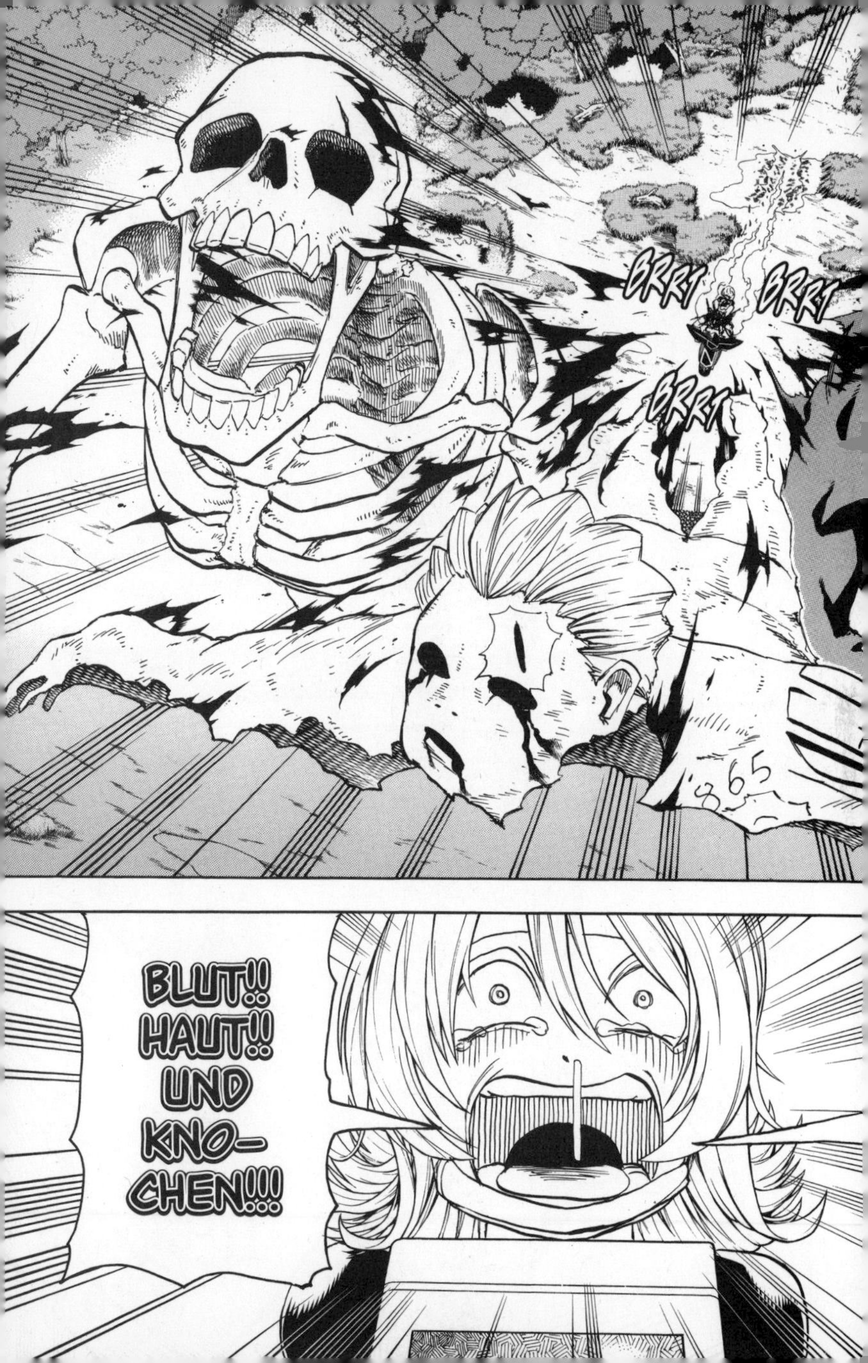
BRRT
BRRT
BRRT
BLUT!! HAUT!! UND KNO-CHEN!!!

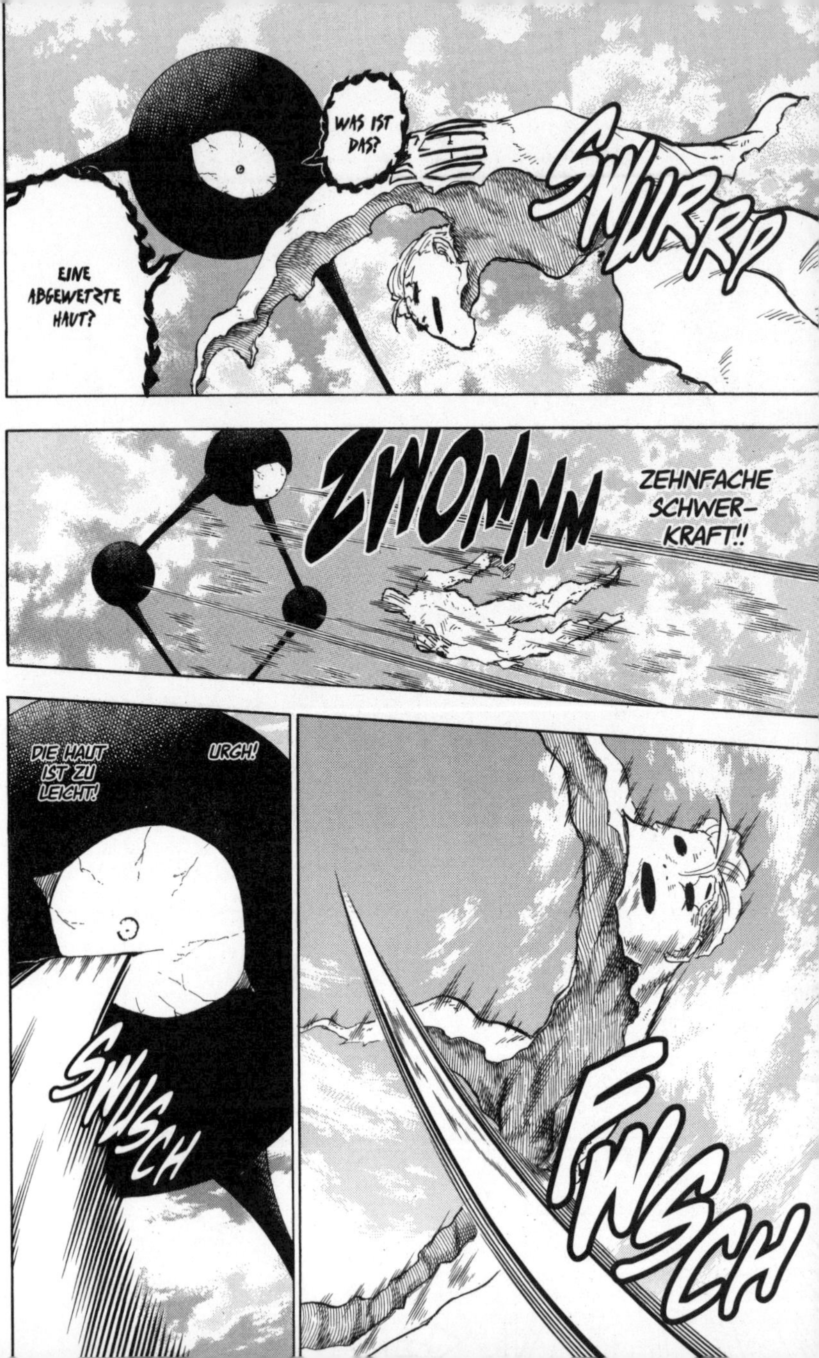
WAS IST DAS?
SWIRRP
EINE ABGEWETZTE HAUT?
ZWOMMM
ZEHNFACHE SCHWER-KRAFT!!
URGH!
DIE HAUT IST ZU LEICHT!
FWSCH
SWUSCH

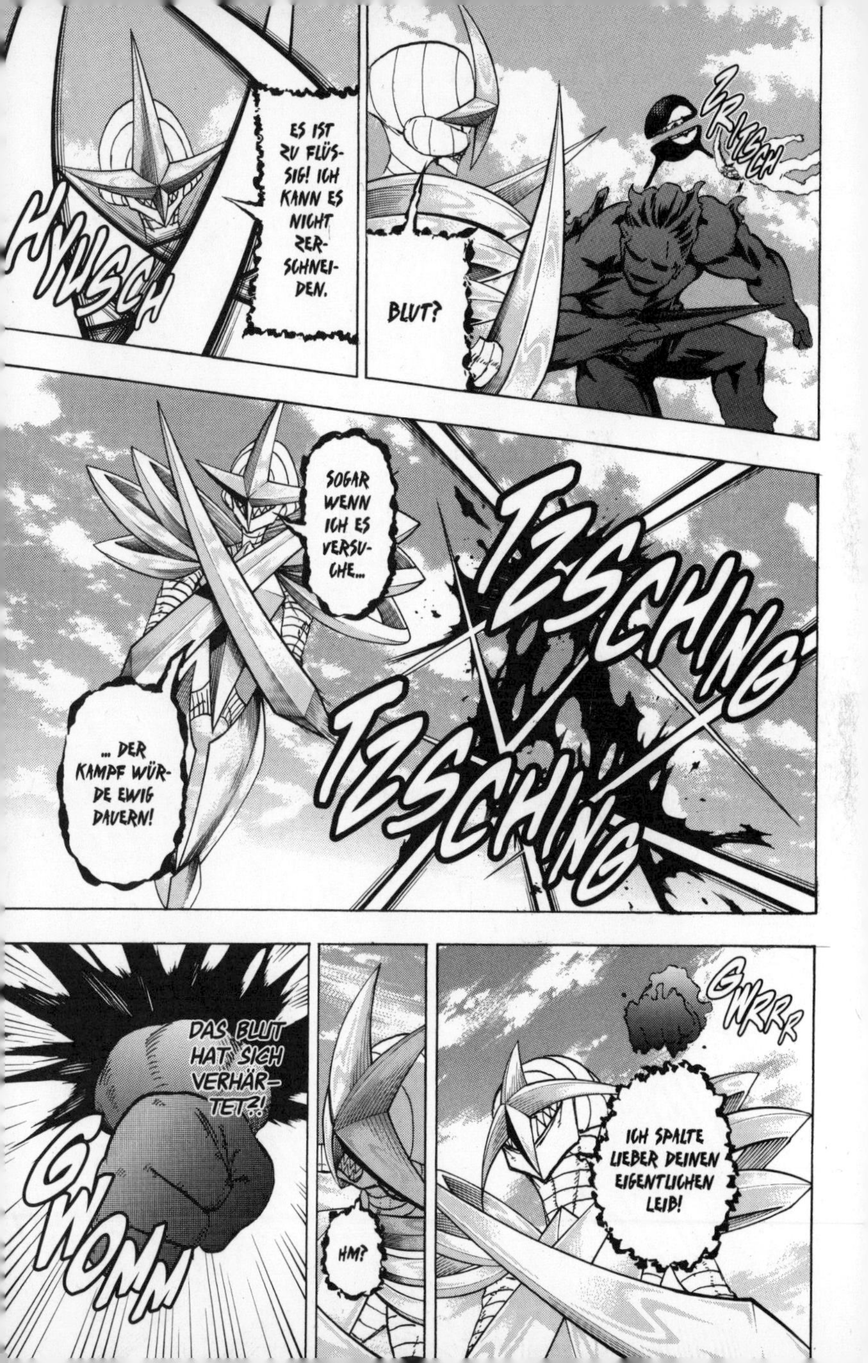
ZRISCH
BLUT?
ES IST ZU FLÜSSIG! ICH KANN ES NICHT ZERSCHNEIDEN.
HYUSCH
SOGAR WENN ICH ES VERSUCHE...
... DER KAMPF WÜRDE EWIG DAUERN!
TZSCHING
TZSCHING
GWRRR
ICH SPALTE LIEBER DEINEN EIGENTLICHEN LEIB!
HM?
DAS BLUT HAT SICH VERHÄRTET?!
GWOMM

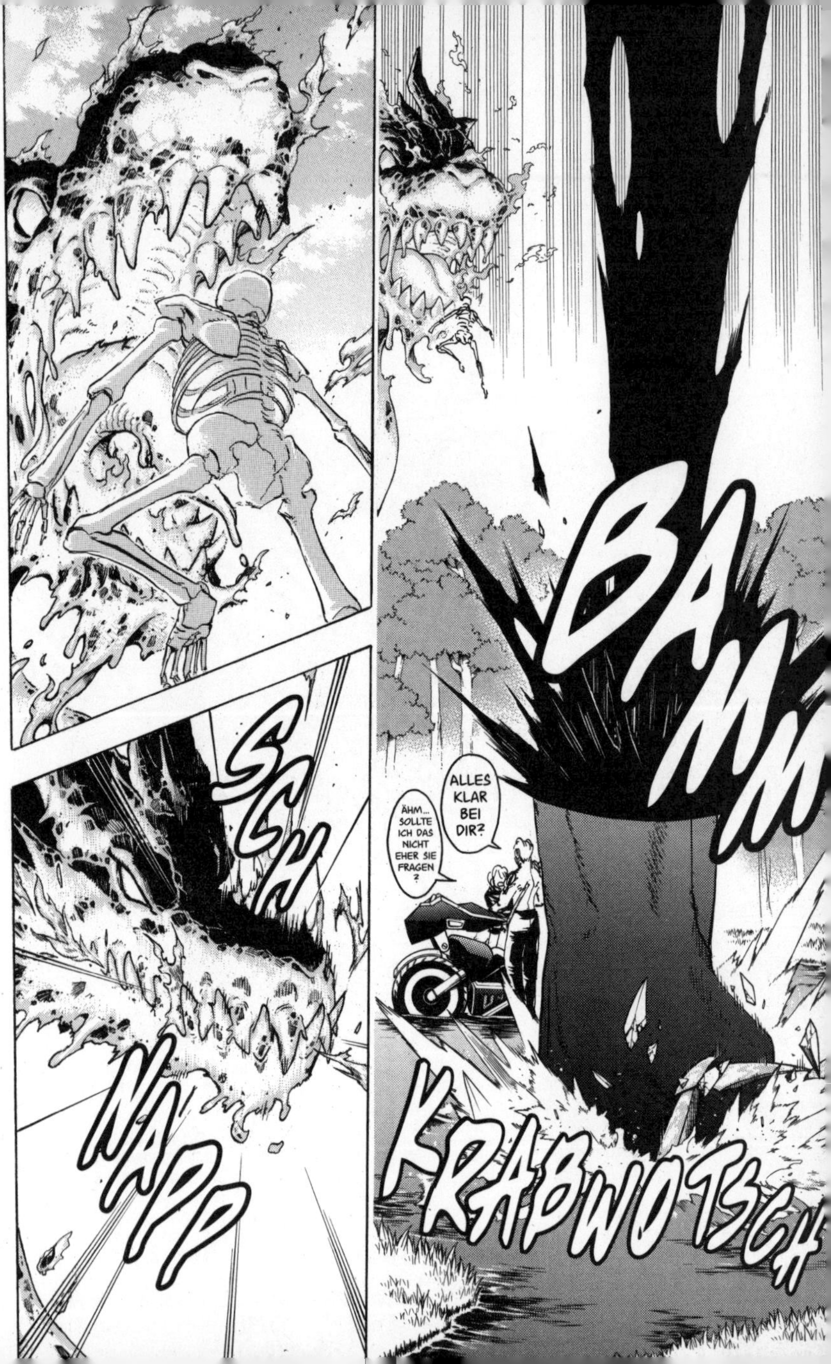
BAMM
ALLES KLAR BEI DIR?
ÄHM... SOLLTE ICH DAS NICHT EHER SIE FRAGEN?
KRABWOTSCH
SCH
NAPP

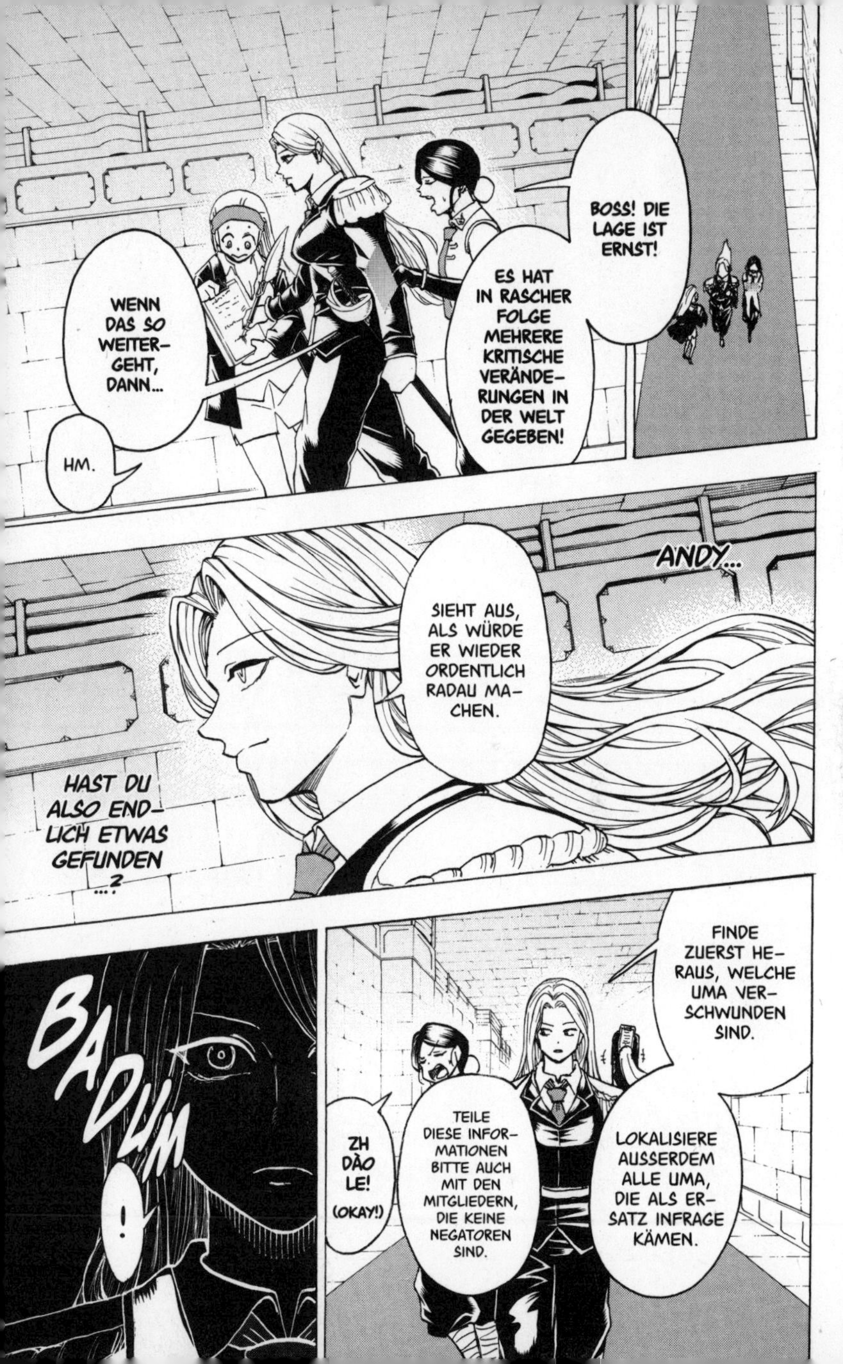

BOSS! DIE LAGE IST ERNST!
ES HAT IN RASCHER FOLGE MEHRERE KRITISCHE VERÄNDERUNGEN IN DER WELT GEGEBEN!
WENN DAS SO WEITERGEHT, DANN...
HM.
ANDY...
SIEHT AUS, ALS WÜRDE ER WIEDER ORDENTLICH RADAU MACHEN.
HAST DU ALSO ENDLICH ETWAS GEFUNDEN ...?
FINDE ZUERST HERAUS, WELCHE UMA VERSCHWUNDEN SIND.
LOKALISIERE AUSSERDEM ALLE UMA, DIE ALS ERSATZ INFRAGE KÄMEN.
TEILE DIESE INFORMATIONEN BITTE AUCH MIT DEN MITGLIEDERN, DIE KEINE NEGATOREN SIND.
ZH DÀO LE! (OKAY!)
BADUM
!

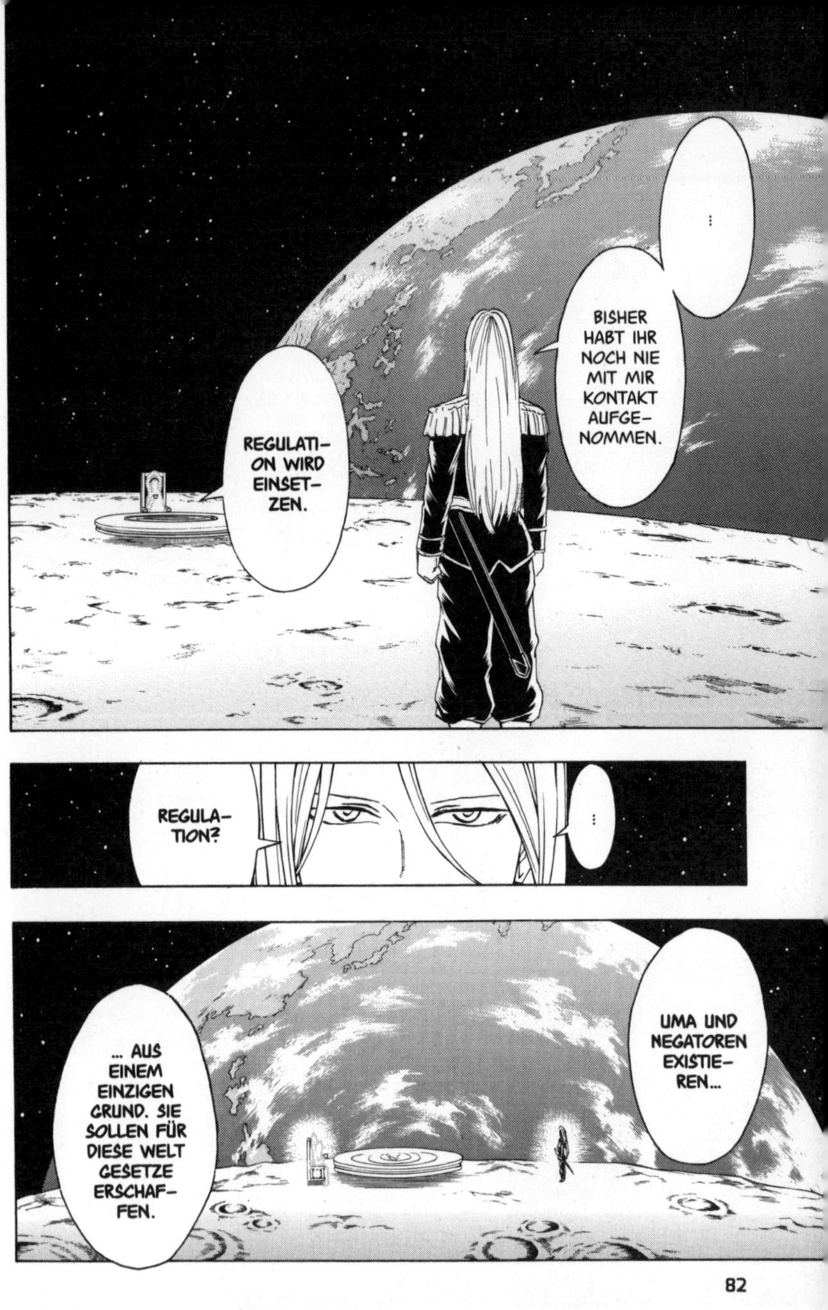
...
BISHER HABT IHR NOCH NIE MIT MIR KONTAKT AUFGENOMMEN.
REGULATION WIRD EINSETZEN.
...
REGULATION?
UMA UND NEGATOREN EXISTIEREN...
... AUS EINEM EINZIGEN GRUND. SIE SOLLEN FÜR DIESE WELT GESETZE ERSCHAFFEN.

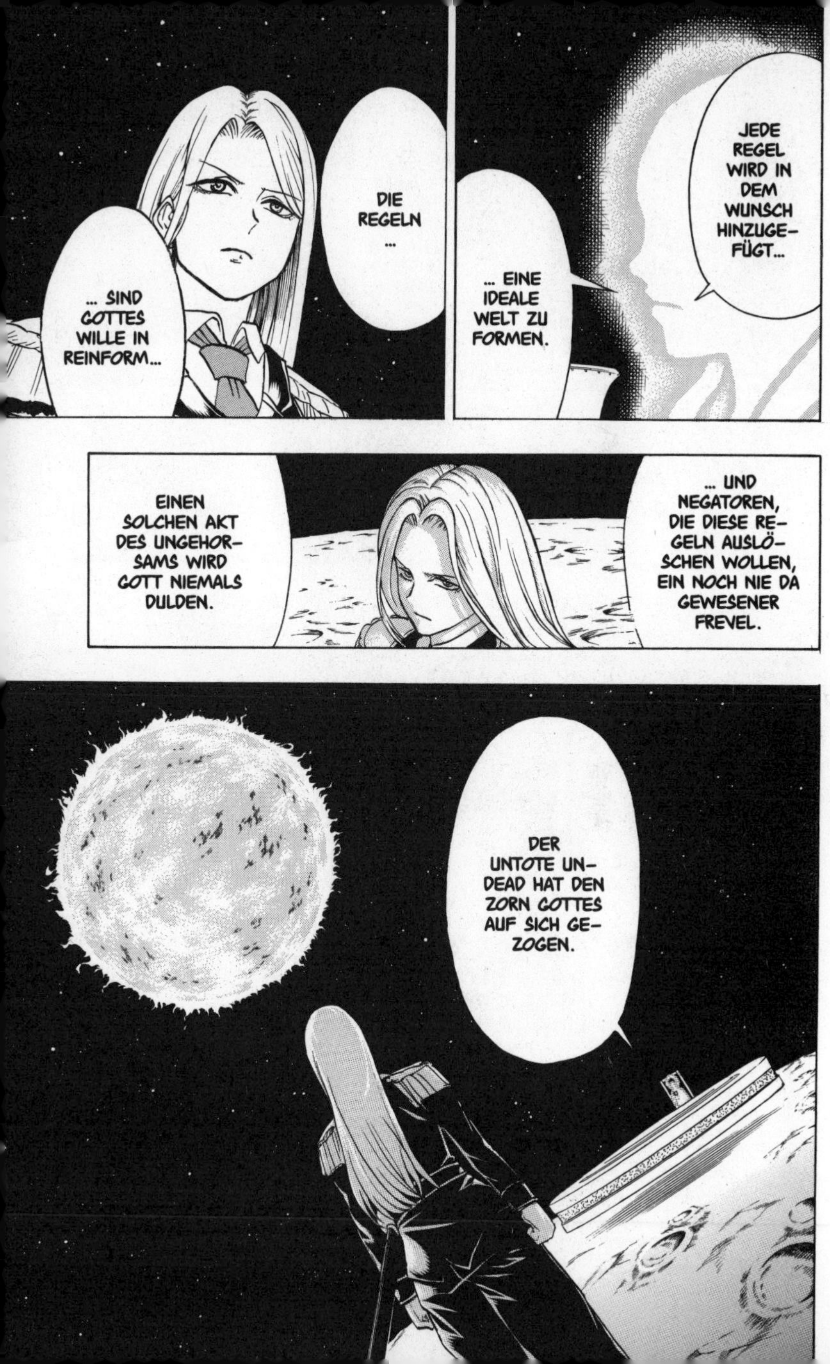
JEDE REGEL WIRD IN DEM WUNSCH HINZUGEFÜGT...
... EINE IDEALE WELT ZU FORMEN.
DIE REGELN ...
... SIND GOTTES WILLE IN REINFORM...
... UND NEGATOREN, DIE DIESE REGELN AUSLÖSCHEN WOLLEN, EIN NOCH NIE DA GEWESENER FREVEL.
EINEN SOLCHEN AKT DES UNGEHORSAMS WIRD GOTT NIEMALS DULDEN.
DER UNTOTE UNDEAD HAT DEN ZORN GOTTES AUF SICH GEZOGEN.

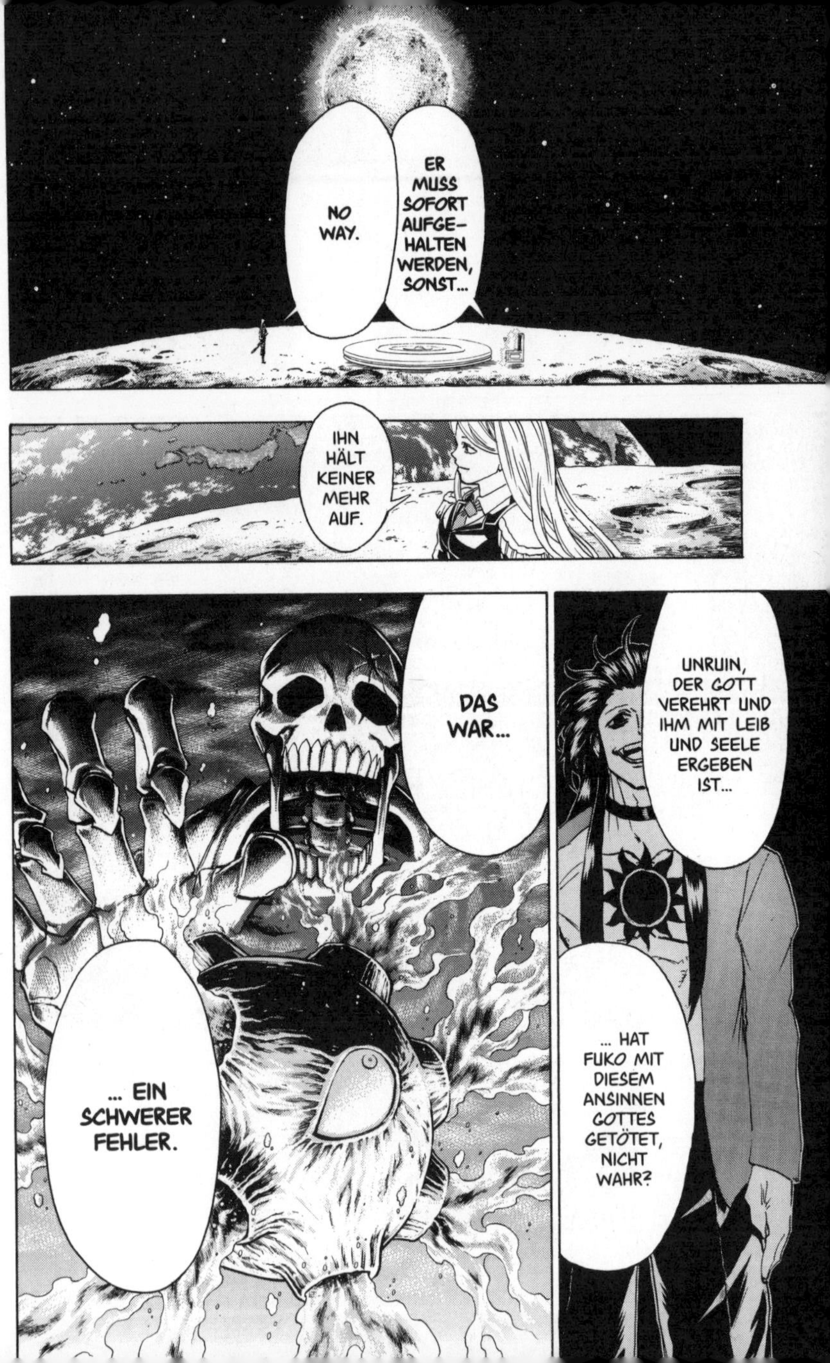
ER MUSS SOFORT AUFGEHALTEN WERDEN, SONST...
NO WAY.
IHN HÄLT KEINER MEHR AUF.
UNRUIN, DER GOTT VEREHRT UND IHM MIT LEIB UND SEELE ERGEBEN IST...
... HAT FUKO MIT DIESEM ANSINNEN GOTTES GETÖTET, NICHT WAHR?
DAS WAR...
... EIN SCHWERER FEHLER.

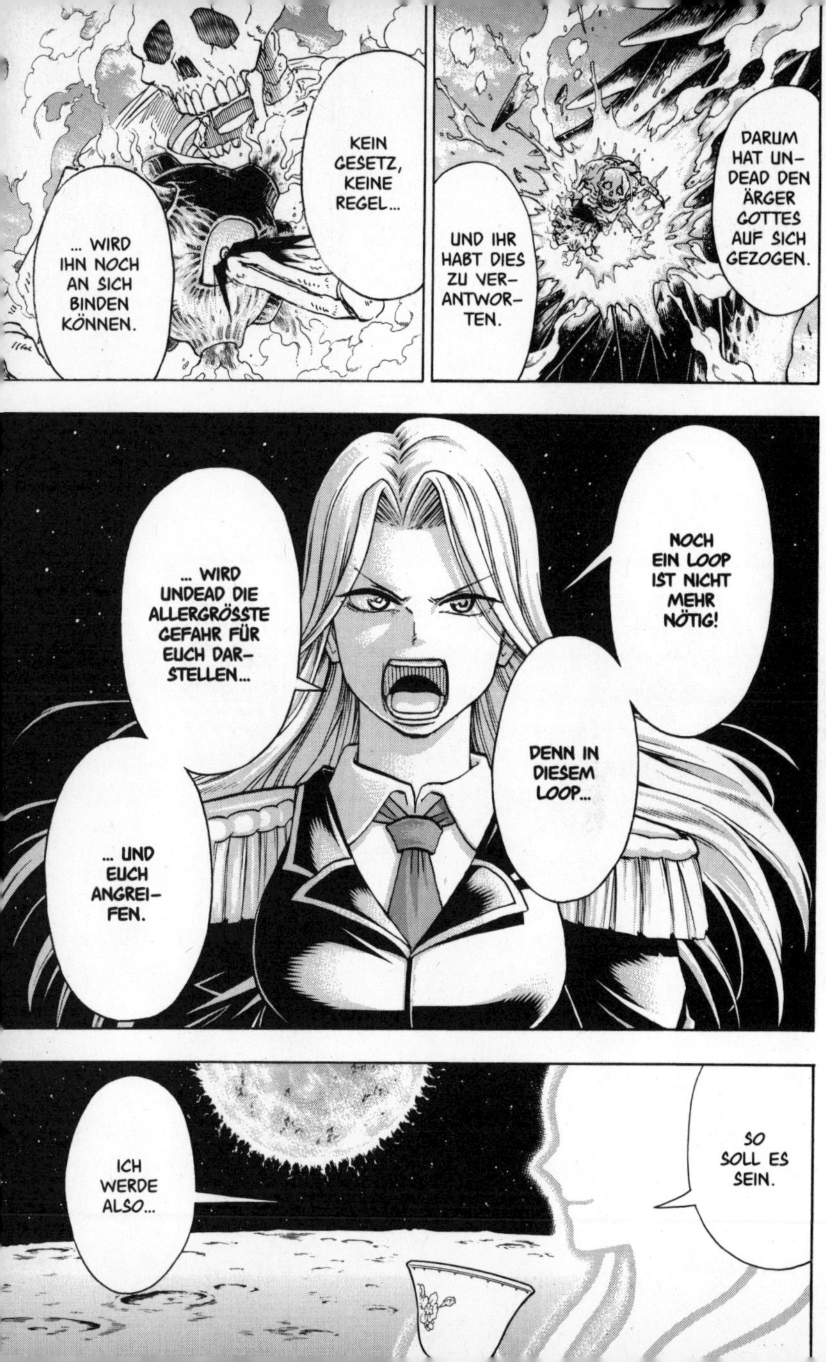
DARUM HAT UNDEAD DEN ÄRGER GOTTES AUF SICH GEZOGEN.
UND IHR HABT DIES ZU VERANTWORTEN.
KEIN GESETZ, KEINE REGEL...
... WIRD IHN NOCH AN SICH BINDEN KÖNNEN.
NOCH EIN LOOP IST NICHT MEHR NÖTIG!
DENN IN DIESEM LOOP...
... WIRD UNDEAD DIE ALLERGRÖSSTE GEFAHR FÜR EUCH DARSTELLEN...
... UND EUCH ANGREIFEN.
SO SOLL ES SEIN.
ICH WERDE ALSO...

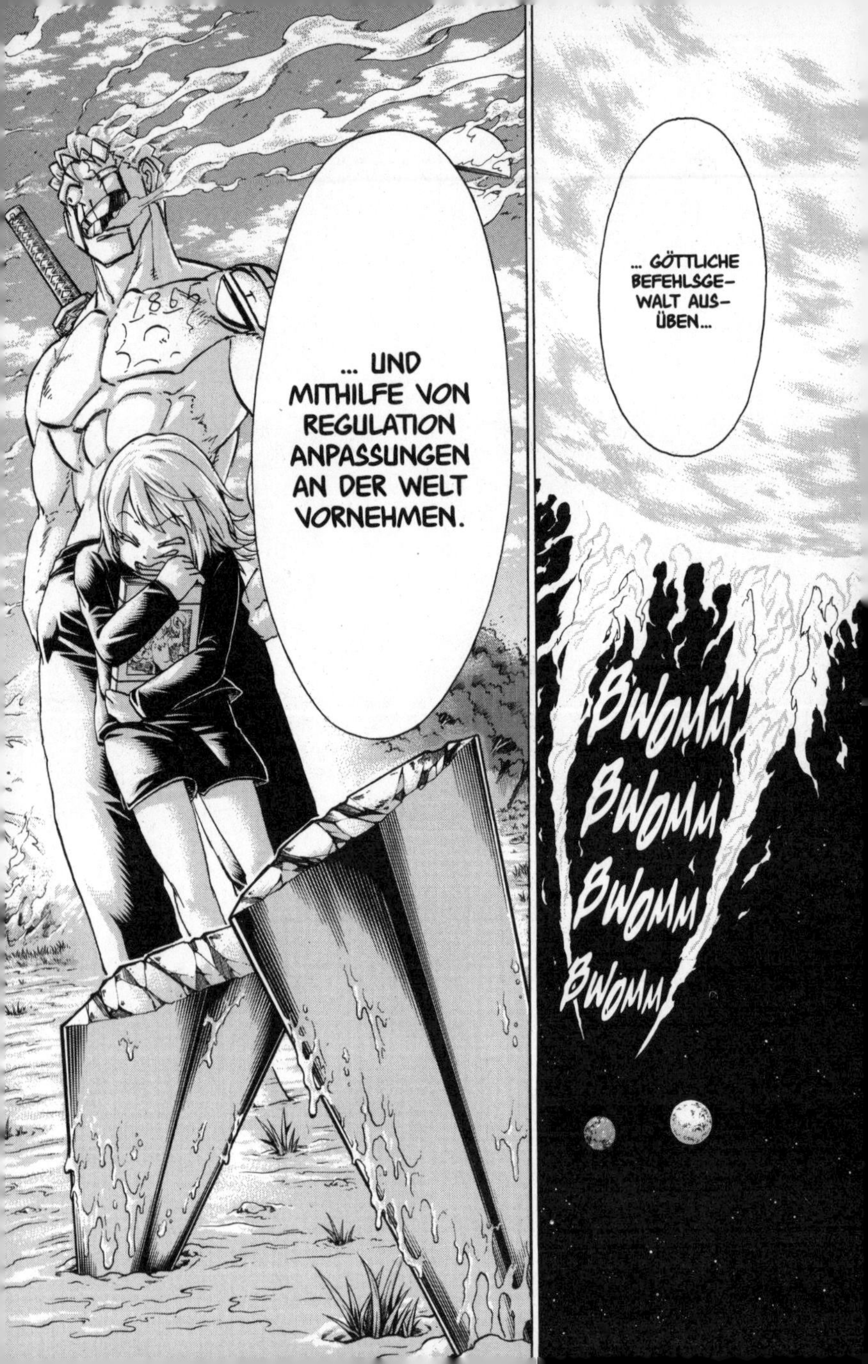
… GÖTTLICHE BEFEHLSGE- WALT AUS- ÜBEN …
BWOMM
BWOMM
BWOMM
BWOMM
… UND MITHILFE VON REGULATION ANPASSUNGEN AN DER WELT VORNEHMEN.

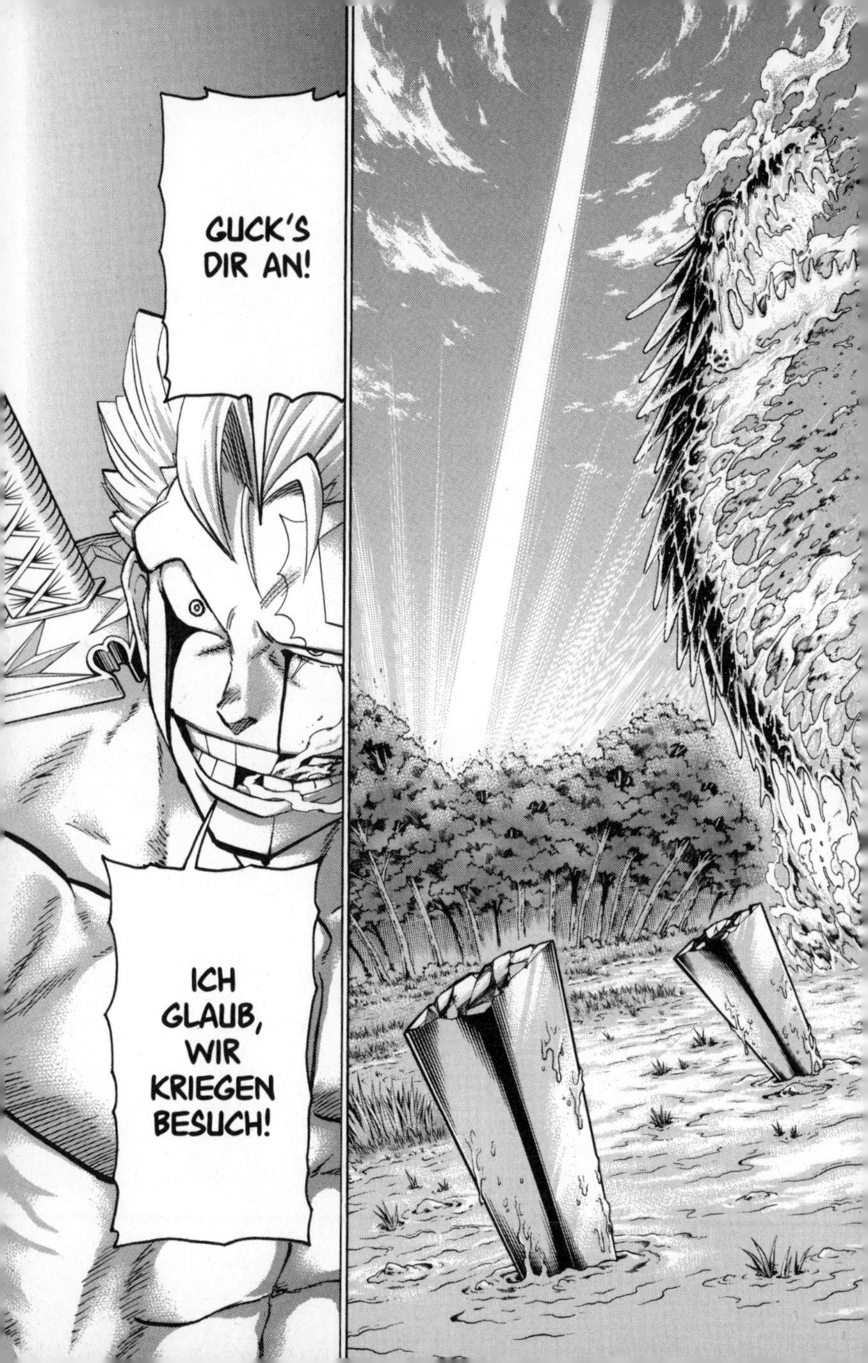
GUCK'S DIR AN!
ICH GLAUB, WIR KRIEGEN BESUCH!

DEAD QUARDEAD – TODESQUARTETT

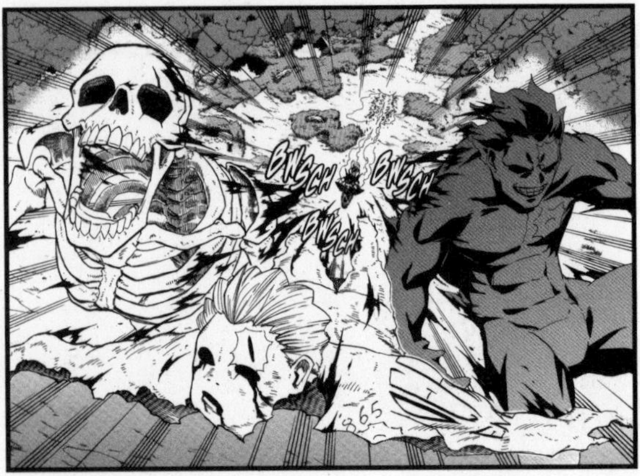

EINE TECHNIK ZUR ZERLEGUNG DES KÖRPERS IN VIER TEILE – KNOCHEN, HAUT, BLUT UND FLEISCH – WORAUFHIN ANDYS SEELE DIE KONTROLLE UND STEUERUNG DER EINZELNEN TEILE ÜBERNEHMEN KANN.

DA DIESE TECHNIK NICHT SEHR PRÄZISE IST, KANN SIE AUCH NUR UNTER BESTIMMTEN UMSTÄNDEN EINGESETZT WERDEN, UM ÜBERHAUPT EFFEKTIV ZU WIRKEN.

AUSSERDEM IST SIE ÄUSSERST SCHMERZHAFT.

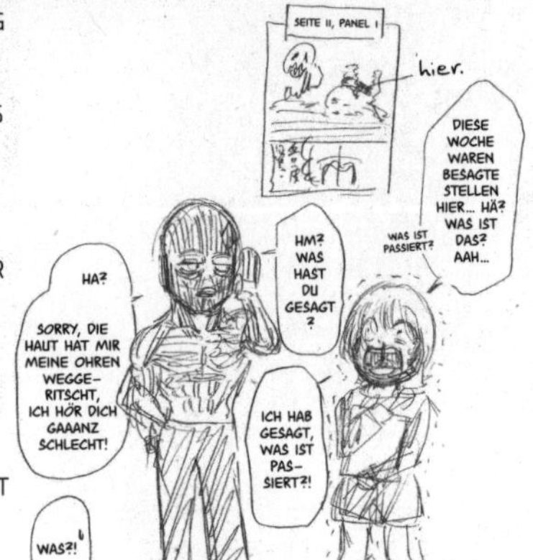

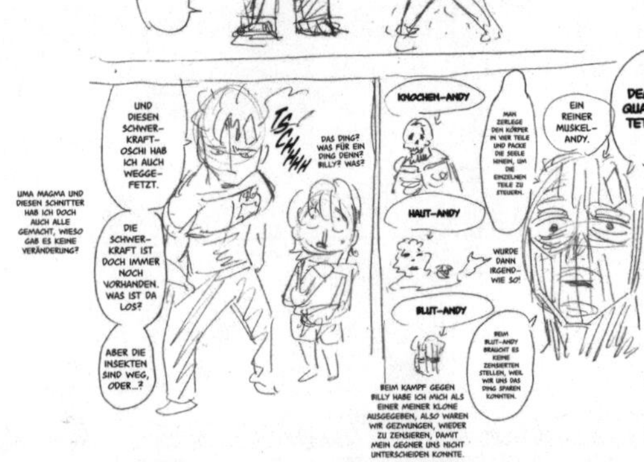

No. 102 Regulator

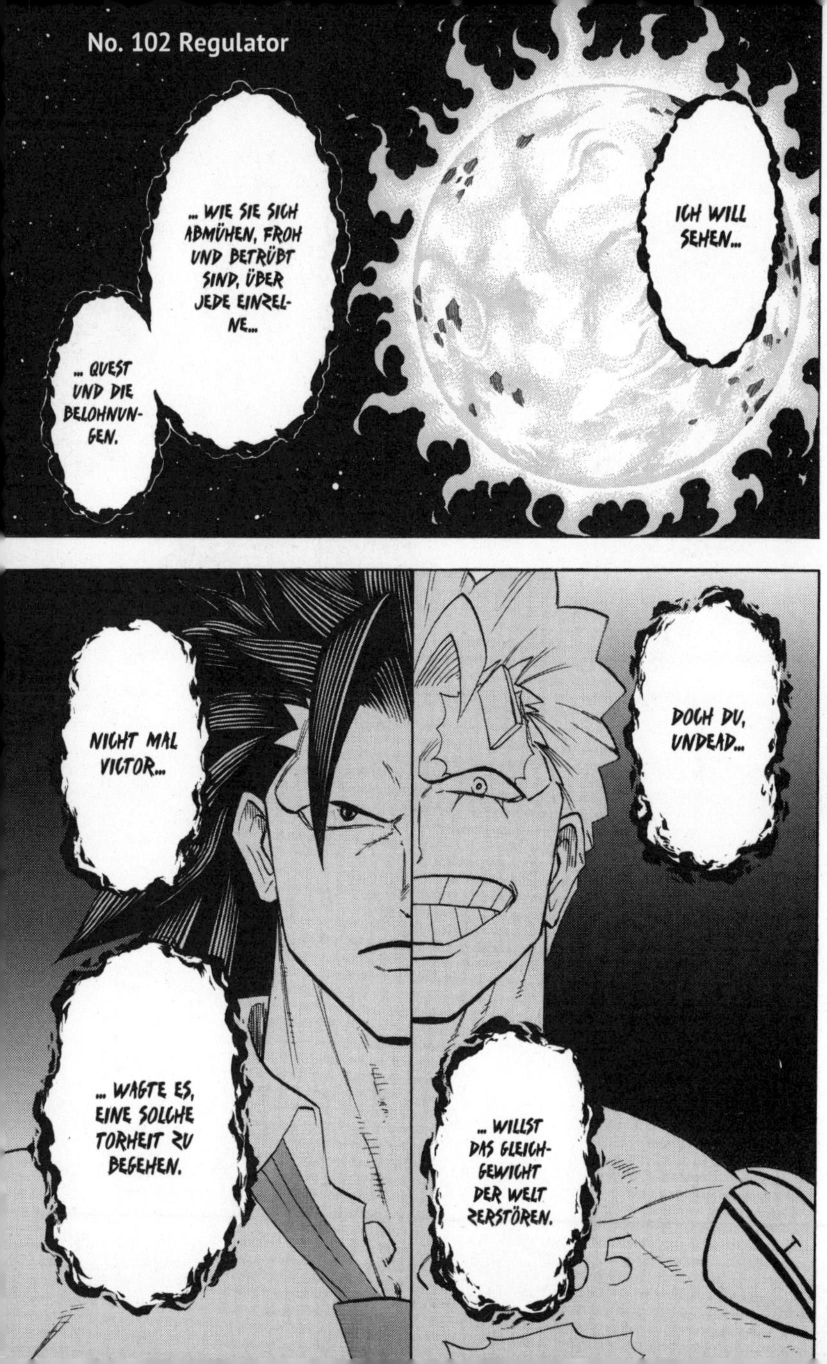

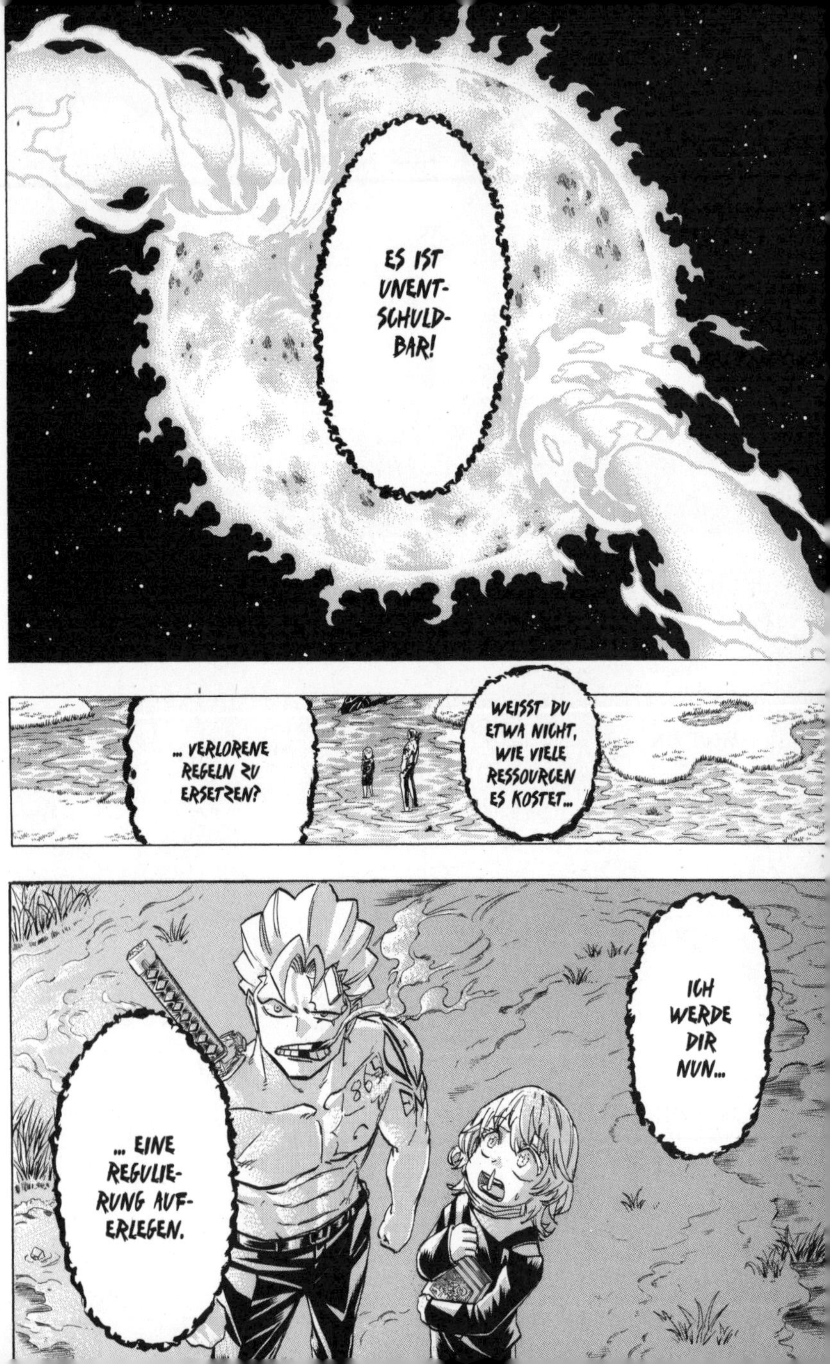
ES IST UNENT-SCHULD-BAR!
WEISST DU ETWA NICHT, WIE VIELE RESSOURCEN ES KOSTET…
… VERLORENE REGELN ZU ERSETZEN?
ICH WERDE DIR NUN…
… EINE REGULIE-RUNG AUF-ERLEGEN.

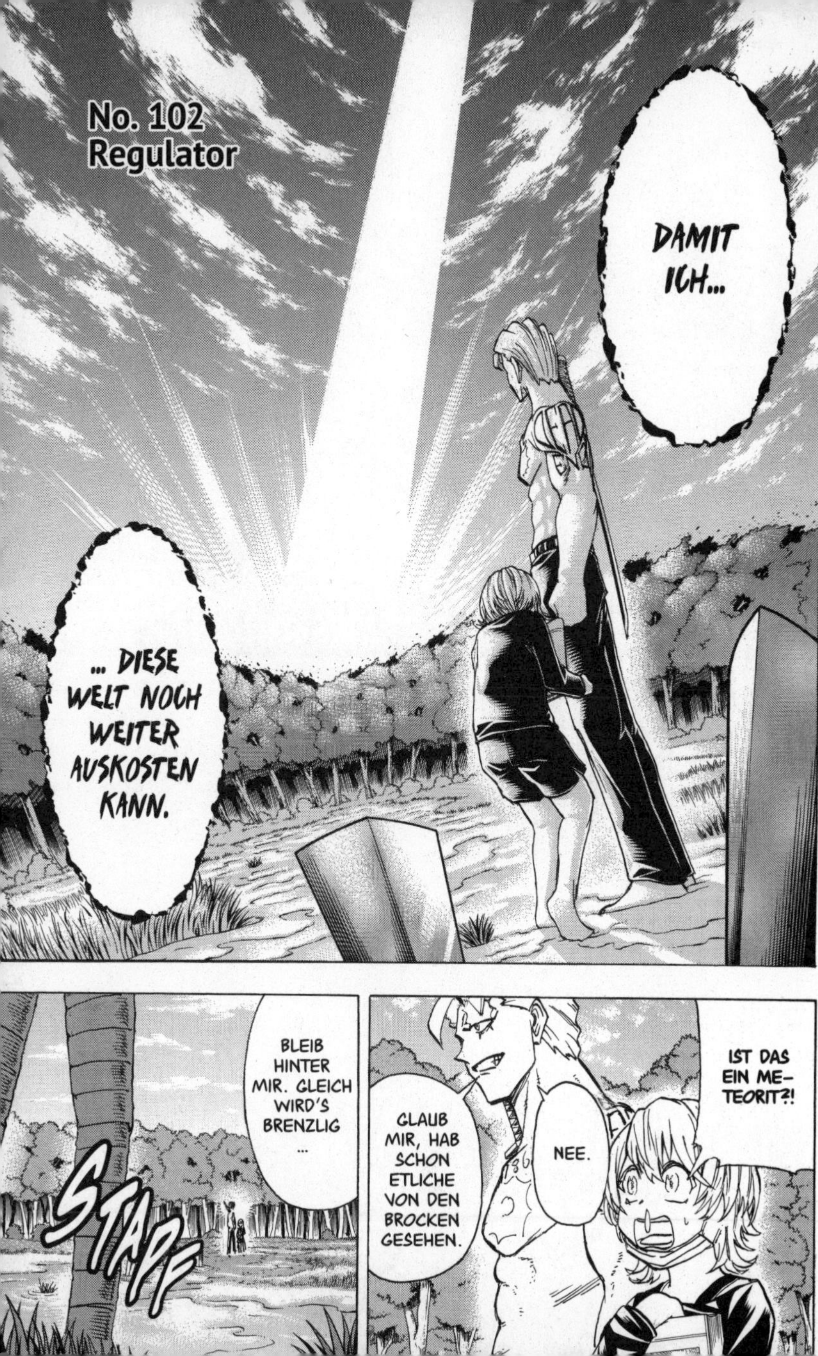
No. 102
Regulator
DAMIT ICH...
... DIESE WELT NOCH WEITER AUSKOSTEN KANN.
IST DAS EIN ME-TEORIT?!
NEE.
GLAUB MIR, HAB SCHON ETLICHE VON DEN BROCKEN GESEHEN.
BLEIB HINTER MIR. GLEICH WIRD'S BRENZLIG ...
STAPF

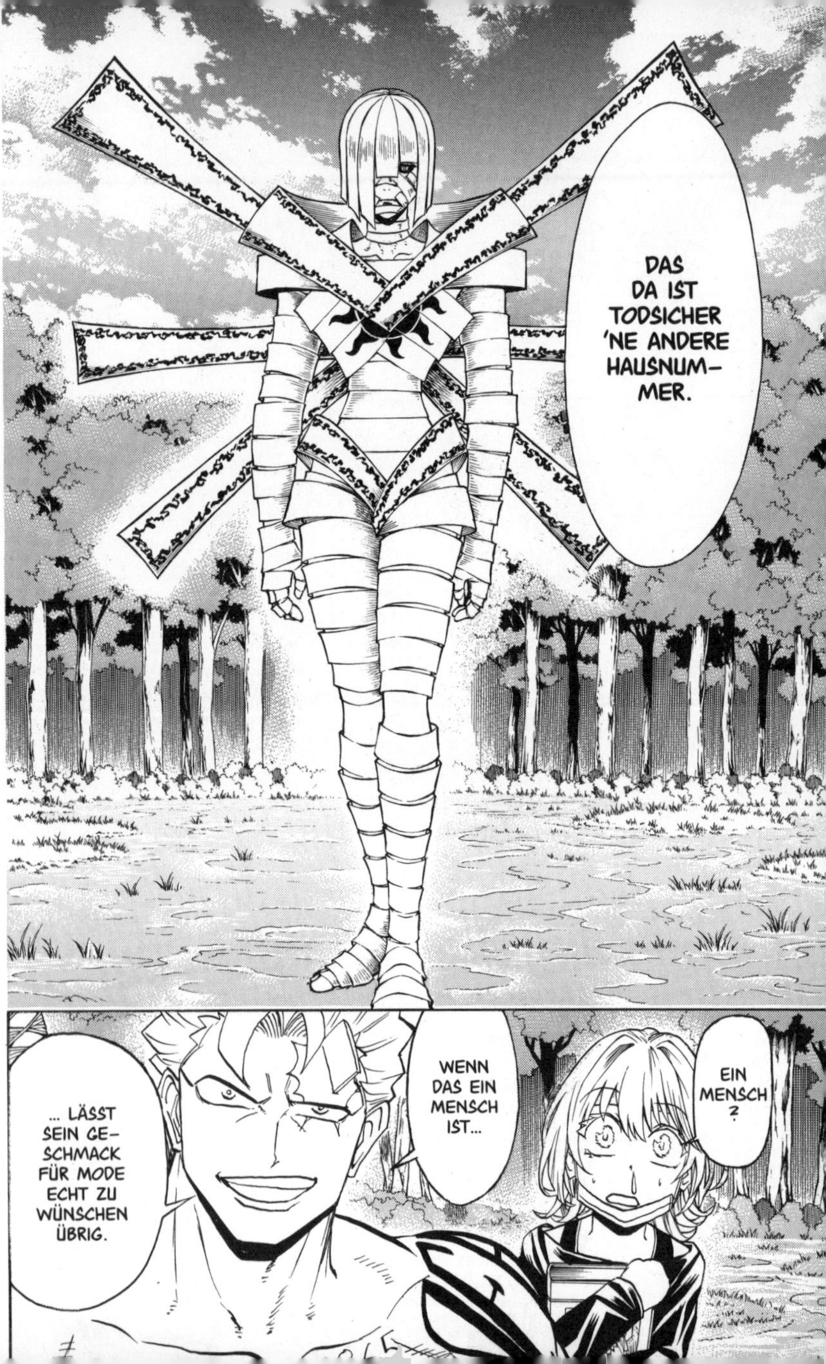
DAS DA IST TODSICHER 'NE ANDERE HAUSNUM-MER.
EIN MENSCH?
WENN DAS EIN MENSCH IST...
... LÄSST SEIN GE-SCHMACK FÜR MODE ECHT ZU WÜNSCHEN ÜBRIG.

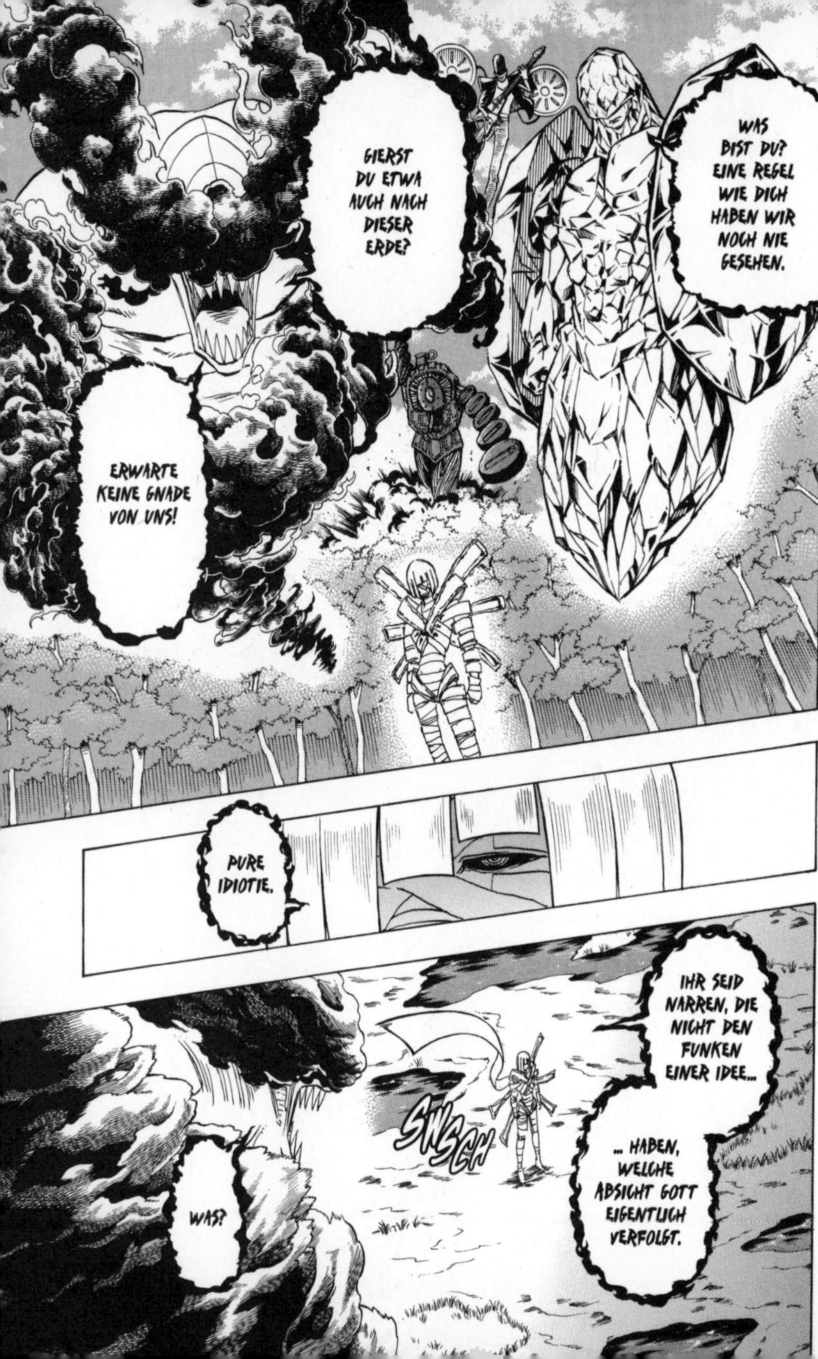

WAS BIST DU? EINE REGEL WIE DICH HABEN WIR NOCH NIE GESEHEN.
GIERST DU ETWA AUCH NACH DIESER ERDE?
ERWARTE KEINE GNADE VON UNS!
PURE IDIOTIE.
IHR SEID NARREN, DIE NICHT DEN FUNKEN EINER IDEE...
... HABEN, WELCHE ABSICHT GOTT EIGENTLICH VERFOLGT.
SWSCH
WAS?

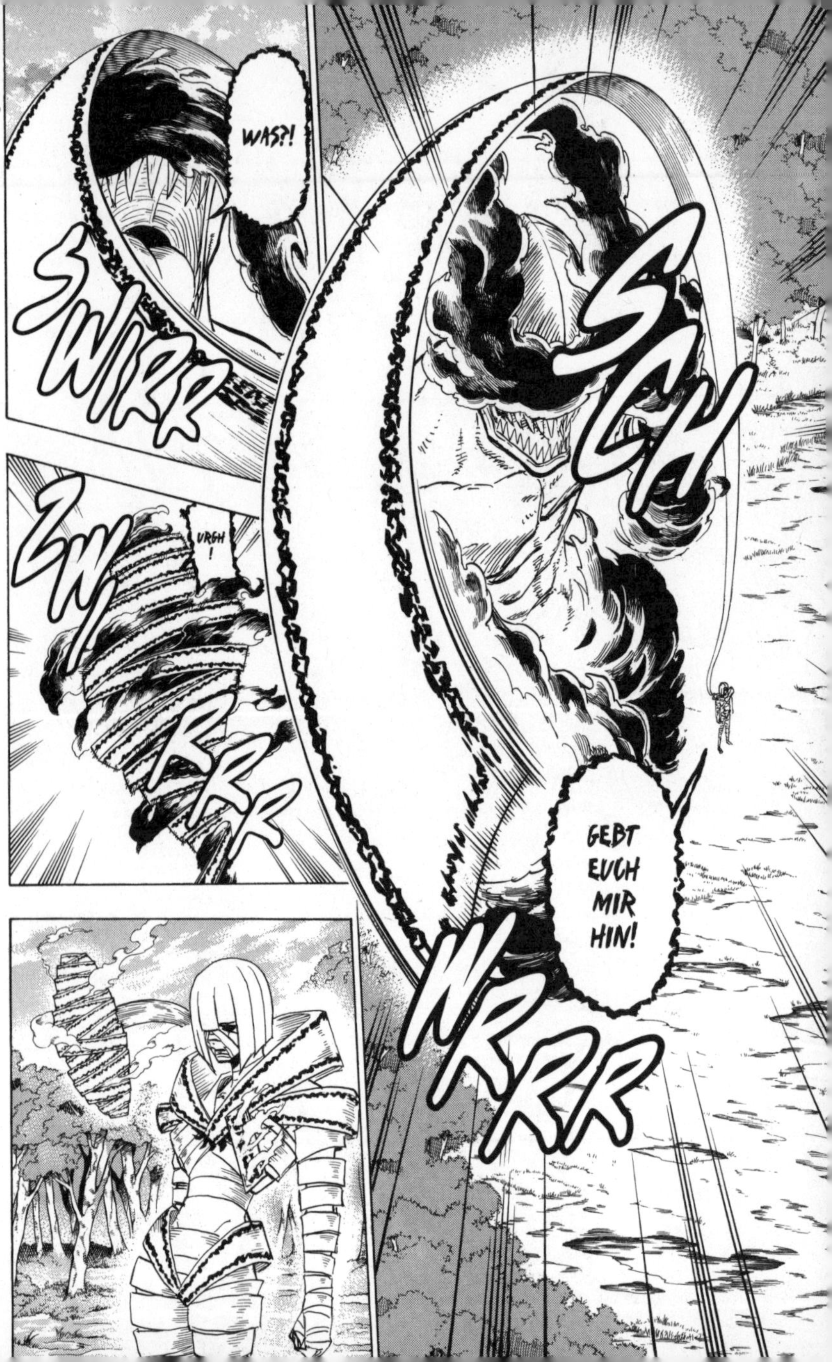
WAS?!
SWIRR
SCHH
URGH!
ZWIRRR
GEBT EUCH MIR HIN!
WRRR

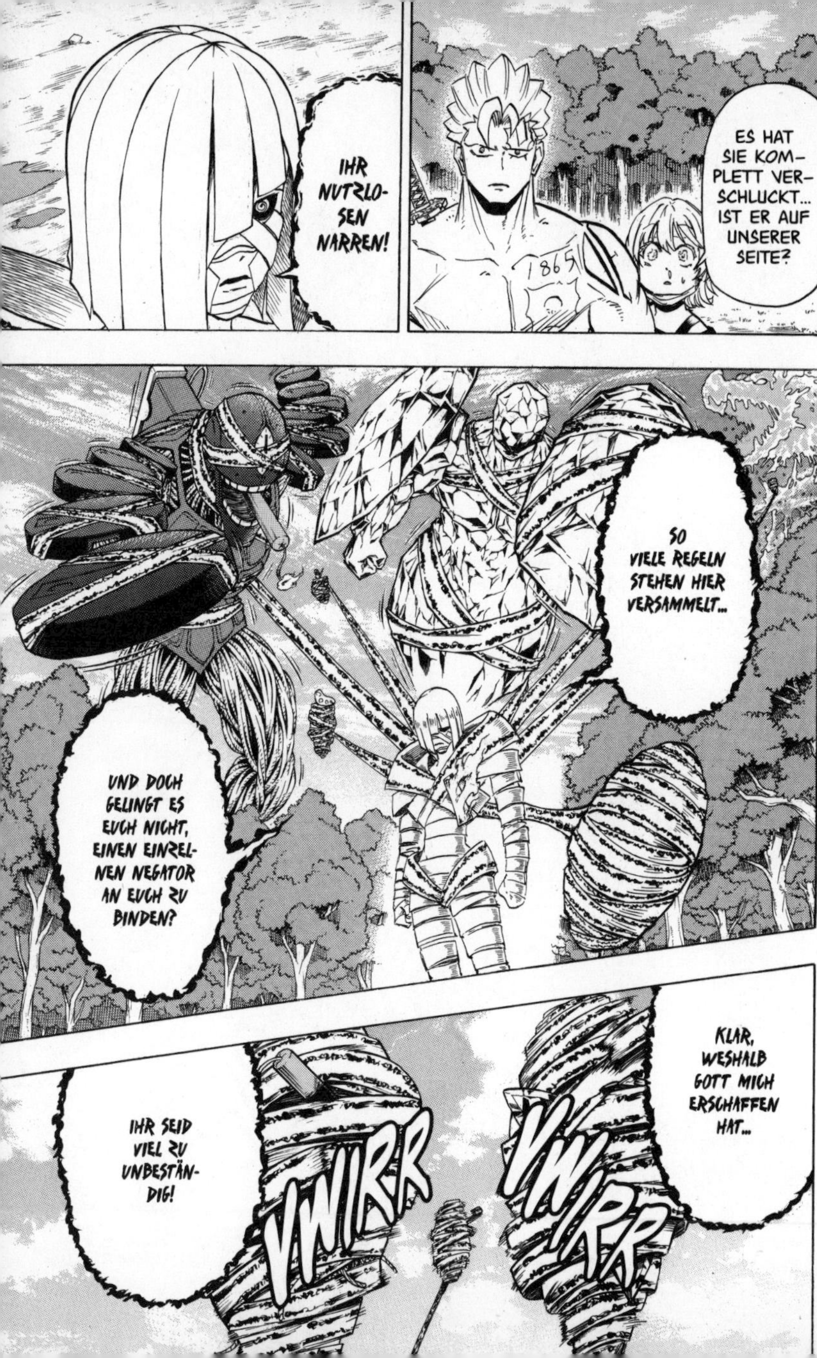
ES HAT SIE KOMPLETT VERSCHLUCKT... IST ER AUF UNSERER SEITE?
IHR NUTZLOSEN NARREN!
SO VIELE REGELN STEHEN HIER VERSAMMELT...
UND DOCH GELINGT ES EUCH NICHT, EINEN EINZELNEN NEGATOR AN EUCH ZU BINDEN?
KLAR, WESHALB GOTT MICH ERSCHAFFEN HAT...
IHR SEID VIEL ZU UNBESTÄNDIG!
VWIRR
VWIRR

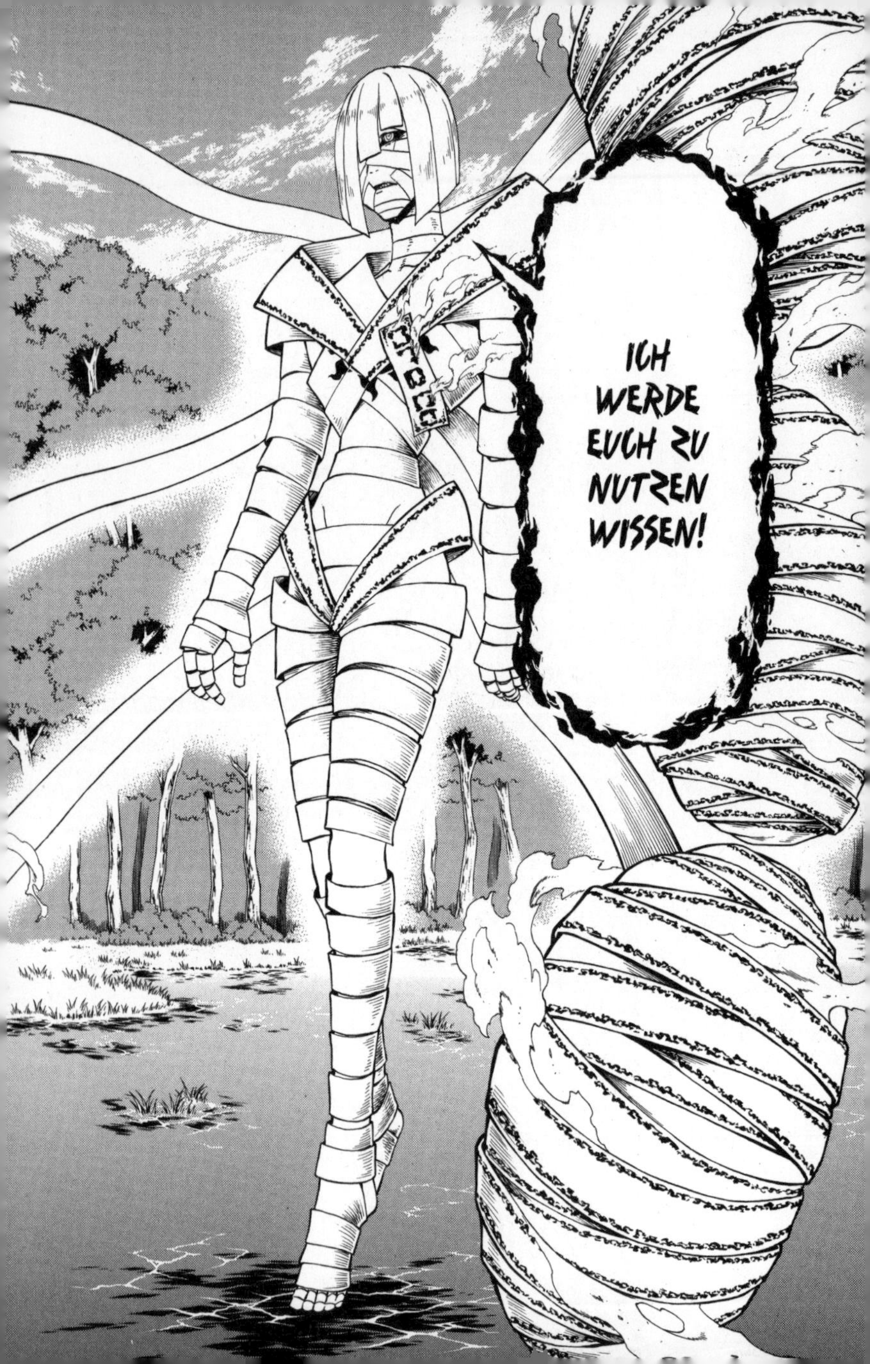
ICH WERDE EUCH ZU NUTZEN WISSEN!

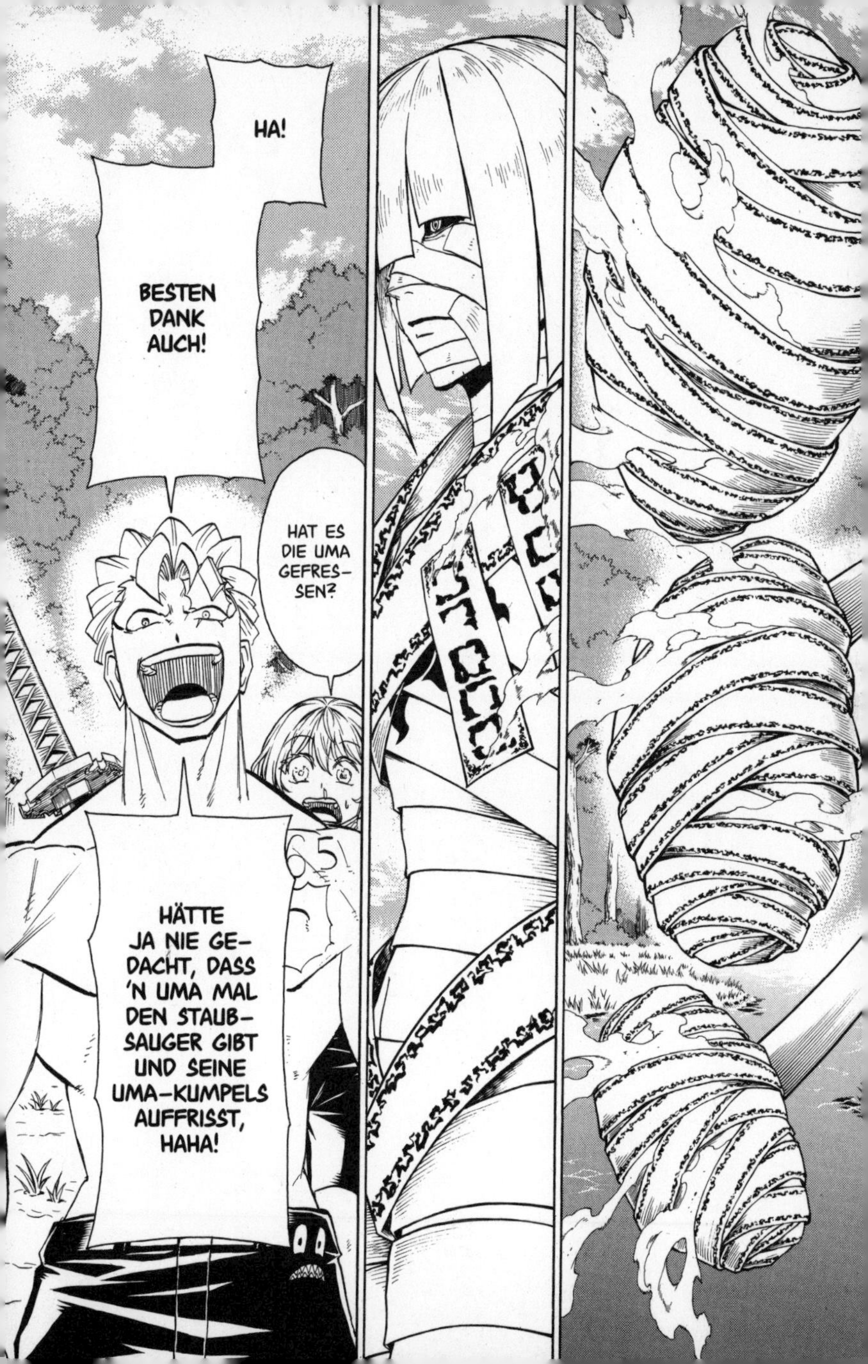
HA!
BESTEN DANK AUCH!
HAT ES DIE UMA GEFRES-SEN?
HÄTTE JA NIE GE-DACHT, DASS 'N UMA MAL DEN STAUB-SAUGER GIBT UND SEINE UMA-KUMPELS AUFFRISST, HAHA!

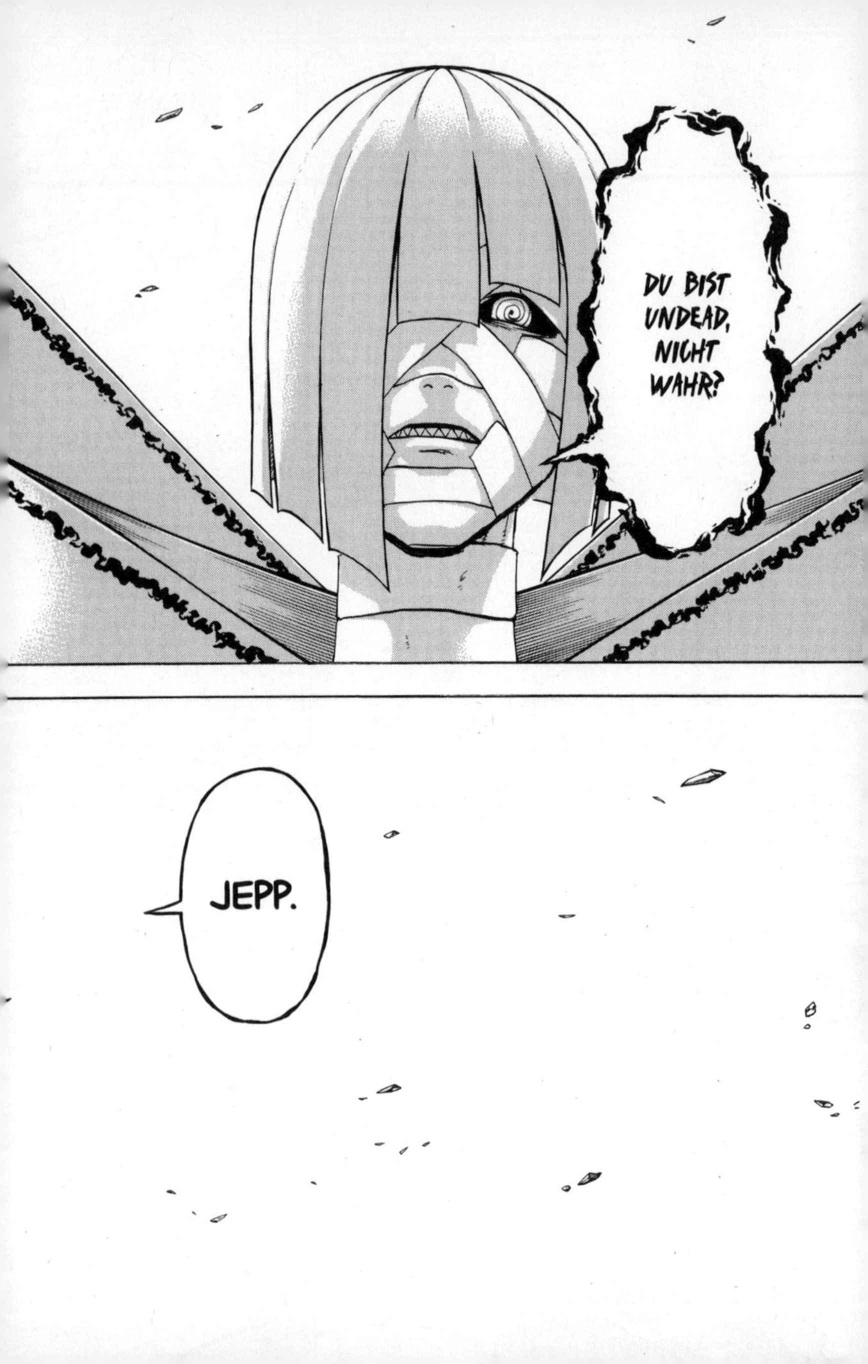
DU BIST UNDEAD, NICHT WAHR?
JEPP.

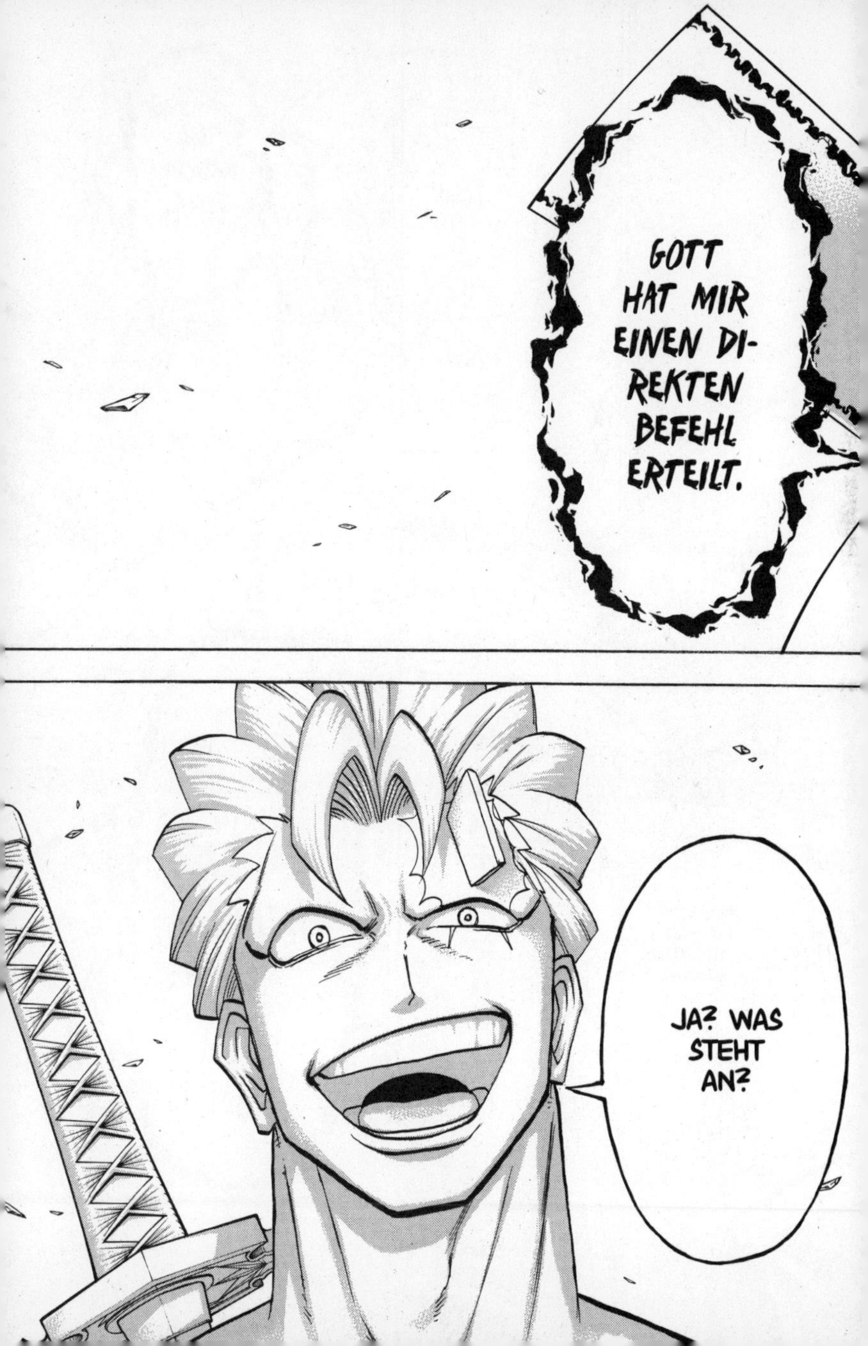
GOTT HAT MIR EINEN DI-REKTEN BEFEHL ERTEILT.
JA? WAS STEHT AN?

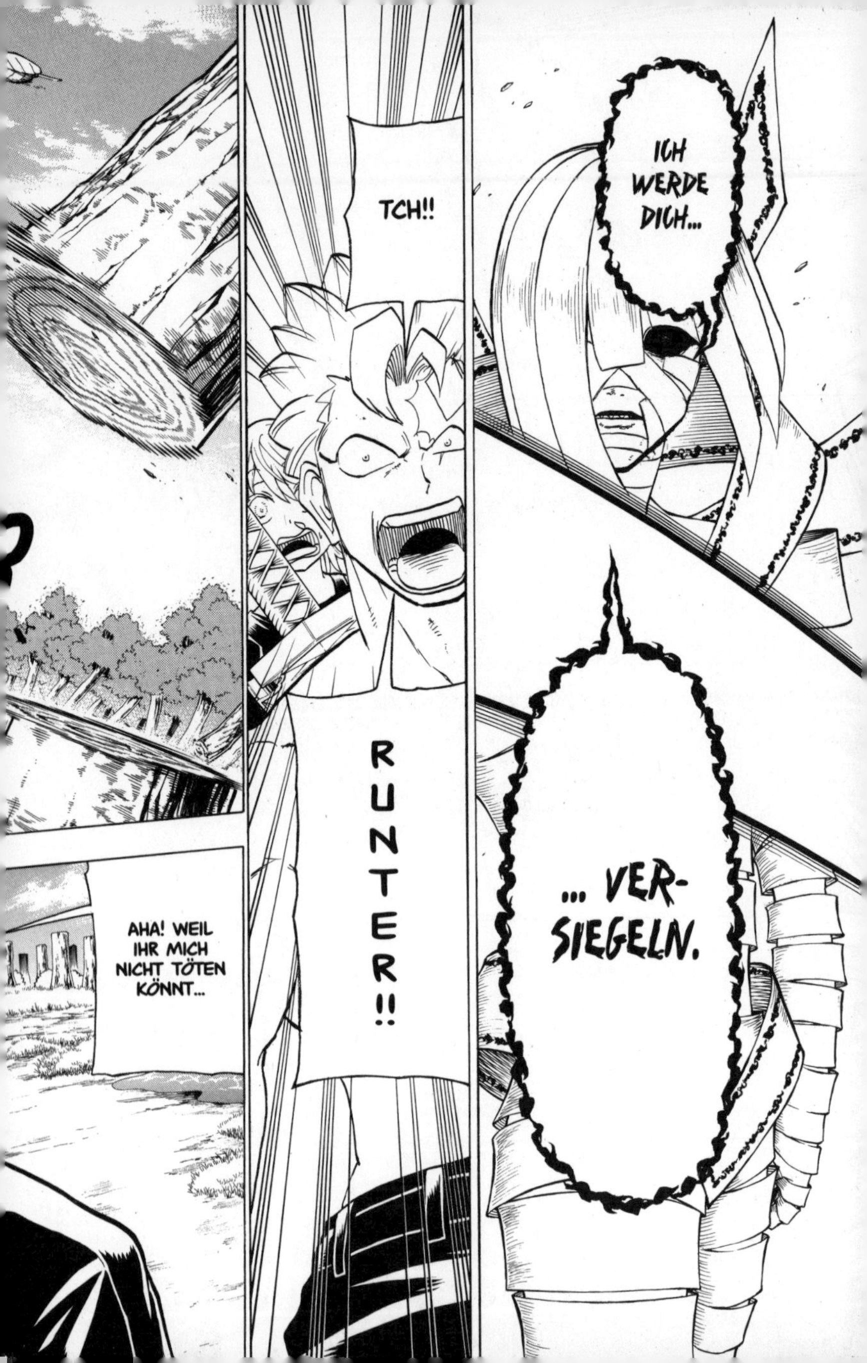
ICH WERDE DICH...
... VER-SIEGELN.
TCH!!
RUNTER!!
AHA! WEIL IHR MICH NICHT TÖTEN KÖNNT...

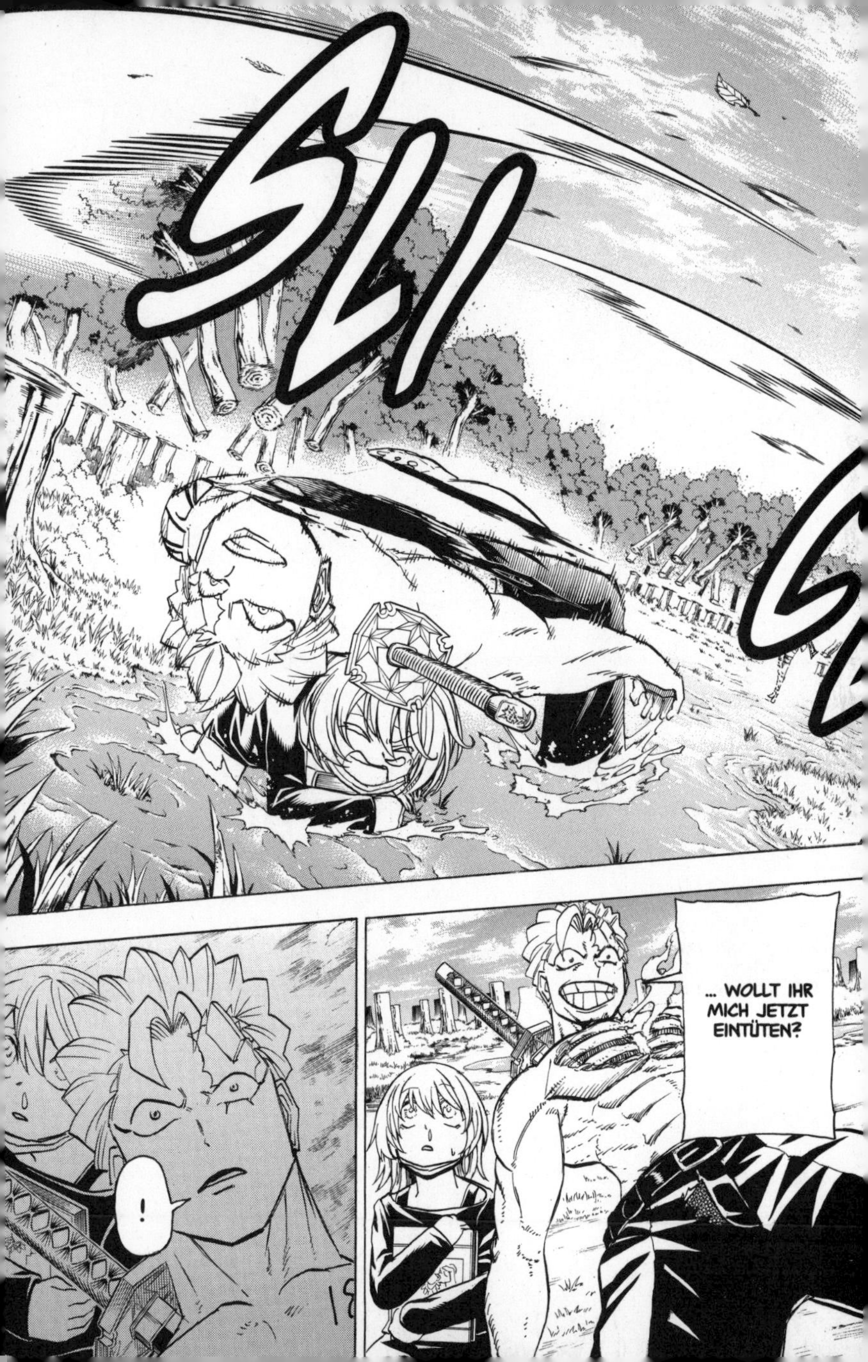
... WOLLT IHR MICH JETZT EINTÜTEN?
!

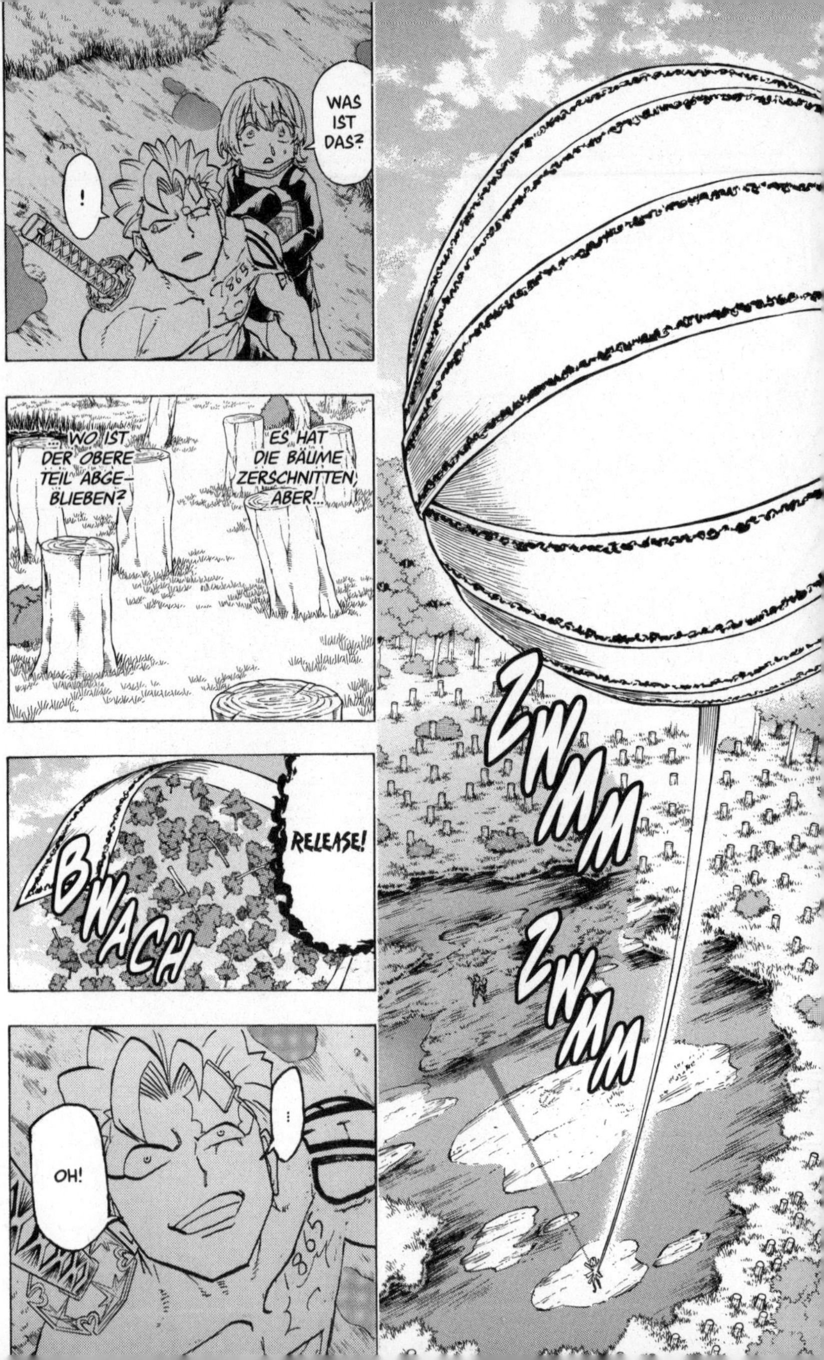
ZWMM
ZWMM
WAS IST DAS?
!
ES HAT DIE BÄUME ZERSCHNITTEN, ABER...
...WO IST DER OBERE TEIL ABGE-BLIEBEN?
RELEASE!
BWACH
...
OH!

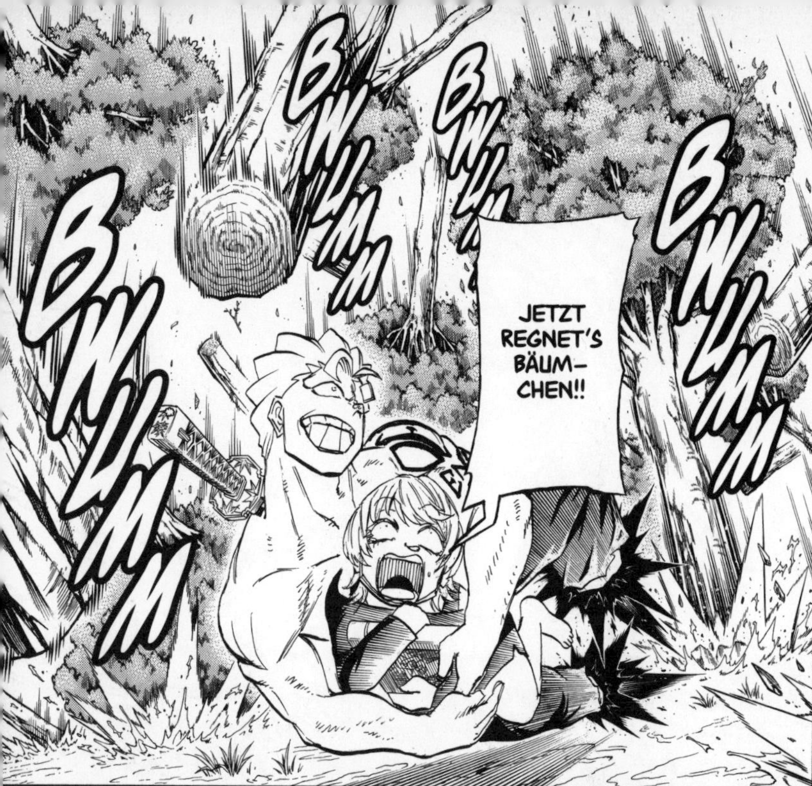

* UNZERSTÖRBAR

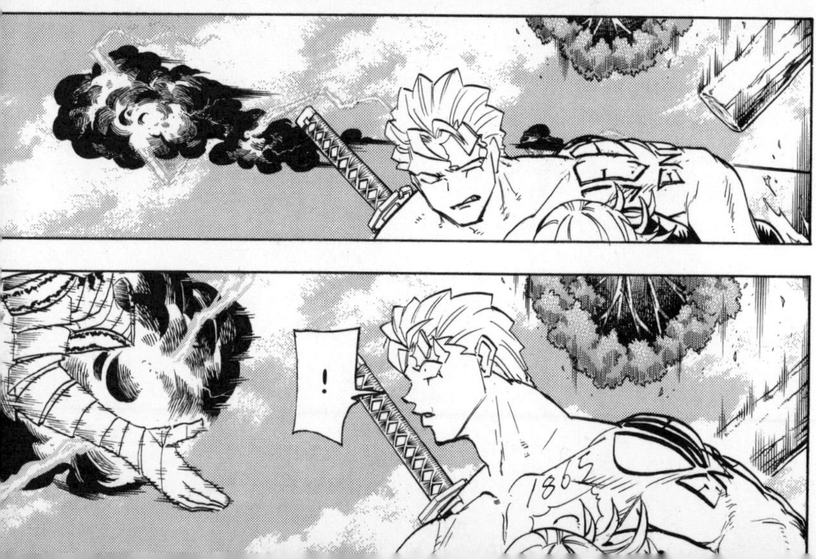

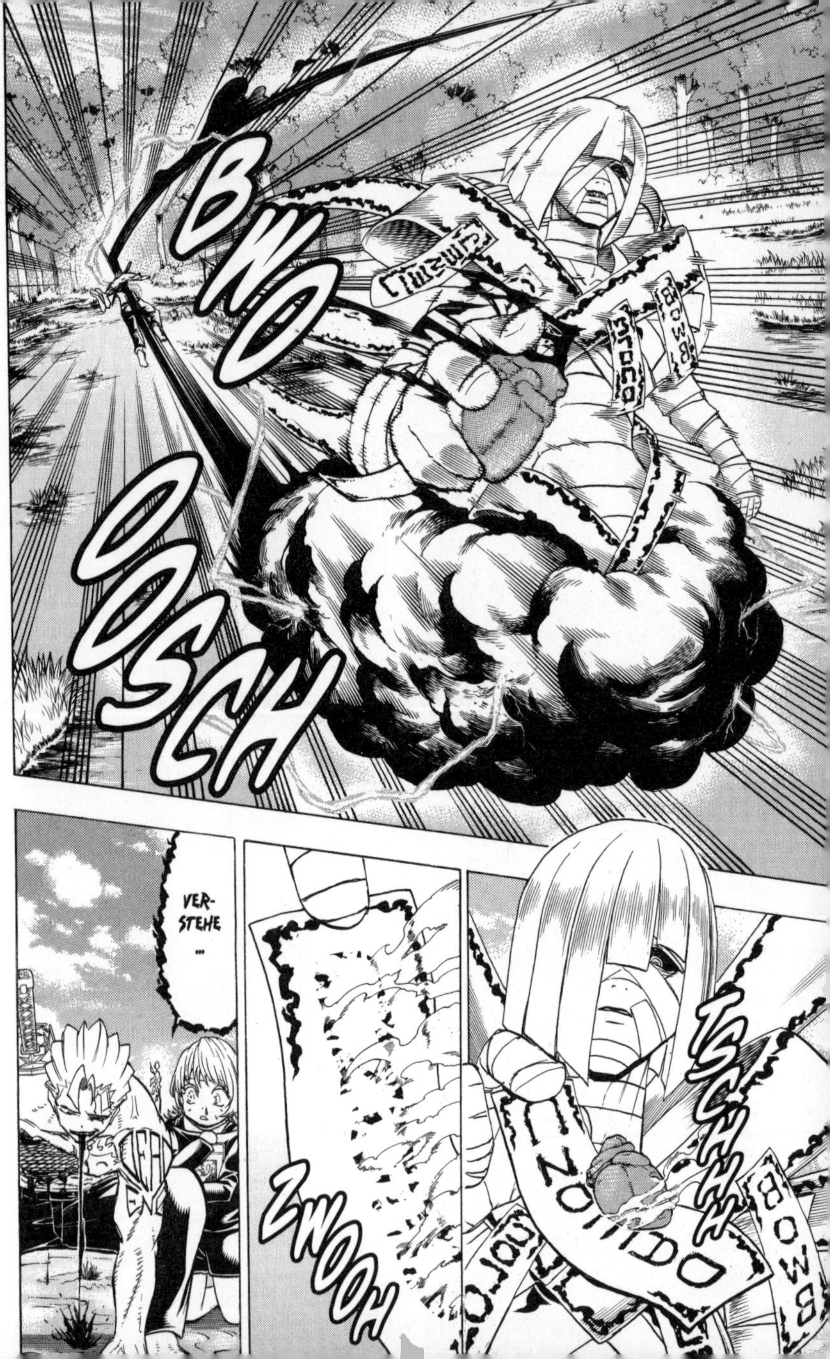
BWOOOSCH
VER-
STEHE
...
TSCHHH
ZWOOOH

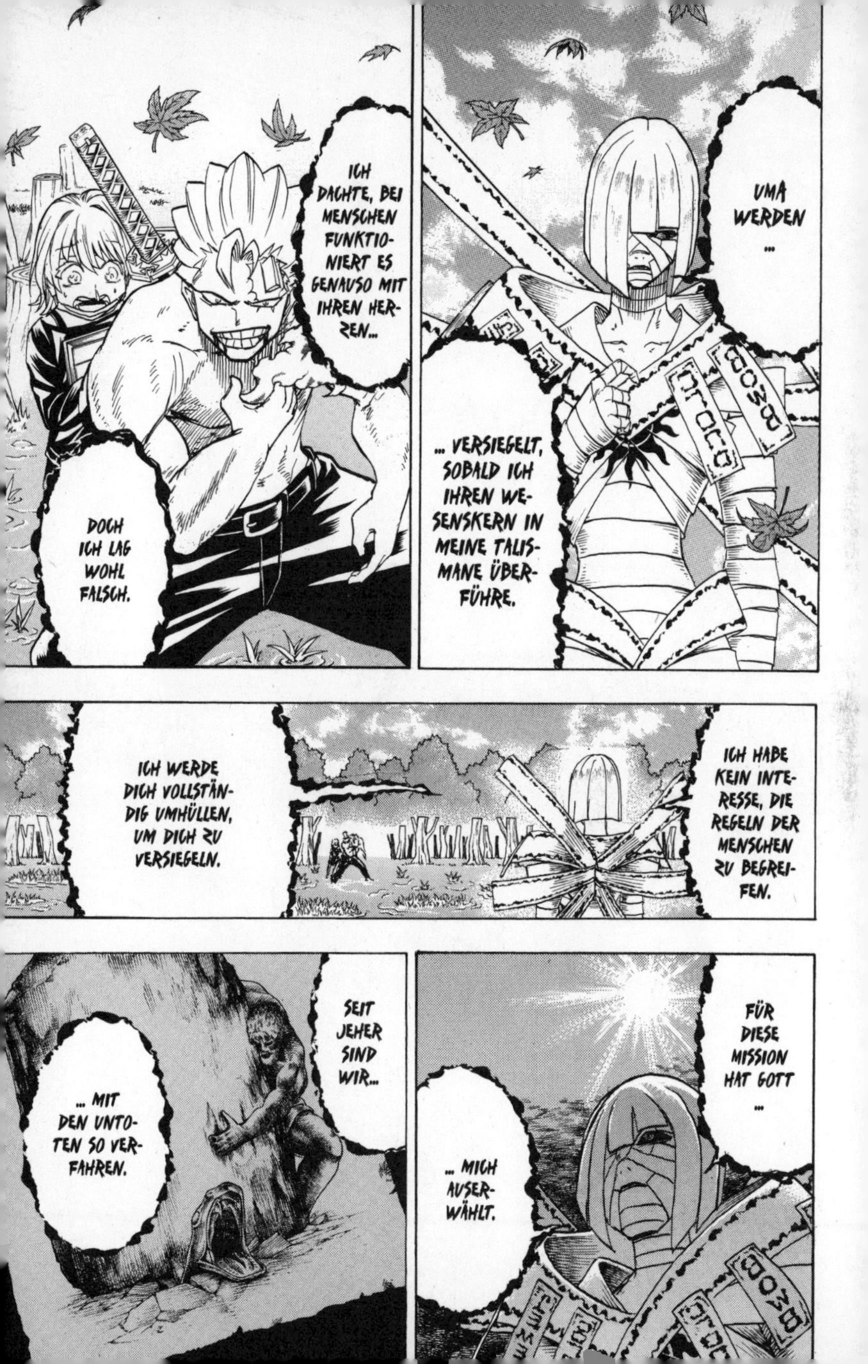
UMA WERDEN ...
... VERSIEGELT, SOBALD ICH IHREN WESENSKERN IN MEINE TALISMANE ÜBERFÜHRE.
ICH DACHTE, BEI MENSCHEN FUNKTIONIERT ES GENAUSO MIT IHREN HERZEN...
DOCH ICH LAG WOHL FALSCH.
ICH HABE KEIN INTERESSE, DIE REGELN DER MENSCHEN ZU BEGREIFEN.
ICH WERDE DICH VOLLSTÄNDIG UMHÜLLEN, UM DICH ZU VERSIEGELN.
FÜR DIESE MISSION HAT GOTT ...
... MICH AUSERWÄHLT.
SEIT JEHER SIND WIR...
... MIT DEN UNTOTEN SO VERFAHREN.

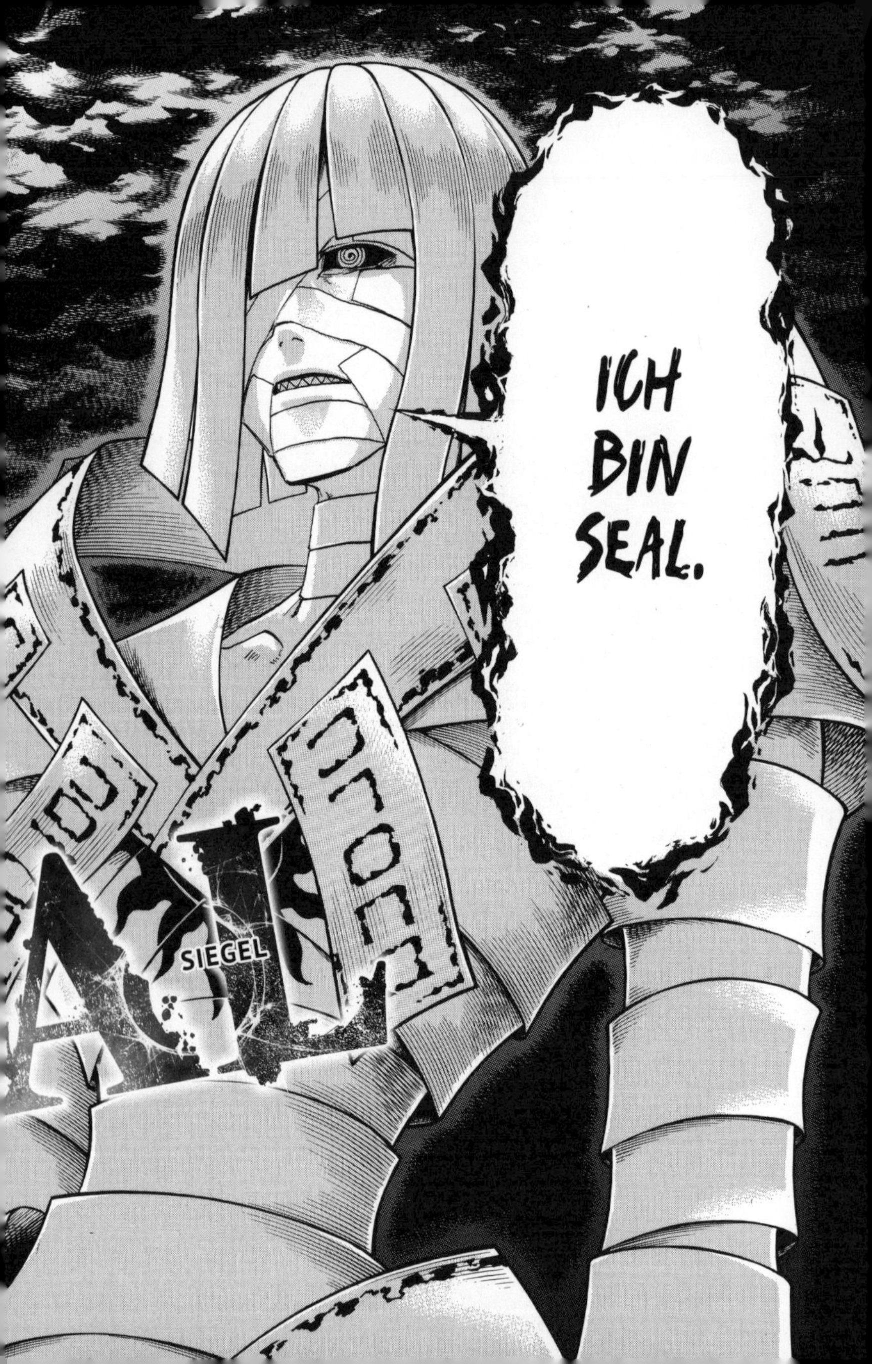
ICH BIN SEAL.
SIEGEL

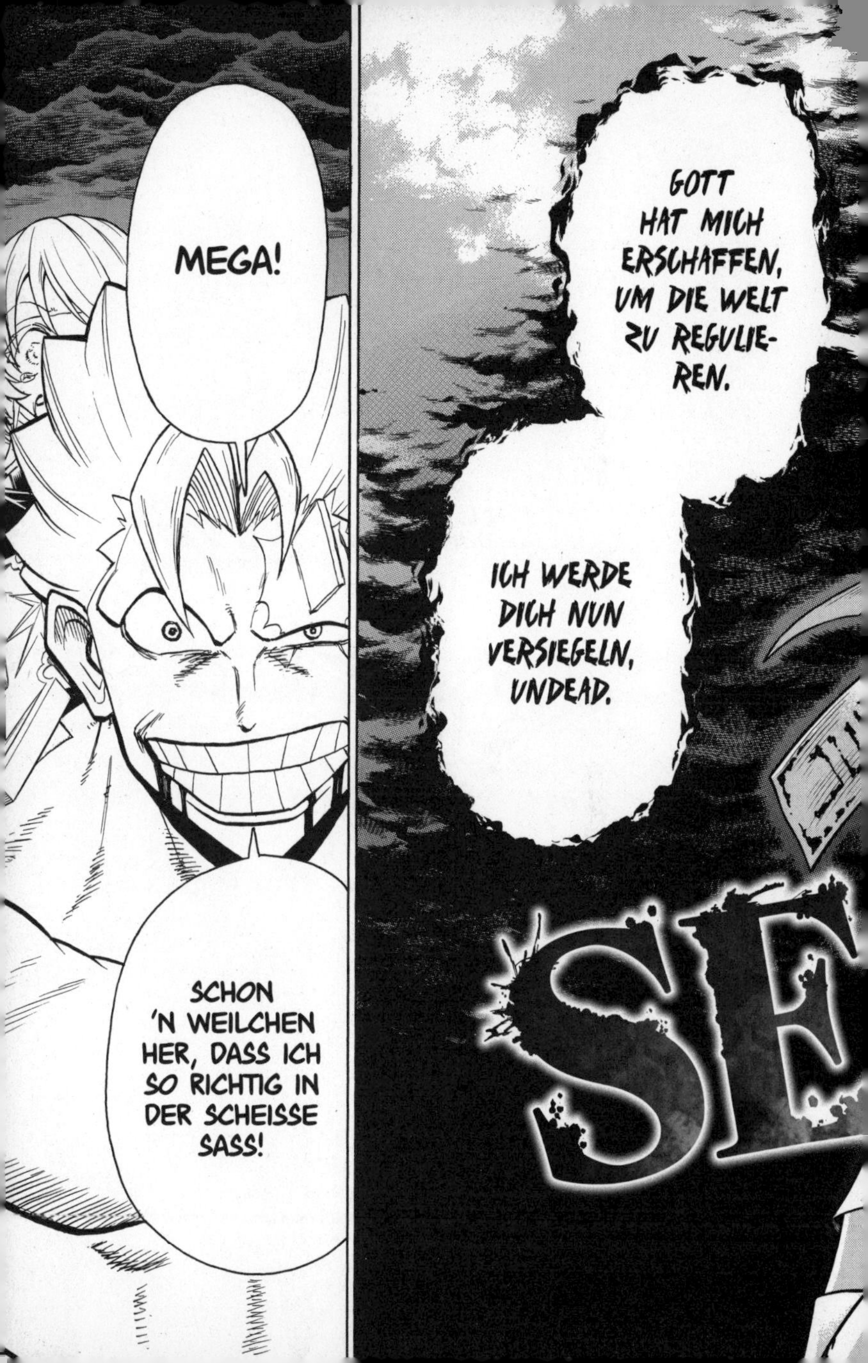
GOTT HAT MICH ERSCHAFFEN, UM DIE WELT ZU REGULIE-REN.
ICH WERDE DICH NUN VERSIEGELN, UNDEAD.
SE
MEGA!
SCHON 'N WEILCHEN HER, DASS ICH SO RICHTIG IN DER SCHEISSE SASS!

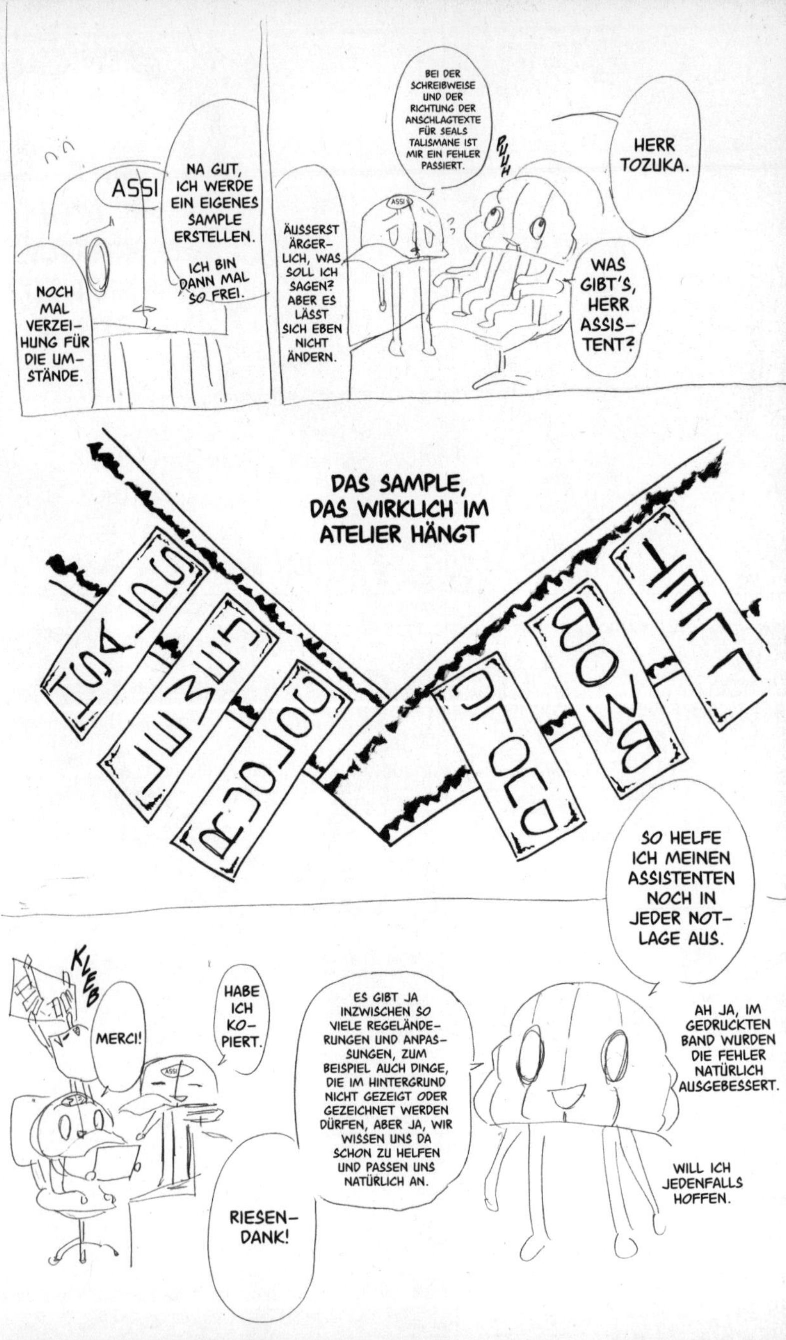
HERR TOZUKA.
WAS GIBT'S, HERR ASSISTENT?
BEI DER SCHREIBWEISE UND DER RICHTUNG DER ANSCHLAGTEXTE FÜR SEALS TALISMANE IST MIR EIN FEHLER PASSIERT.
PUUH
ÄUSSERST ÄRGERLICH, WAS SOLL ICH SAGEN? ABER ES LÄSST SICH EBEN NICHT ÄNDERN.
NA GUT, ICH WERDE EIN EIGENES SAMPLE ERSTELLEN.
ICH BIN DANN MAL SO FREI.
ASSI
NOCH MAL VERZEIHUNG FÜR DIE UMSTÄNDE.
DAS SAMPLE, DAS WIRKLICH IM ATELIER HÄNGT
SO HELFE ICH MEINEN ASSISTENTEN NOCH IN JEDER NOTLAGE AUS.
AH JA, IM GEDRUCKTEN BAND WURDEN DIE FEHLER NATÜRLICH AUSGEBESSERT.
WILL ICH JEDENFALLS HOFFEN.
ES GIBT JA INZWISCHEN SO VIELE REGELÄNDERUNGEN UND ANPASSUNGEN, ZUM BEISPIEL AUCH DINGE, DIE IM HINTERGRUND NICHT GEZEIGT ODER GEZEICHNET WERDEN DÜRFEN, ABER JA, WIR WISSEN UNS DA SCHON ZU HELFEN UND PASSEN UNS NATÜRLICH AN.
RIESEN-DANK!
HABE ICH KOPIERT.
MERCI!
KLEB

No. 103 Negator gegen Regulator

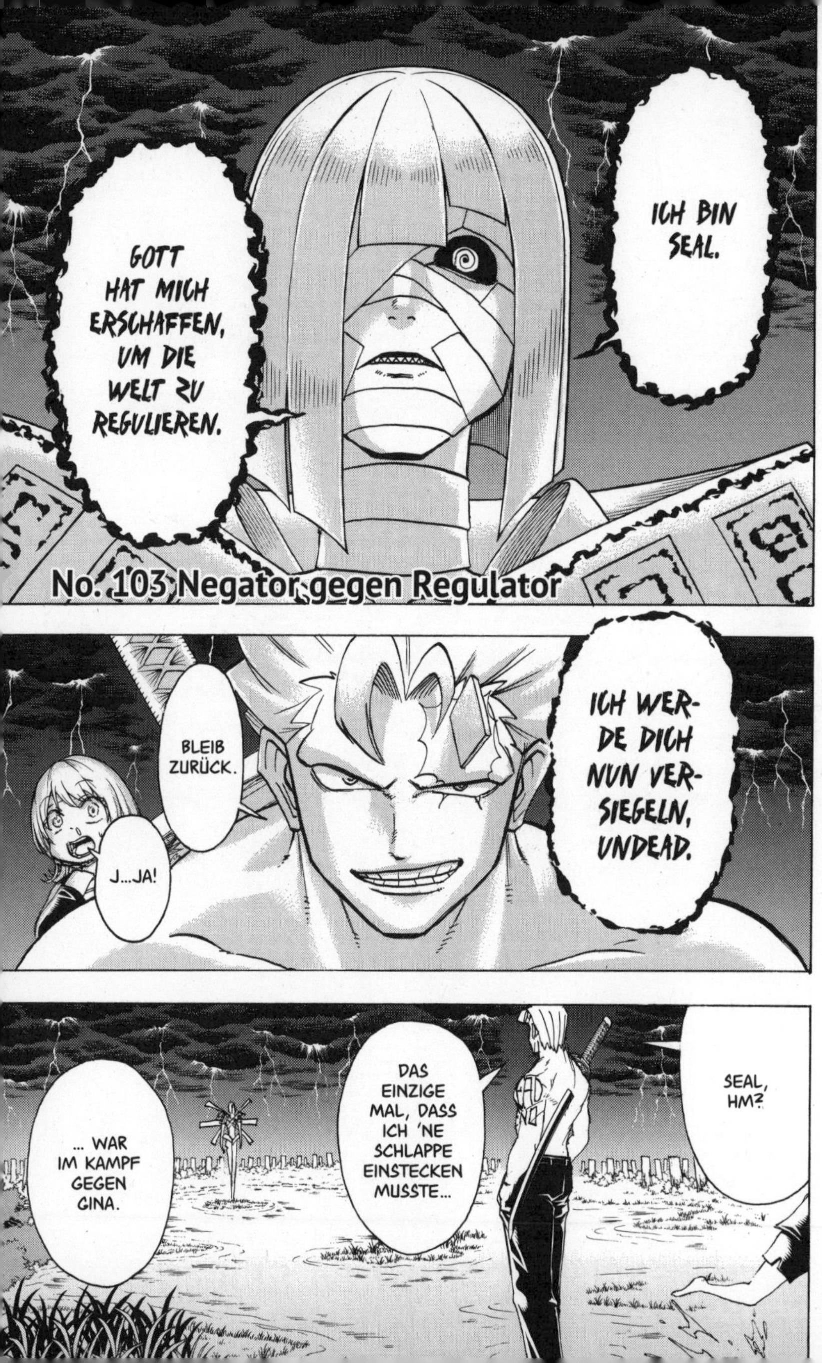

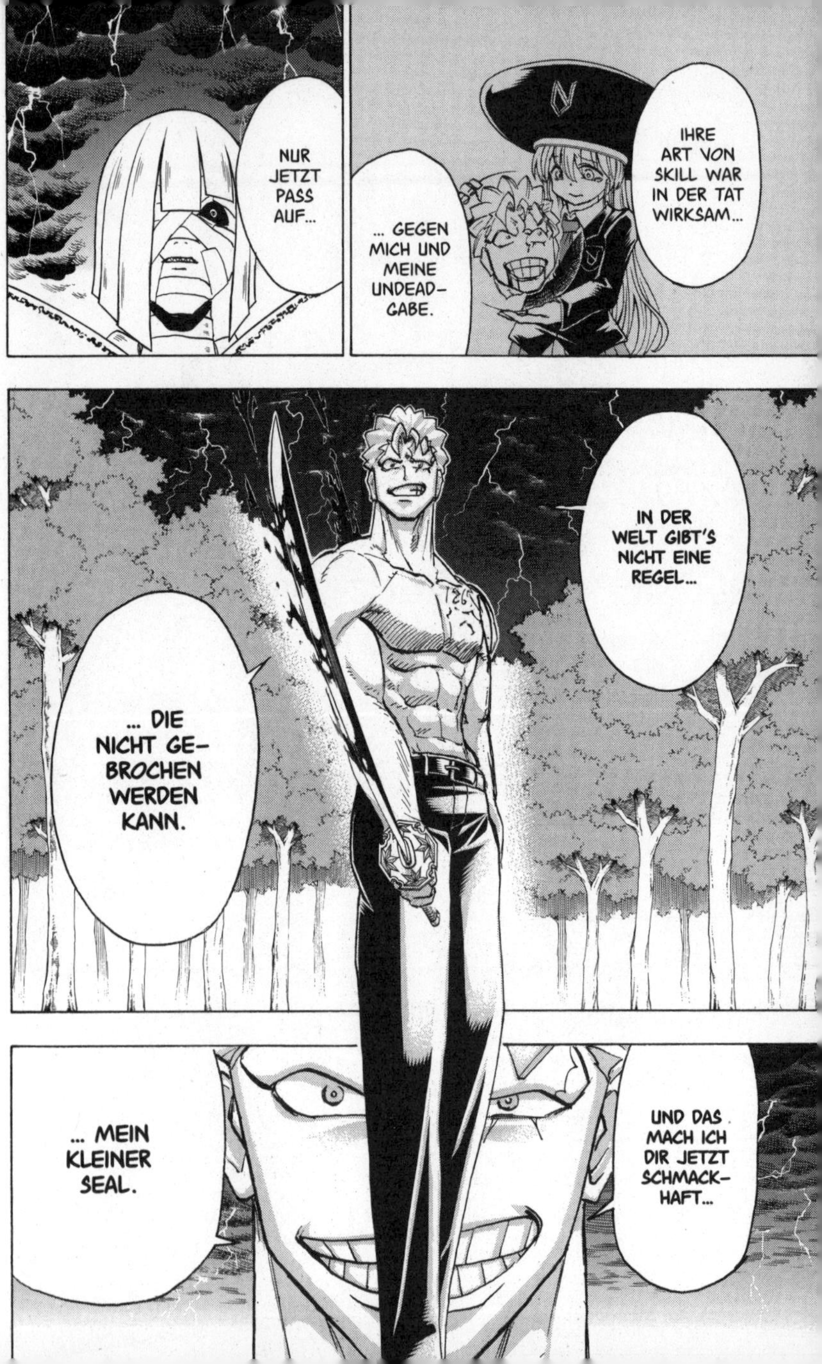
IHRE ART VON SKILL WAR IN DER TAT WIRKSAM...
... GEGEN MICH UND MEINE UNDEAD-GABE.
NUR JETZT PASS AUF...
IN DER WELT GIBT'S NICHT EINE REGEL...
... DIE NICHT GE-BROCHEN WERDEN KANN.
UND DAS MACH ICH DIR JETZT SCHMACK-HAFT...
... MEIN KLEINER SEAL.

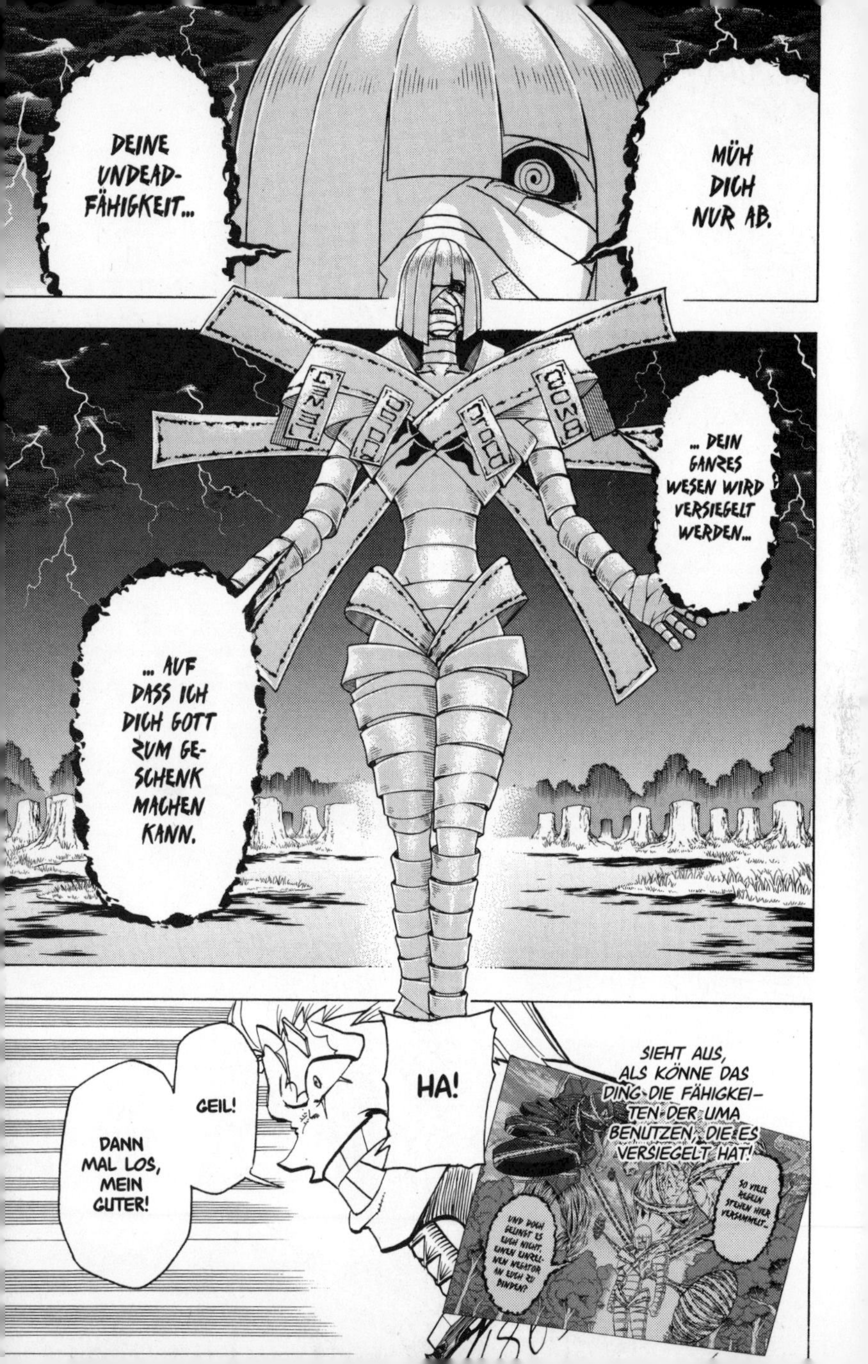
MÜH DICH NUR AB.
DEINE UNDEAD-FÄHIGKEIT...
... DEIN GANZES WESEN WIRD VERSIEGELT WERDEN...
... AUF DASS ICH DICH GOTT ZUM GE-SCHENK MACHEN KANN.
SIEHT AUS, ALS KÖNNE DAS DING DIE FÄHIGKEI-TEN DER UMA BENUTZEN, DIE ES VERSIEGELT HAT!
SO VIELE REGELN STEHEN HIER VERSAMMELT...
UND DOCH GELINGT ES EUCH NICHT, EINEN EINZEL-NEN NEGATOR AN EUCH ZU BINDEN?
HA!
GEIL!
DANN MAL LOS, MEIN GUTER!

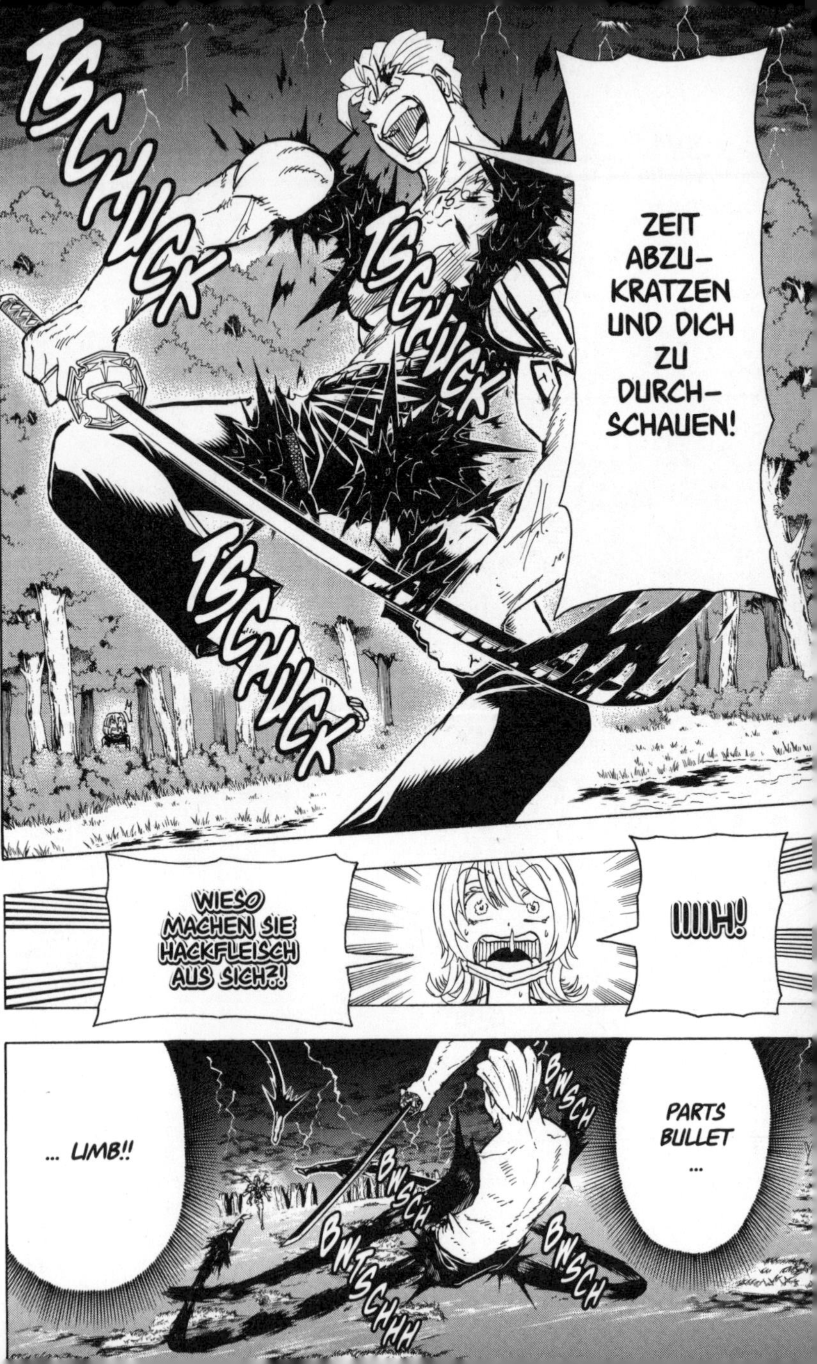
ZEIT ABZU-KRATZEN UND DICH ZU DURCH-SCHAUEN!
TSCHUCK
TSCHUCK
TSCHUCK
IIIIH!
WIESO MACHEN SIE HACKFLEISCH AUS SICH?!
PARTS BULLET ...
... LIMB!!
BWSCH
BWSCH
BWSCH
BWTSCHHH

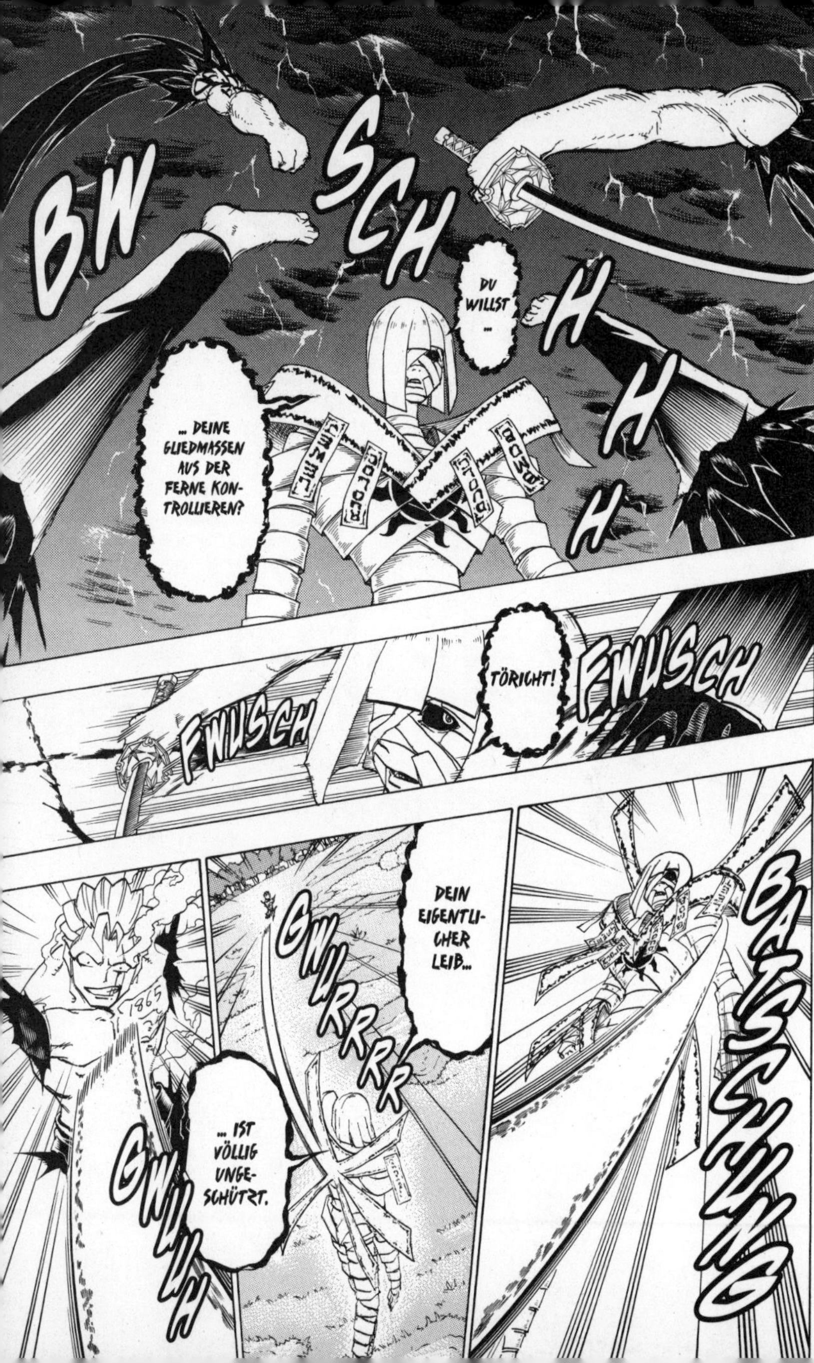
BW
SCHHHH
DU WILLST ...
... DEINE GLIEDMASSEN AUS DER FERNE KONTROLLIEREN?
FWUSCH
TÖRICHT!
FWUSCH
BATSCHWING
DEIN EIGENTLI-CHER LEIB...
GWIRRRRR
... IST VÖLLIG UNGE-SCHÜTZT.
GWUUH

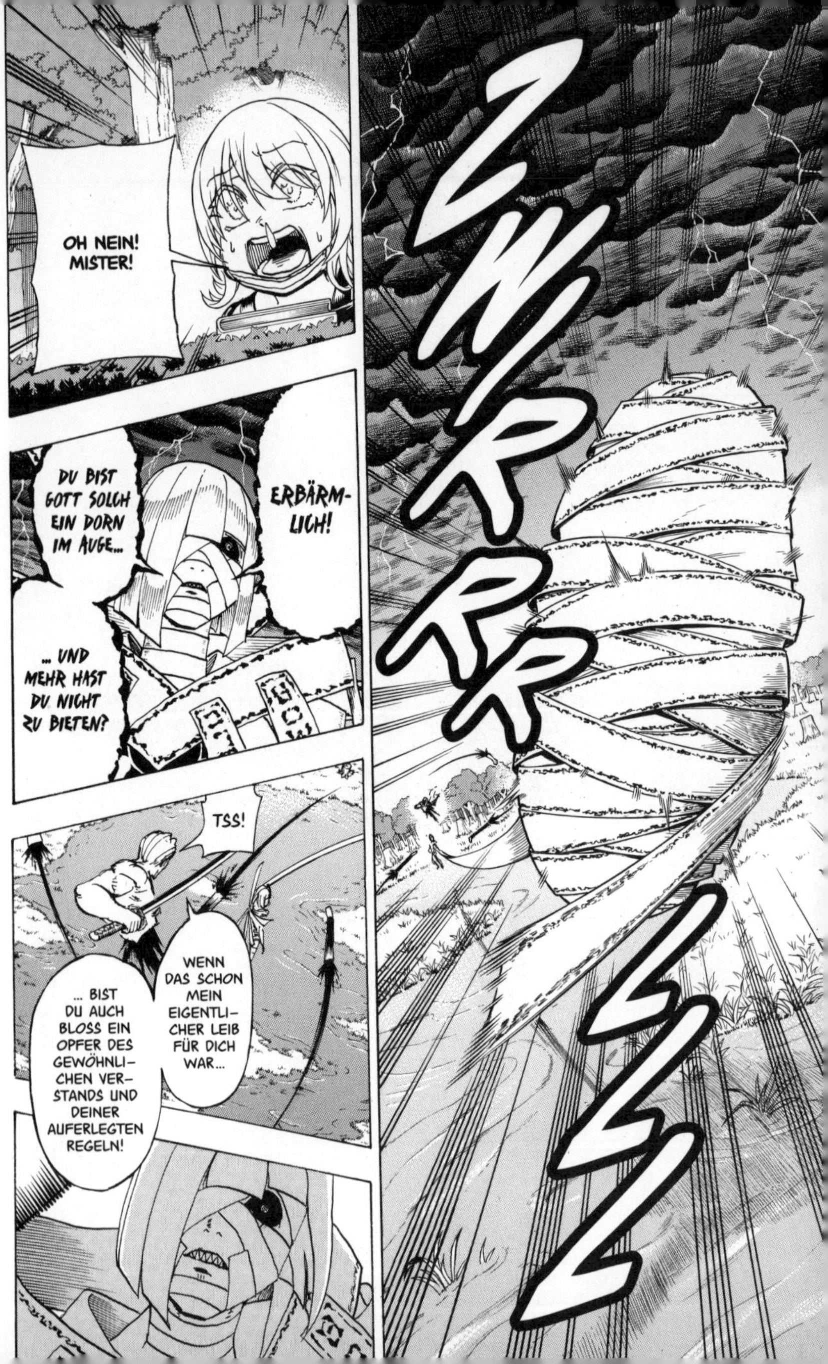
ZWIRRR
OH NEIN! MISTER!
ERBÄRM-LICH!
DU BIST GOTT SOLCH EIN DORN IM AUGE...
... UND MEHR HAST DU NICHT ZU BIETEN?
TSS!
WENN DAS SCHON MEIN EIGENTLI-CHER LEIB FÜR DICH WAR...
... BIST DU AUCH BLOSS EIN OPFER DES GEWÖHNLI-CHEN VER-STANDS UND DEINER AUFERLEGTEN REGELN!

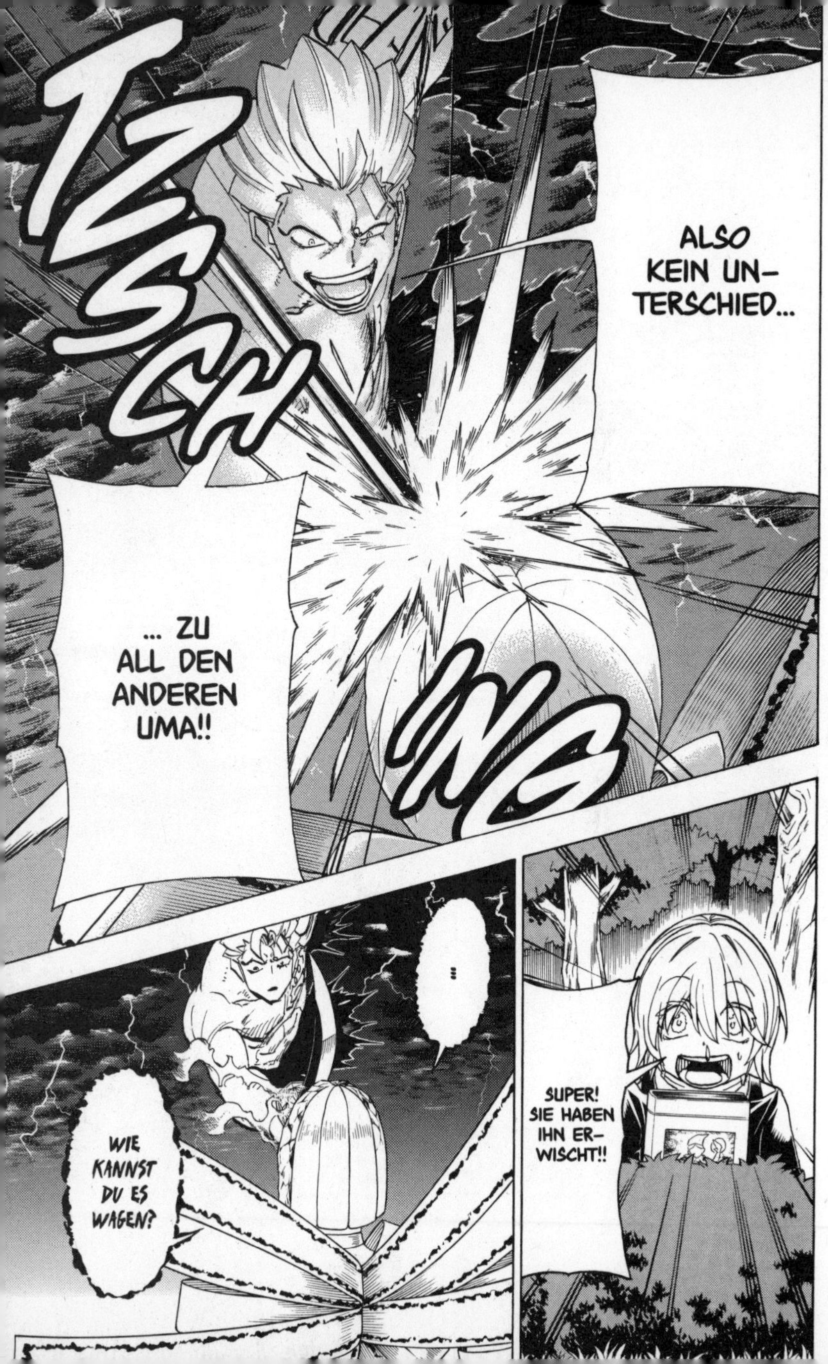
ALSO KEIN UN-TERSCHIED...
ZISCH
... ZU ALL DEN ANDEREN UMA!!
SUPER! SIE HABEN IHN ER-WISCHT!!
...
WIE KANNST DU ES WAGEN?

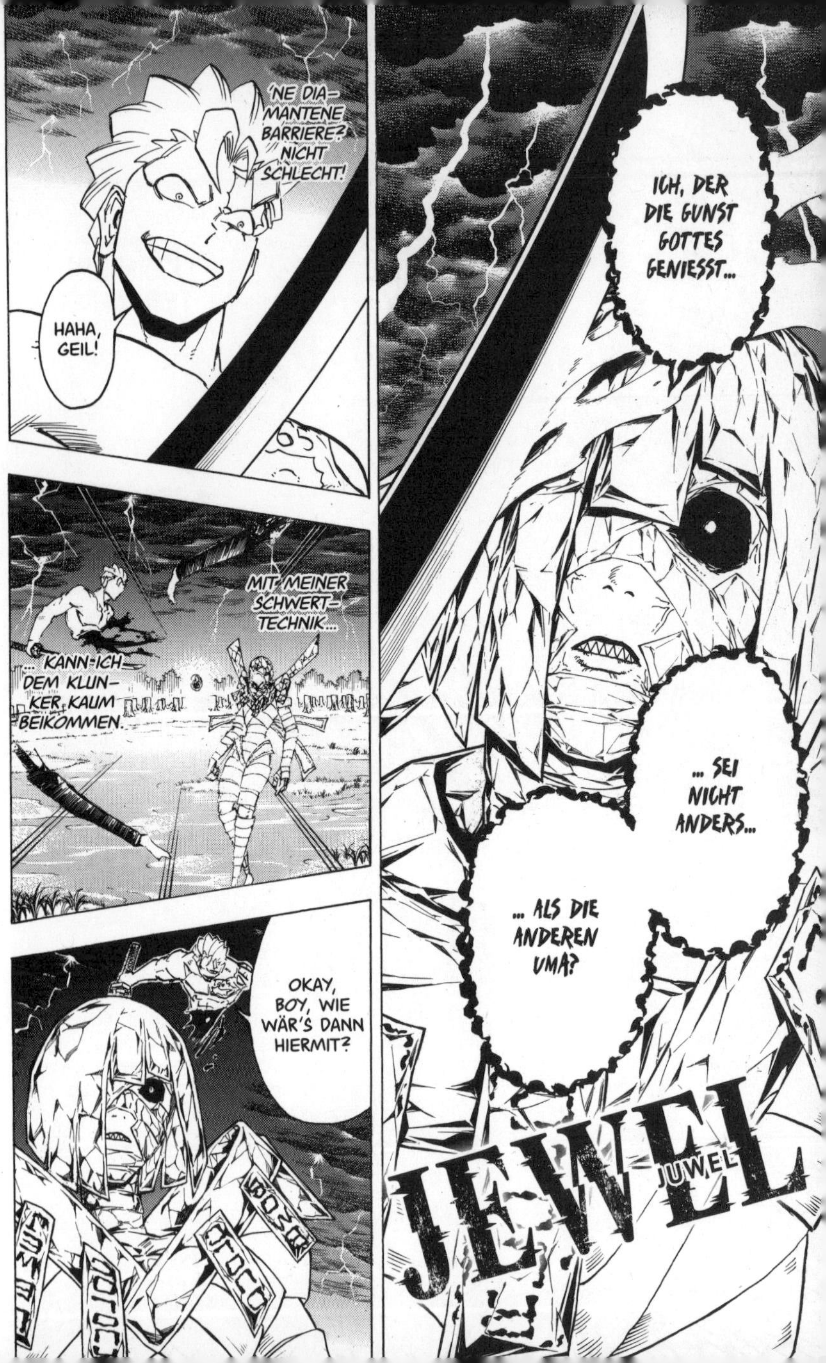
ICH, DER DIE GUNST GOTTES GENIESST ...
... SEI NICHT ANDERS ...
... ALS DIE ANDEREN UMA?
JEWEL
JUWEL
'NE DIAMANTENE BARRIERE? NICHT SCHLECHT!
HAHA, GEIL!
MIT MEINER SCHWERTTECHNIK ...
... KANN ICH DEM KLUNKER KAUM BEIKOMMEN.
OKAY, BOY, WIE WÄR'S DANN HIERMIT?

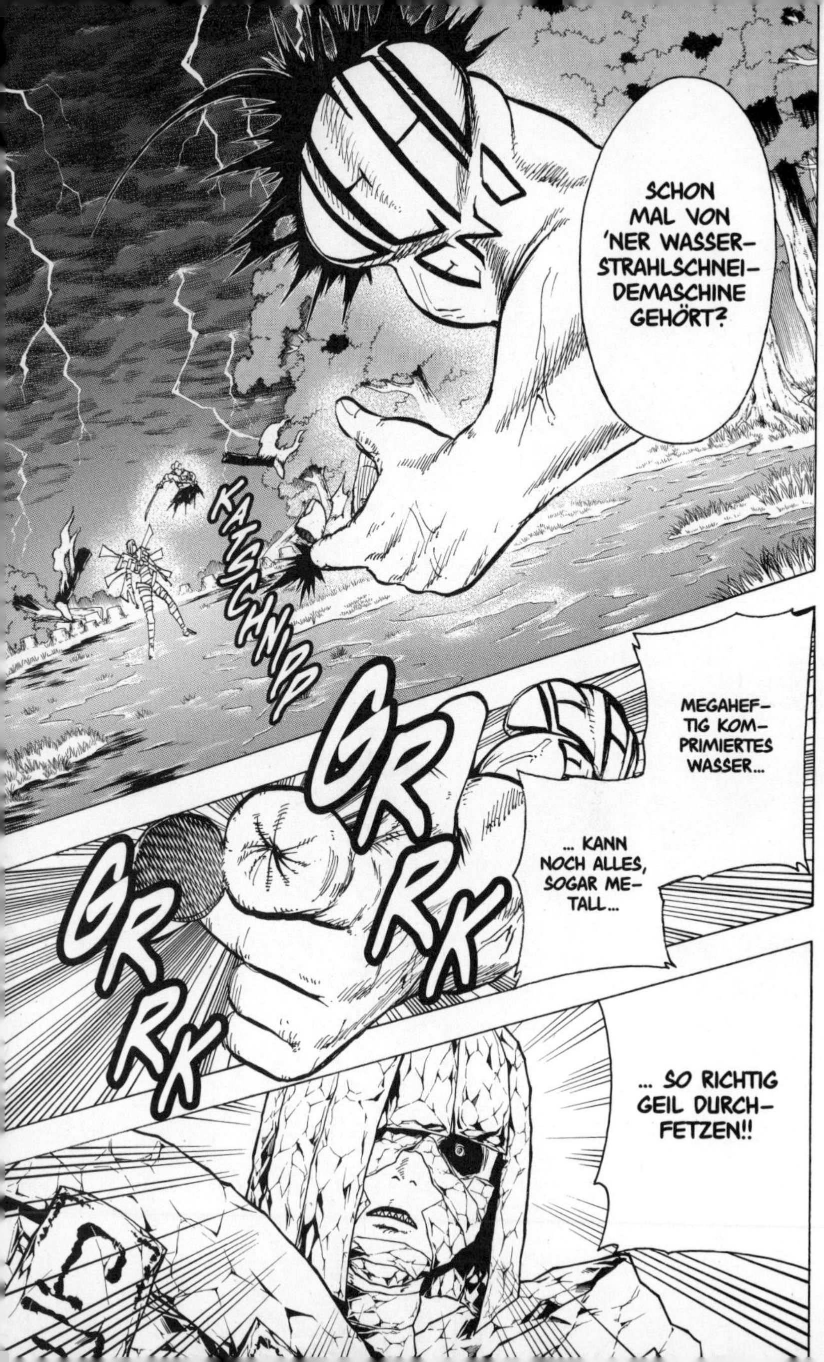
SCHON MAL VON 'NER WASSER-STRAHLSCHNEI-DEMASCHINE GEHÖRT?
KATSCHNIPP
MEGAHEF-TIG KOM-PRIMIERTES WASSER...
GRRK
GRRK
... KANN NOCH ALLES, SOGAR ME-TALL...
... SO RICHTIG GEIL DURCH-FETZEN!!

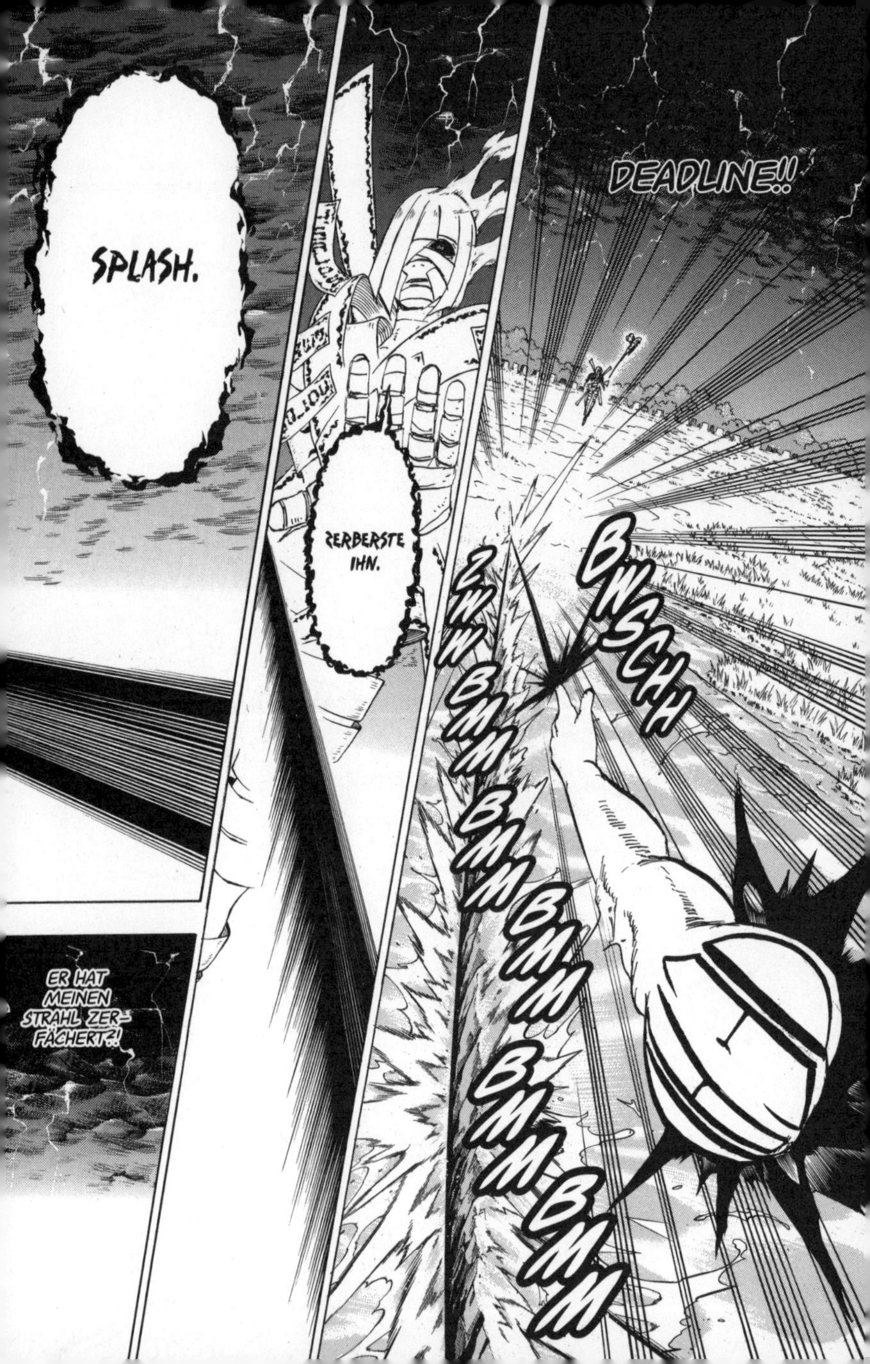
DEADLINE!!
BWSCHH
ZERBERSTE IHN.
SPLASH.
ER HAT MEINEN STRAHL ZERFÄCHERT?!

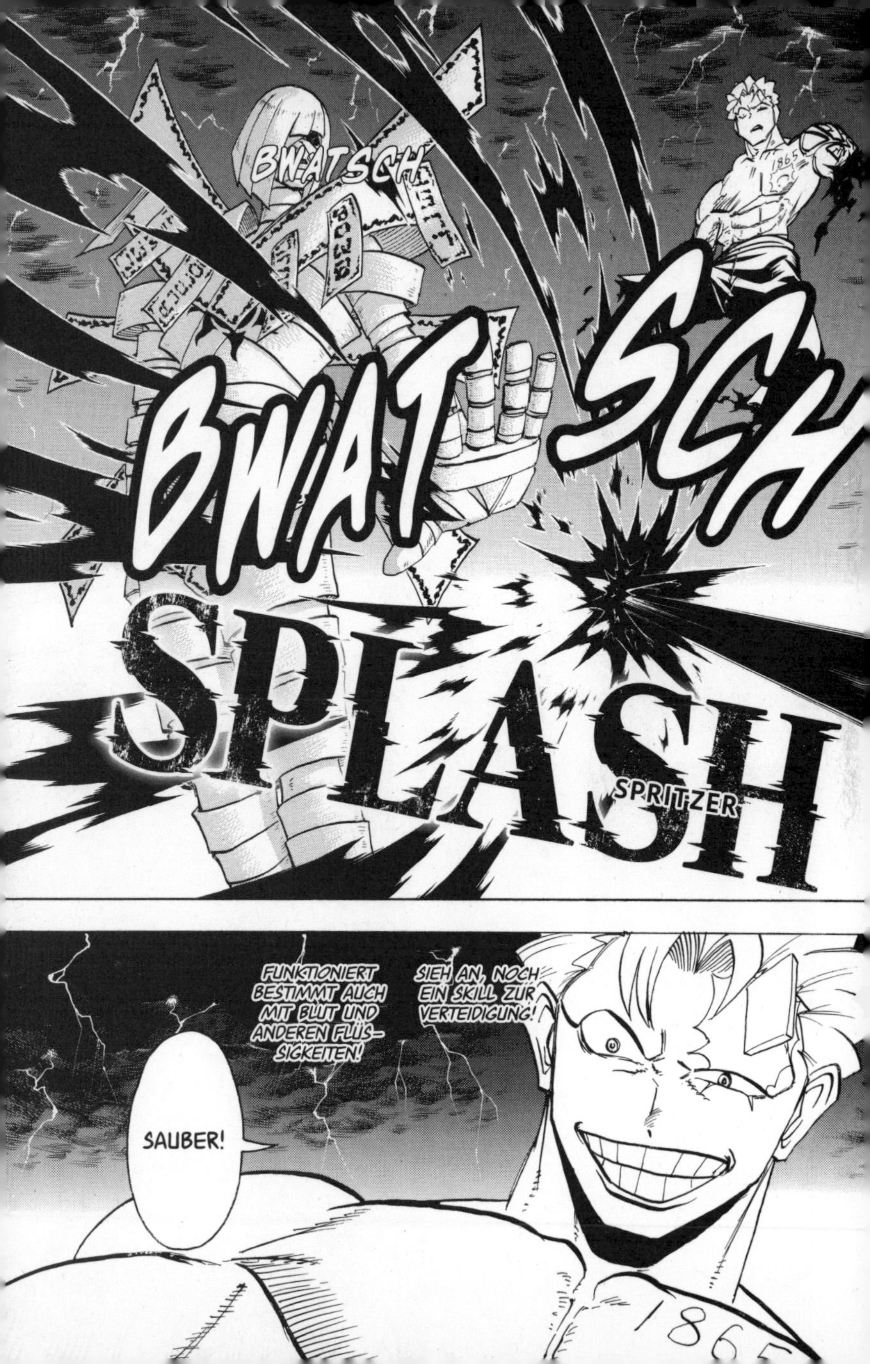
BWATSCH
BWATSCH
SPLASH
SPRITZER
SIEH AN, NOCH EIN SKILL ZUR VERTEIDIGUNG!
FUNKTIONIERT BESTIMMT AUCH MIT BLUT UND ANDEREN FLÜS-SIGKEITEN!
SAUBER!
1865

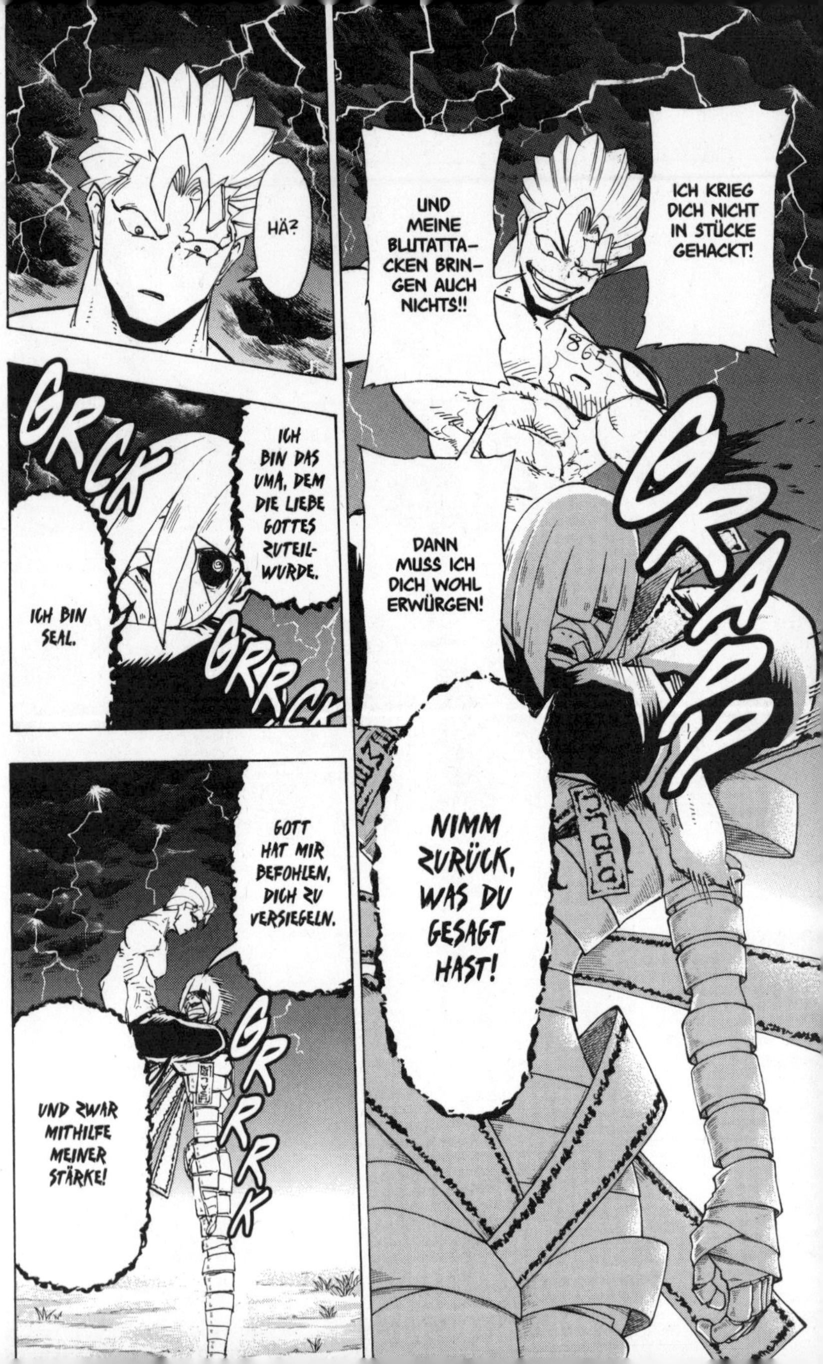
ICH KRIEG DICH NICHT IN STÜCKE GEHACKT!
UND MEINE BLUTATTA-CKEN BRIN-GEN AUCH NICHTS!!
HÄ?
DANN MUSS ICH DICH WOHL ERWÜRGEN!
GRAPP
NIMM ZURÜCK, WAS DU GESAGT HAST!
ICH BIN DAS UMA, DEM DIE LIEBE GOTTES ZUTEIL-WURDE.
ICH BIN SEAL.
GRCK
GRRRCK
GOTT HAT MIR BEFOHLEN, DICH ZU VERSIEGELN.
UND ZWAR MITHILFE MEINER STÄRKE!
GRRRRK

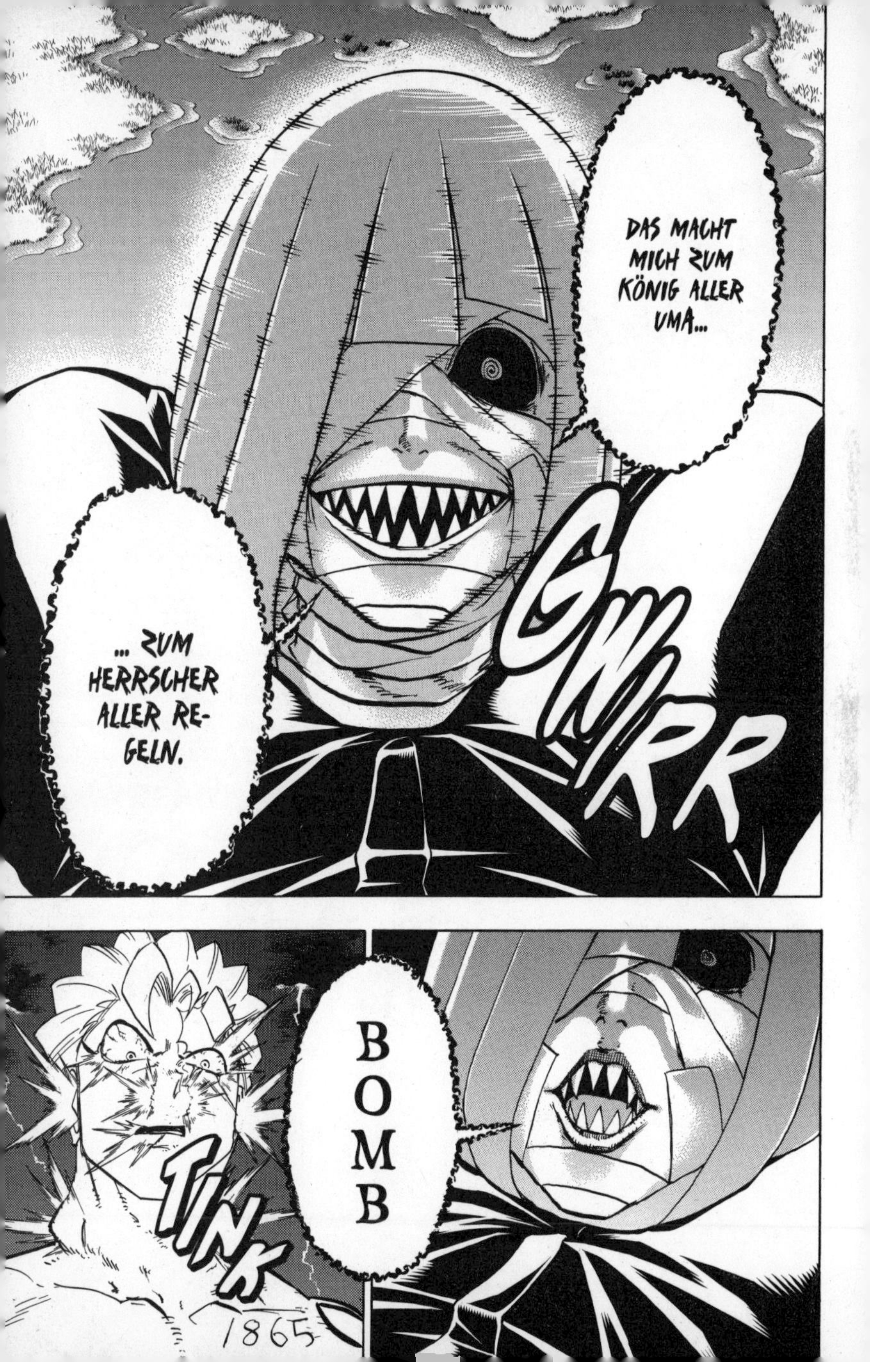
DAS MACHT MICH ZUM KÖNIG ALLER UMA...
... ZUM HERRSCHER ALLER RE-GELN.
GMRR
BOMB
TINK
1865

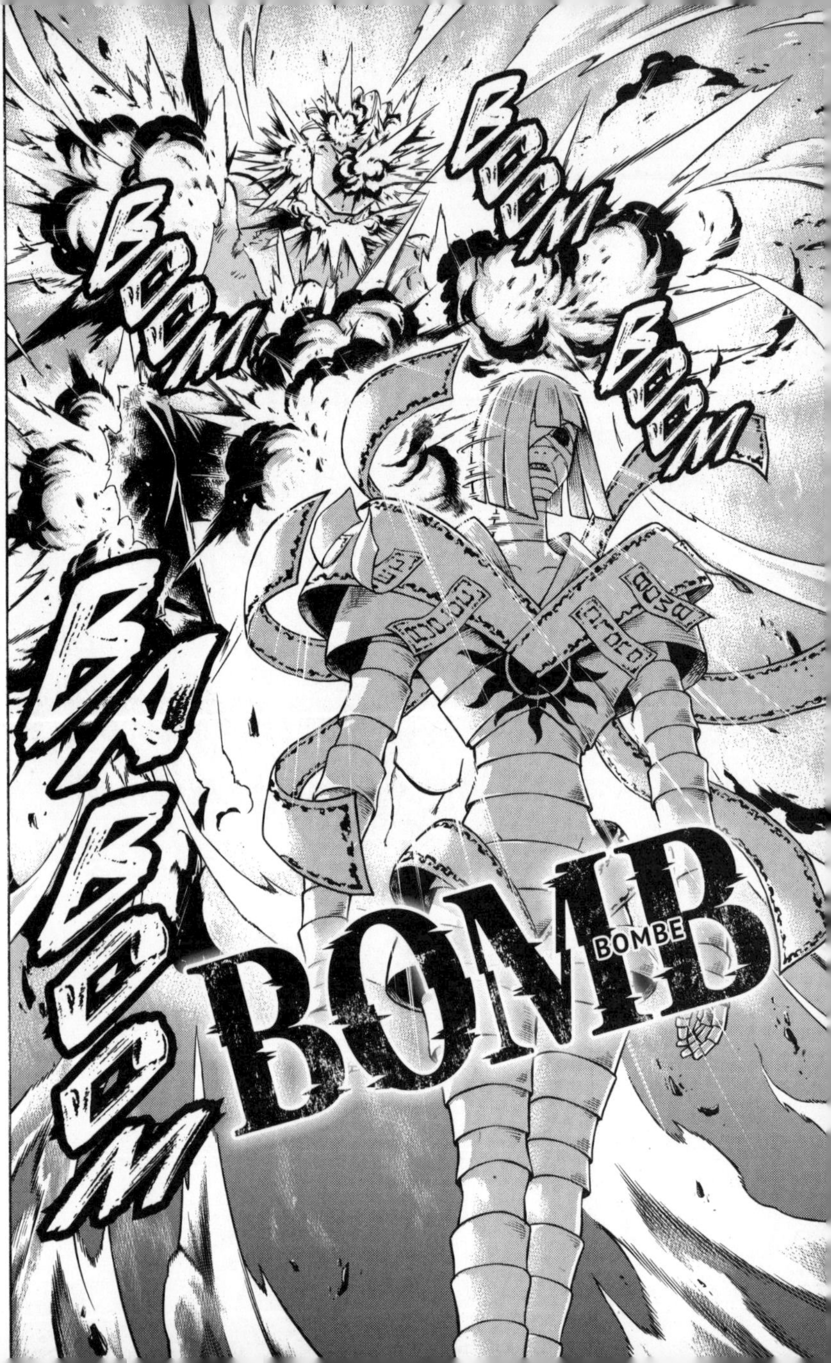
BOOM BOOM
BOOM
BABOOM
BOMB
BOMBE

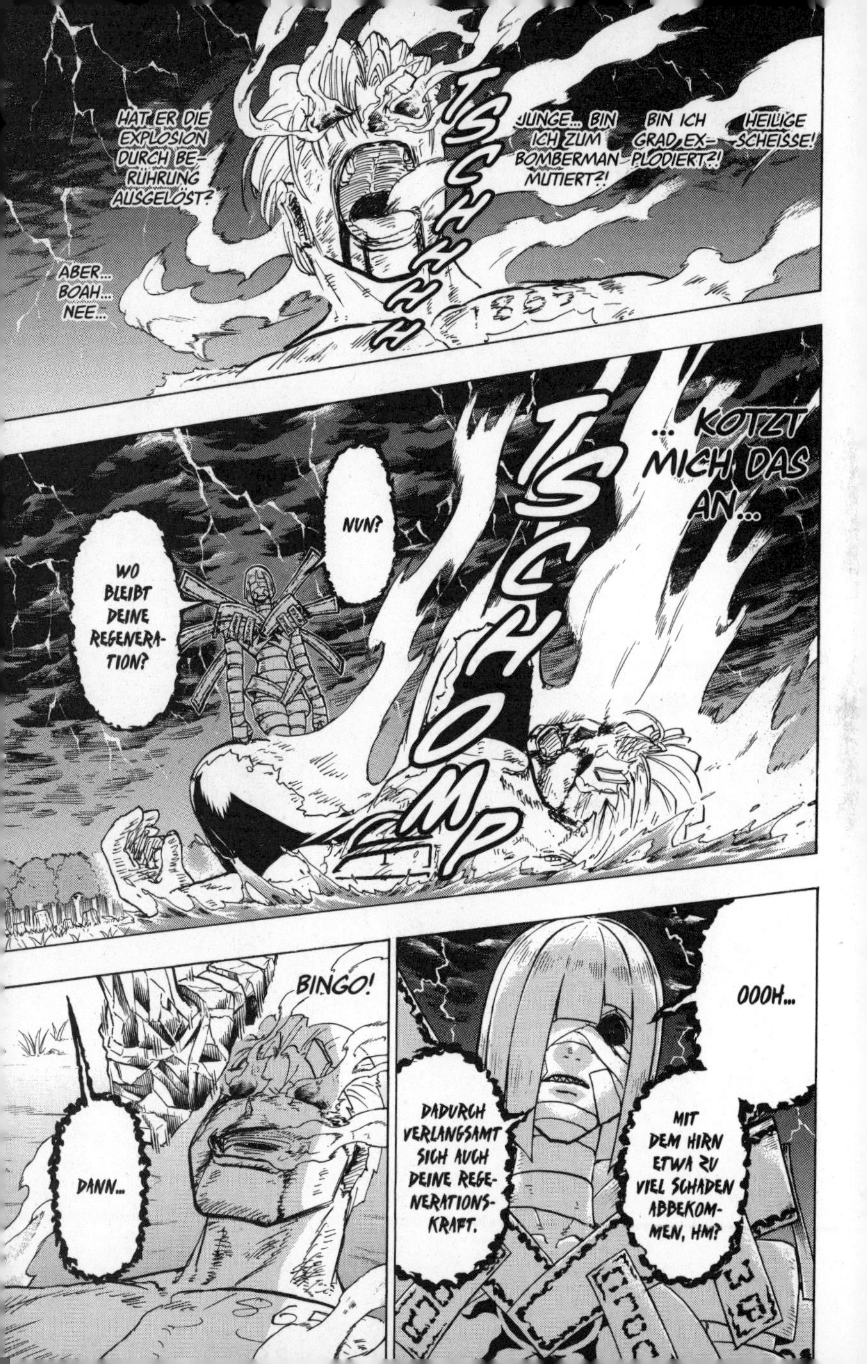

HEILIGE SCHEISSE!
BIN ICH GRAD EX-PLODIERT?!
JUNGE... BIN ICH ZUM BOMBERMAN MUTIERT?!
TSCHHHHH
HAT ER DIE EXPLOSION DURCH BE-RÜHRUNG AUSGELÖST?
ABER... BOAH... NEE...
... KOTZT MICH DAS AN...
TSCHOOMP
NUN?
WO BLEIBT DEINE REGENERA-TION?
OOOH...
MIT DEM HIRN ETWA ZU VIEL SCHADEN ABBEKOM-MEN, HM?
DADURCH VERLANGSAMT SICH AUCH DEINE REGE-NERATIONS-KRAFT.
BINGO!
DANN...

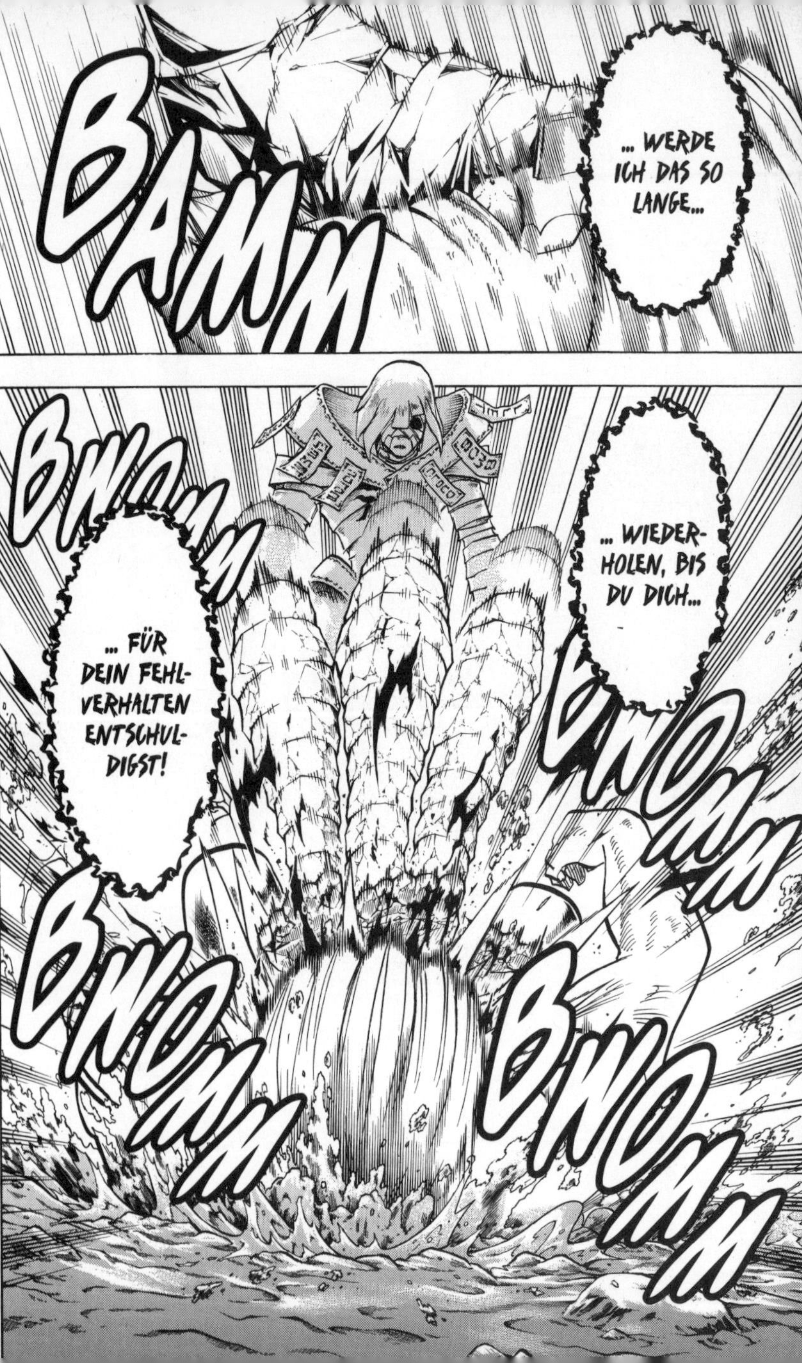
BAMM
... WERDE ICH DAS SO LANGE...
... WIEDERHOLEN, BIS DU DICH...
... FÜR DEIN FEHLVERHALTEN ENTSCHULDIGST!
BWOMM
BWOMM
BWOMM
BWOMM

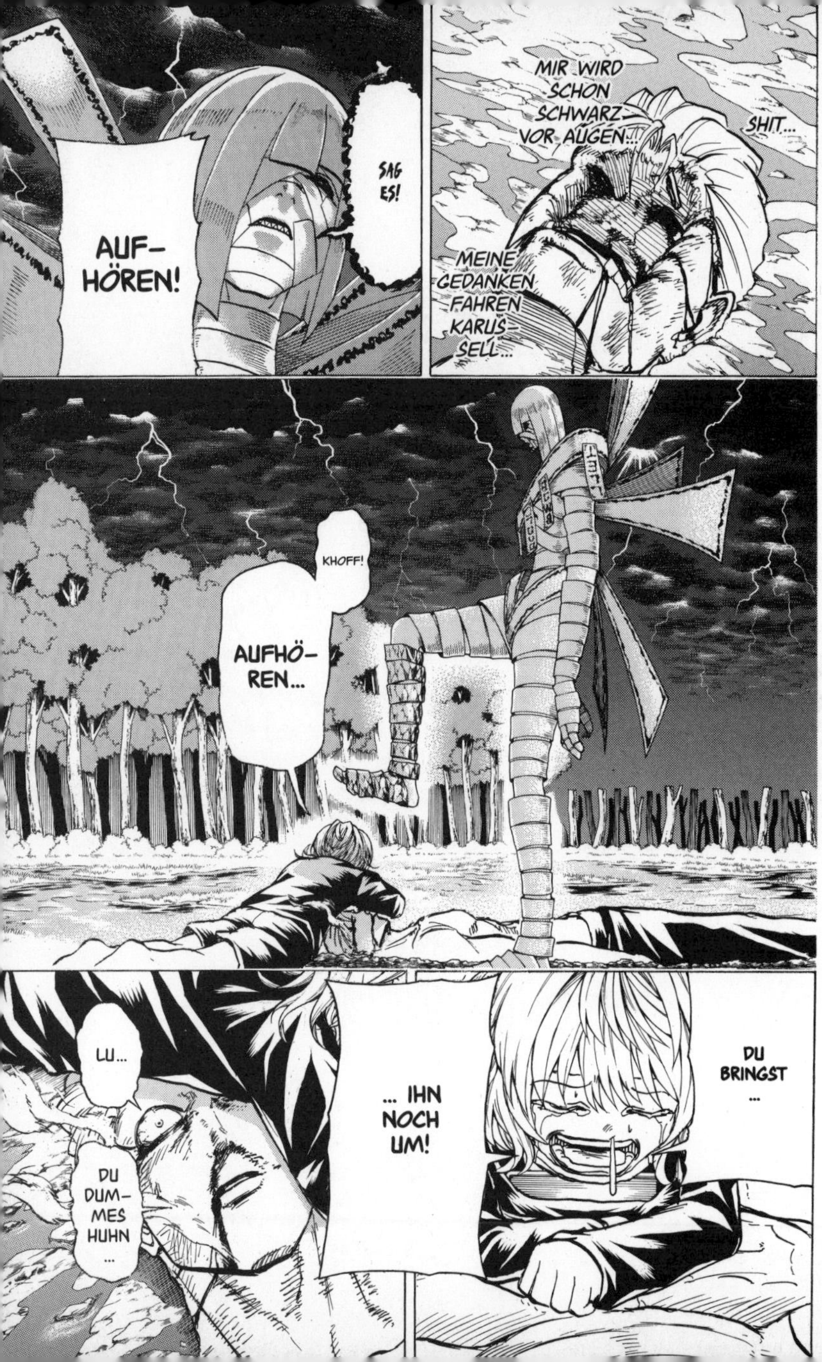
SHIT...
MIR WIRD SCHON SCHWARZ VOR AUGEN...
MEINE GEDANKEN FAHREN KARUSSELL...
SAG ES!
AUF-HÖREN!
KHOFF!
AUFHÖ-REN...
DU BRINGST ...
... IHN NOCH UM!
LU...
DU DUMMES HUHN ...

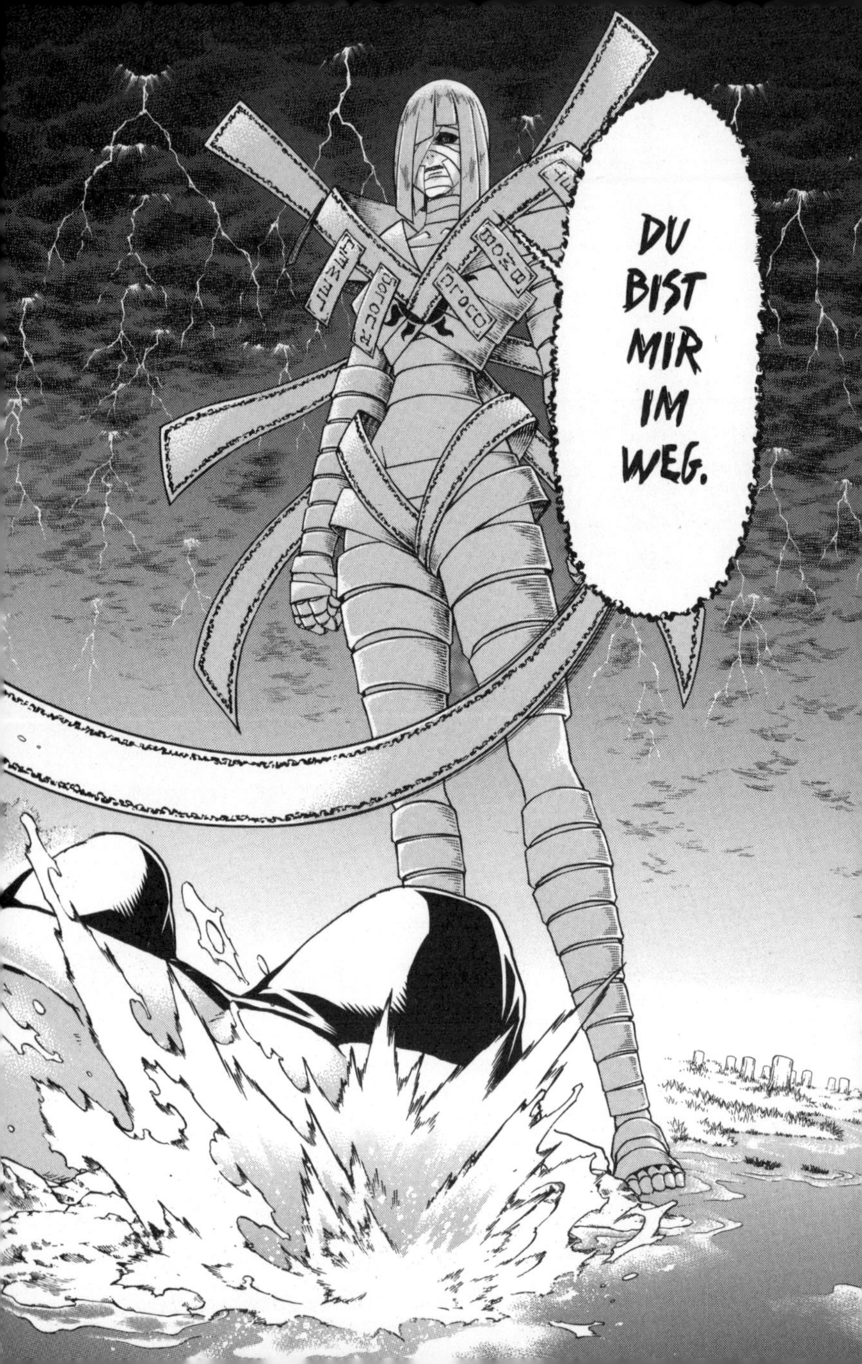
DU BIST MIR IM WEG.

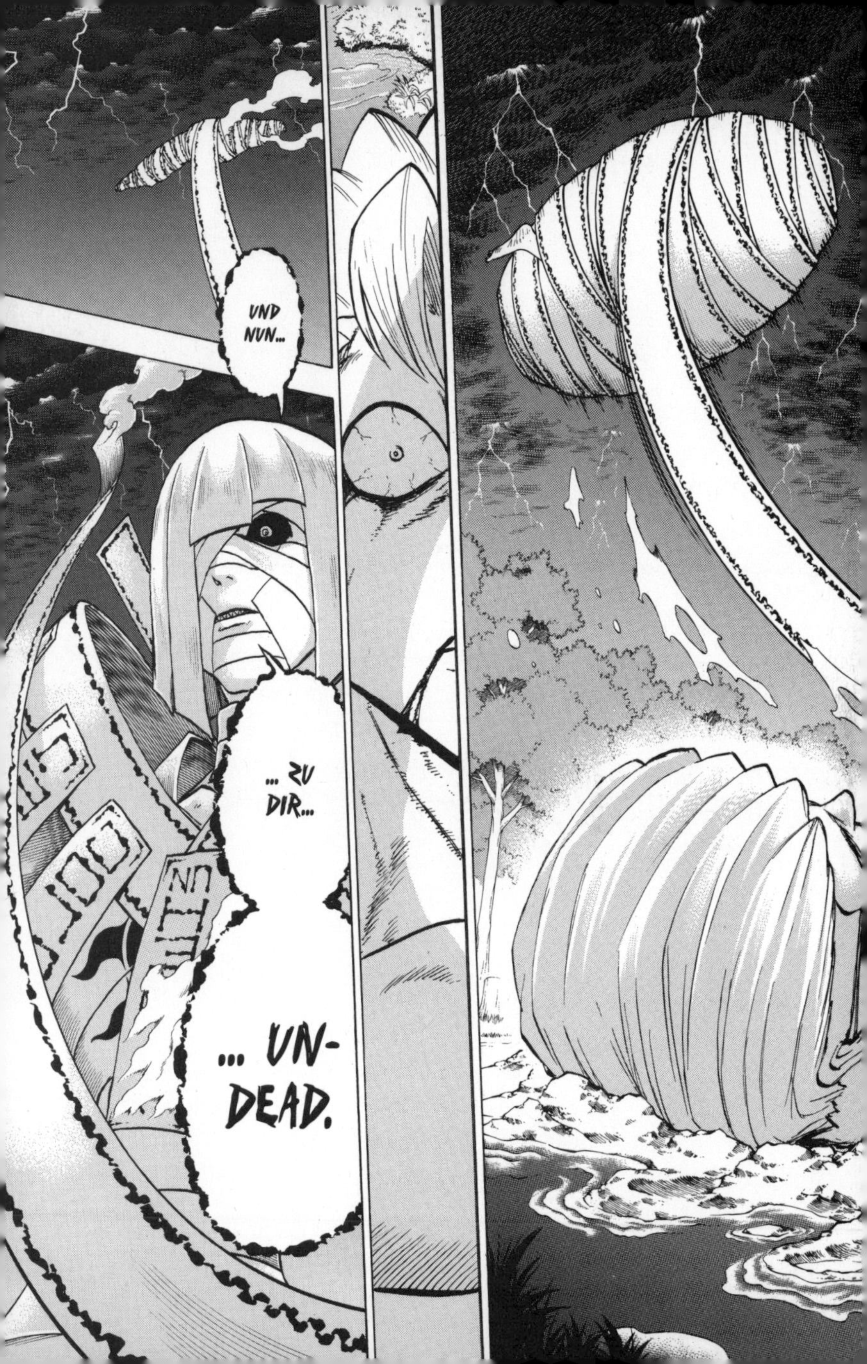
UND NUN...
... ZU DIR...
... UN-DEAD.

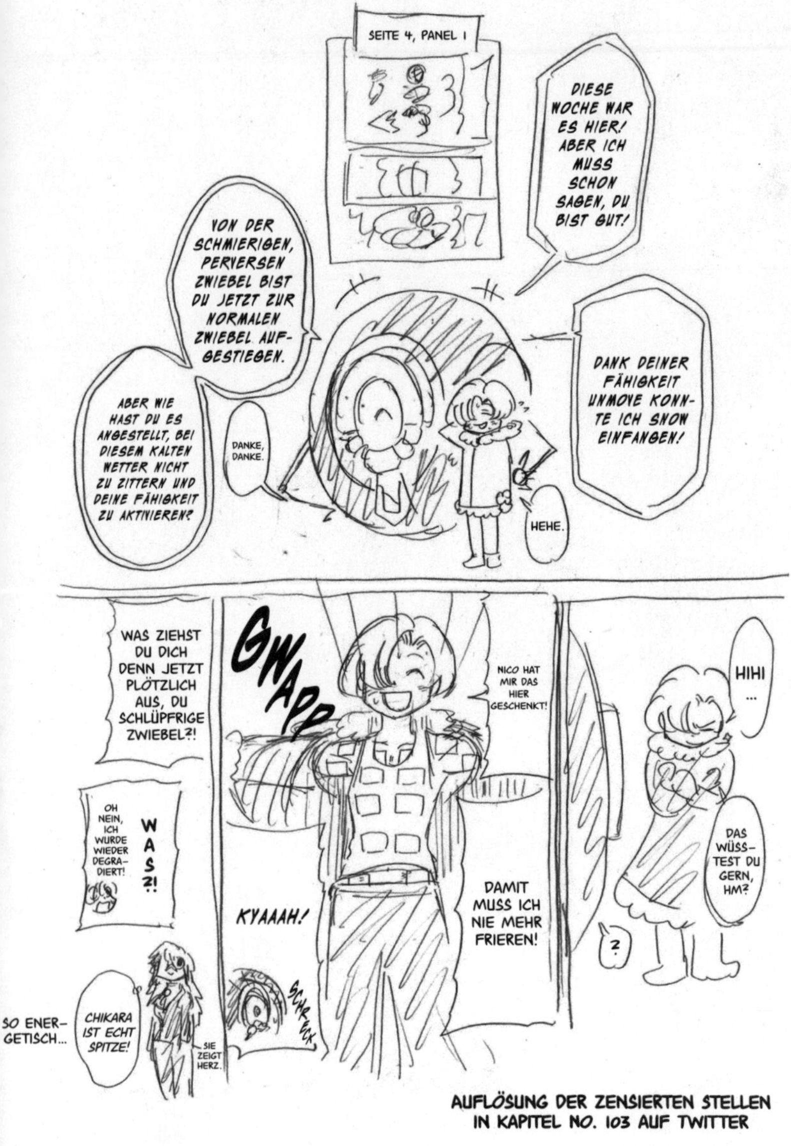

AUFLÖSUNG DER ZENSIERTEN STELLEN IN KAPITEL NO. 103 AUF TWITTER

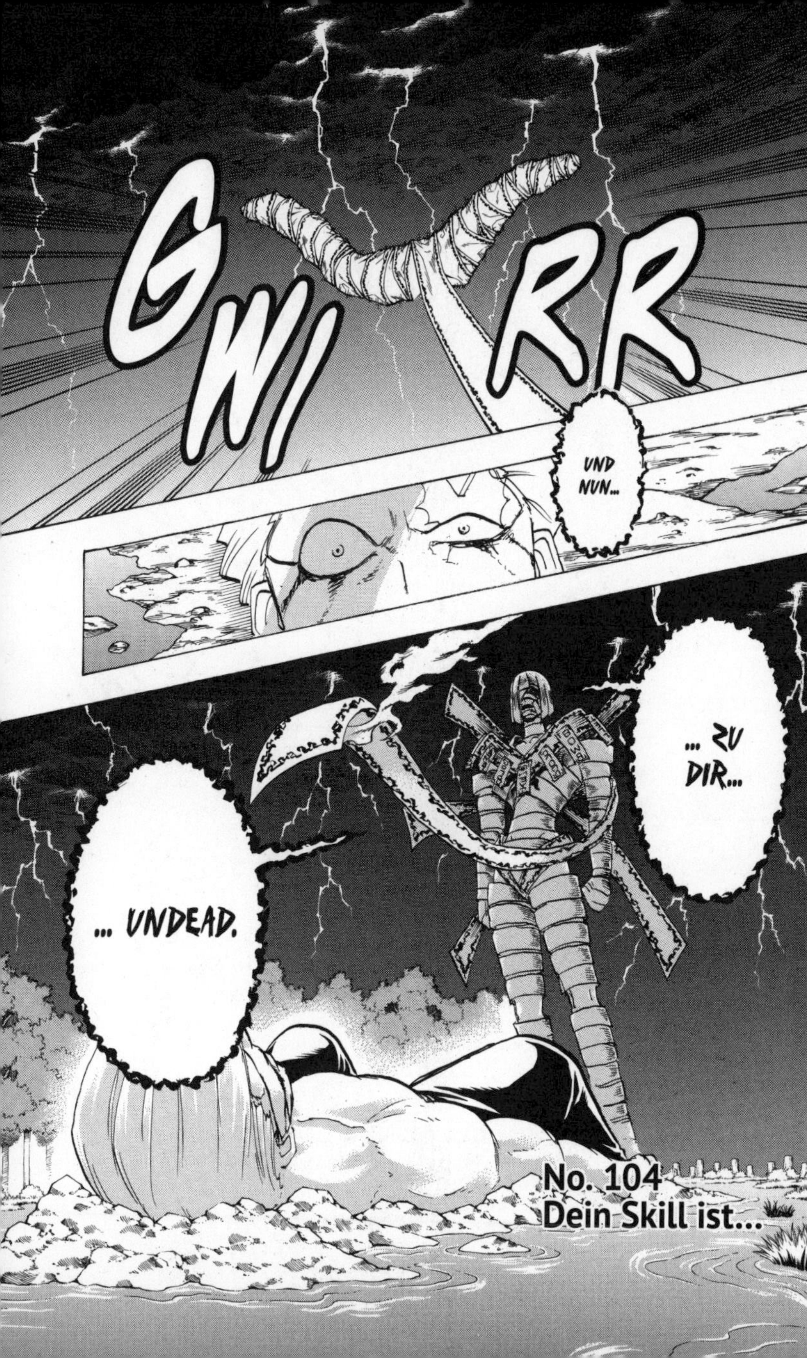
GWIRR
UND NUN...
... ZU DIR...
... UNDEAD.
No. 104
Dein Skill ist...

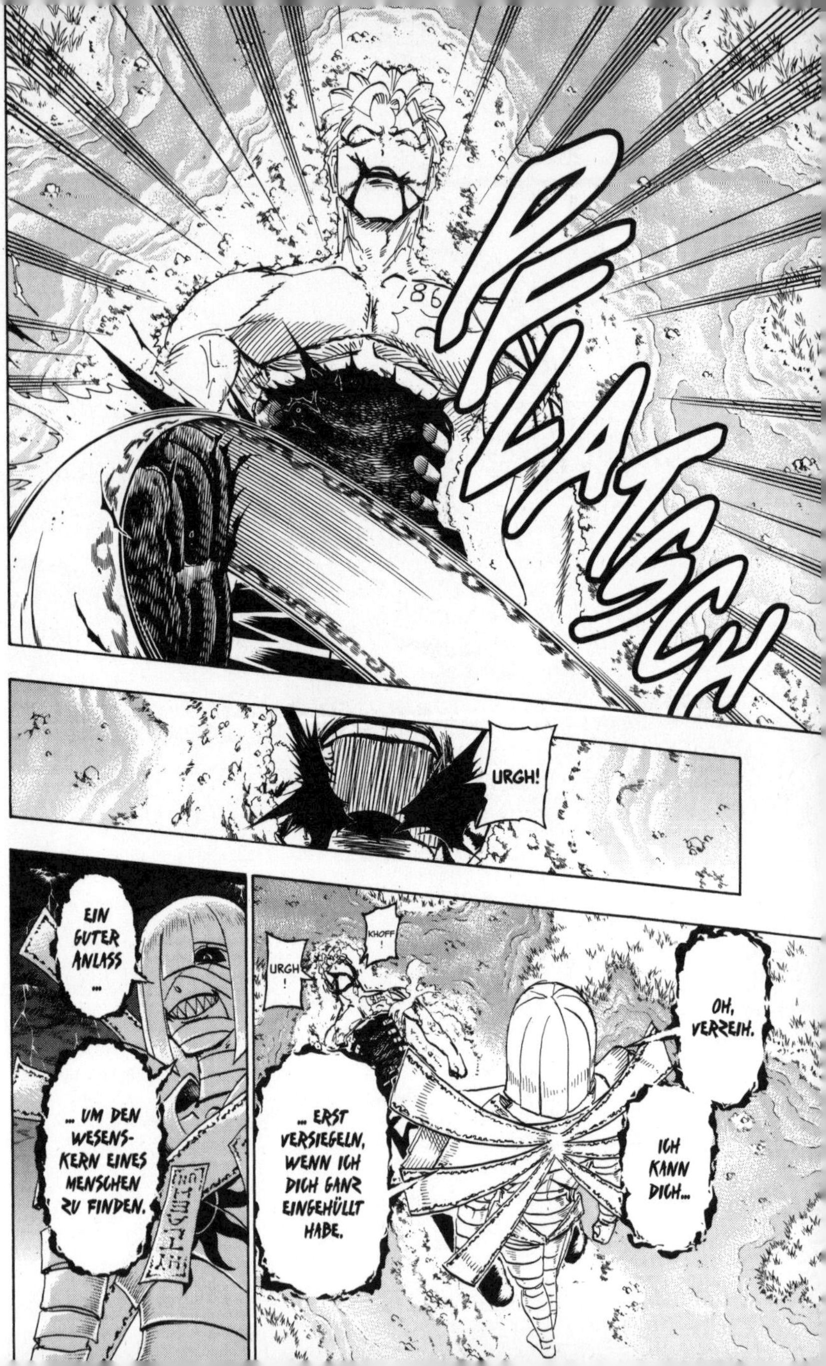
PLATSCH
URGH!
EIN GUTER ANLASS ...
... UM DEN WESENS-KERN EINES MENSCHEN ZU FINDEN.
KHOFF!
URGH!
OH, VERZEIH.
ICH KANN DICH...
... ERST VERSIEGELN, WENN ICH DICH GANZ EINGEHÜLLT HABE.

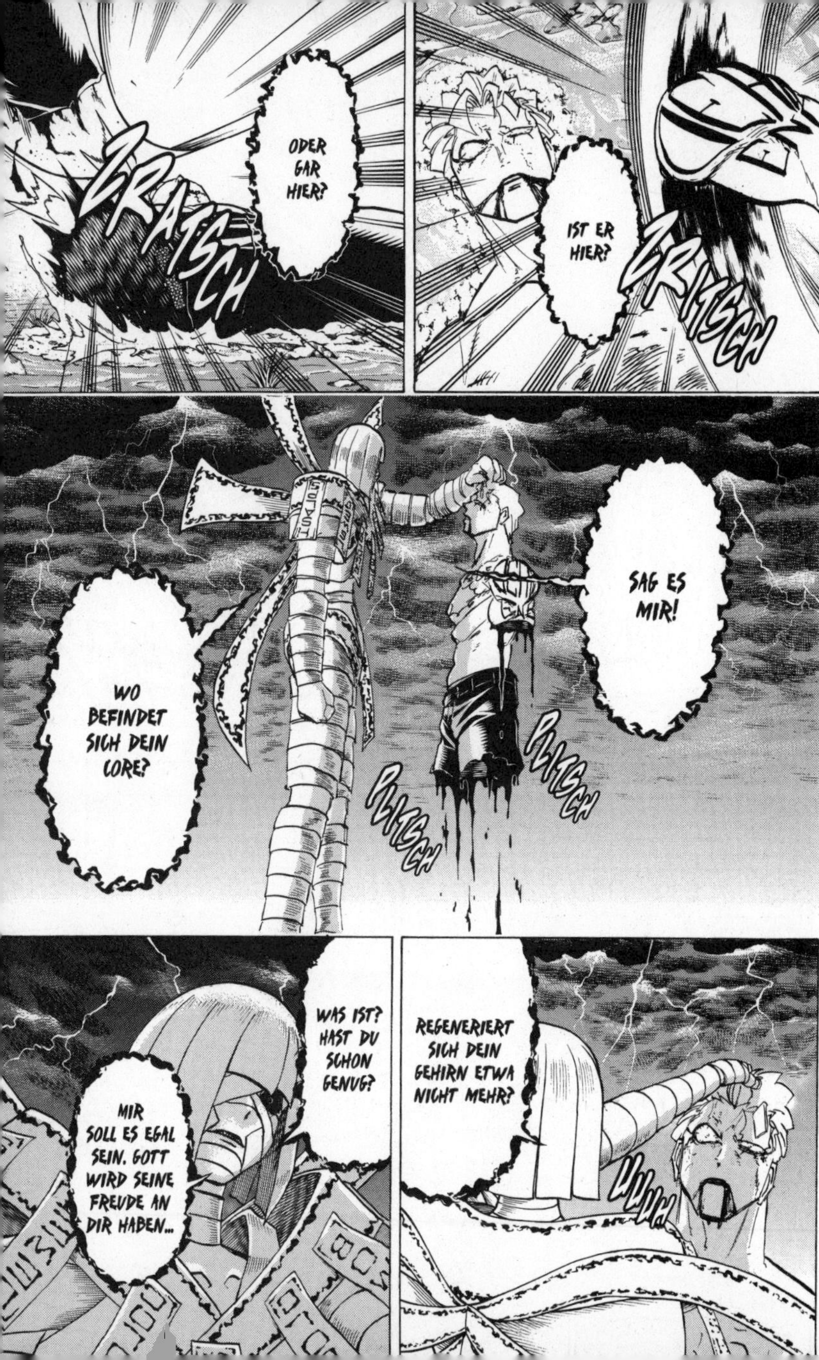

IST ER HIER?
ZRITSCH
ODER GAR HIER?
ZRATSCH
SAG ES MIR!
WO BEFINDET SICH DEIN CORE?
PLITSCH
PLITSCH
REGENERIERT SICH DEIN GEHIRN ETWA NICHT MEHR?
WAS IST? HAST DU SCHON GENUG?
MIR SOLL ES EGAL SEIN. GOTT WIRD SEINE FREUDE AN DIR HABEN...

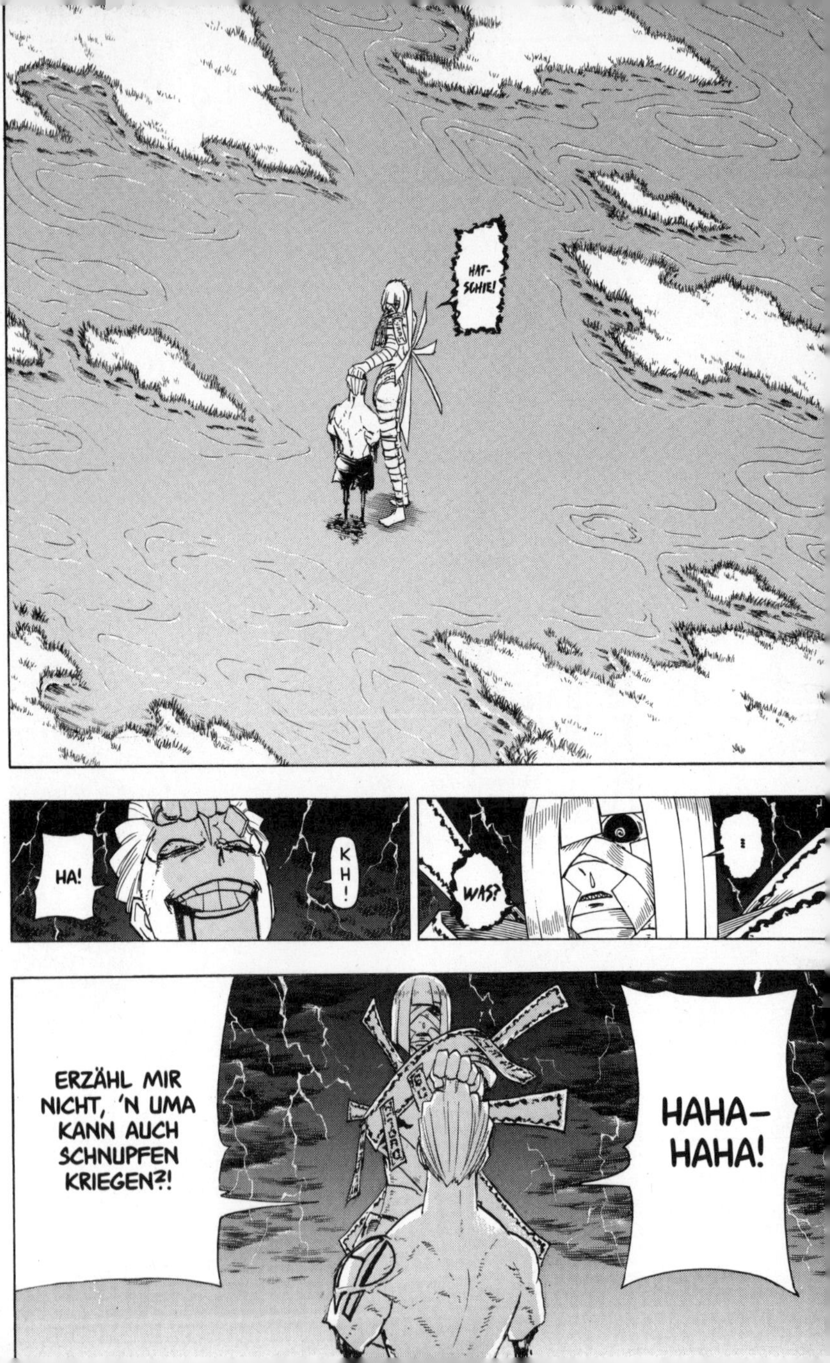
HAT-
SCHIE!
KH!
HA!
...
WAS?
HAHA-
HAHA!
ERZÄHL MIR NICHT, 'N UMA KANN AUCH SCHNUPFEN KRIEGEN?!

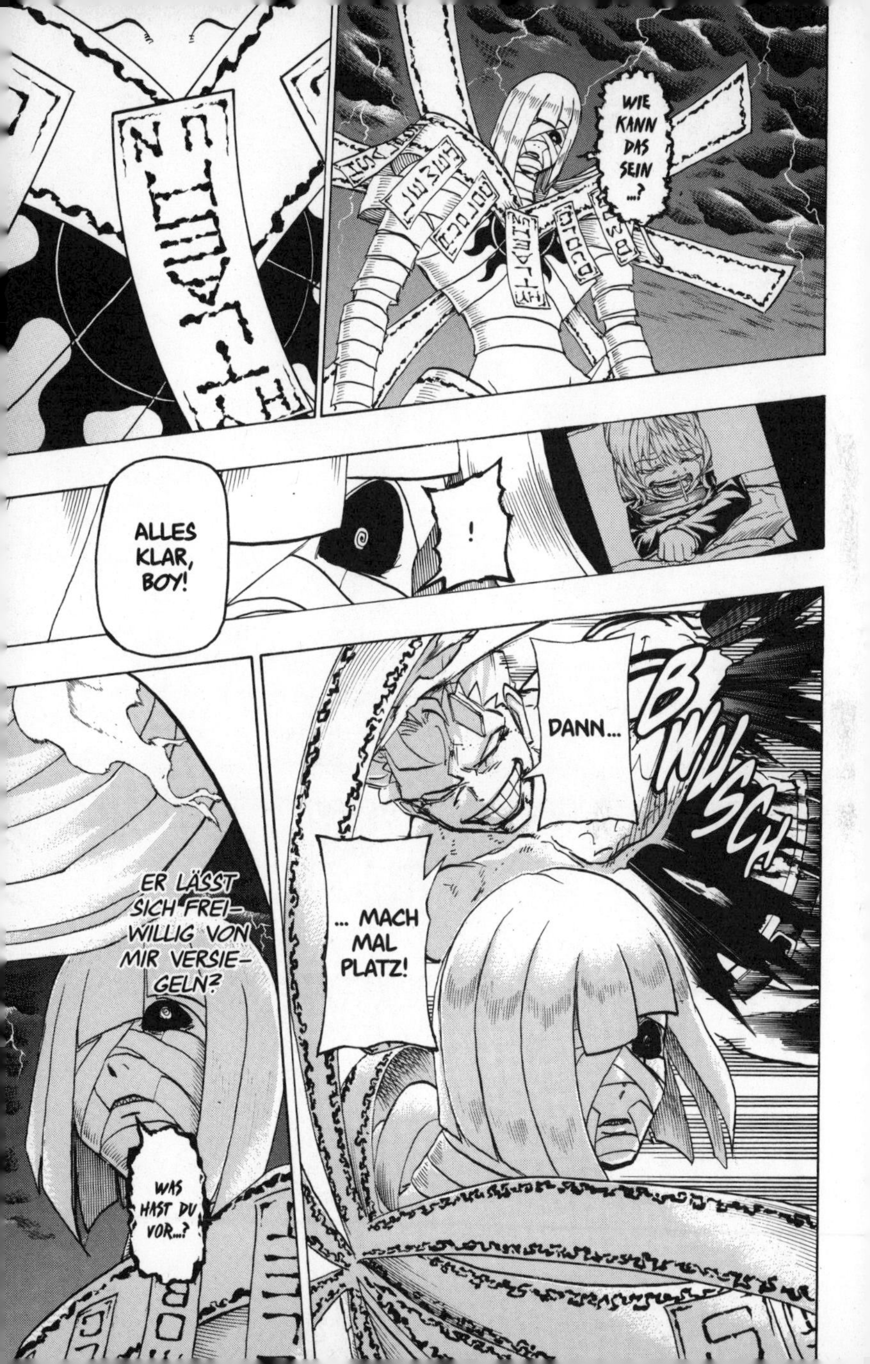
WIE KANN DAS SEIN ...?
!
ALLES KLAR, BOY!
DANN...
BWUSCH
... MACH MAL PLATZ!
ER LÄSST SICH FREIWILLIG VON MIR VERSIEGELN?
WAS HAST DU VOR...?

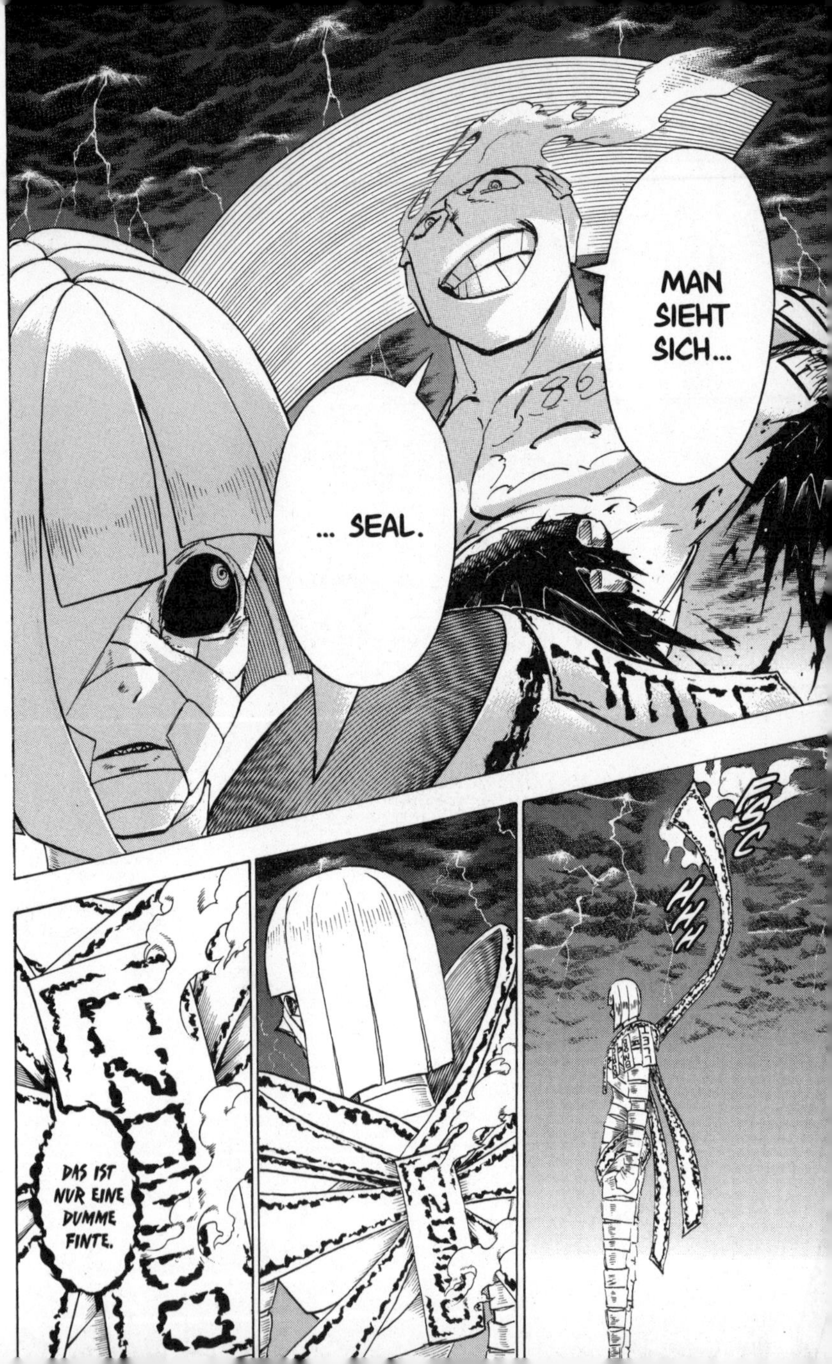
MAN SIEHT SICH...
... SEAL.
DAS IST NUR EINE DUMME FINTE.

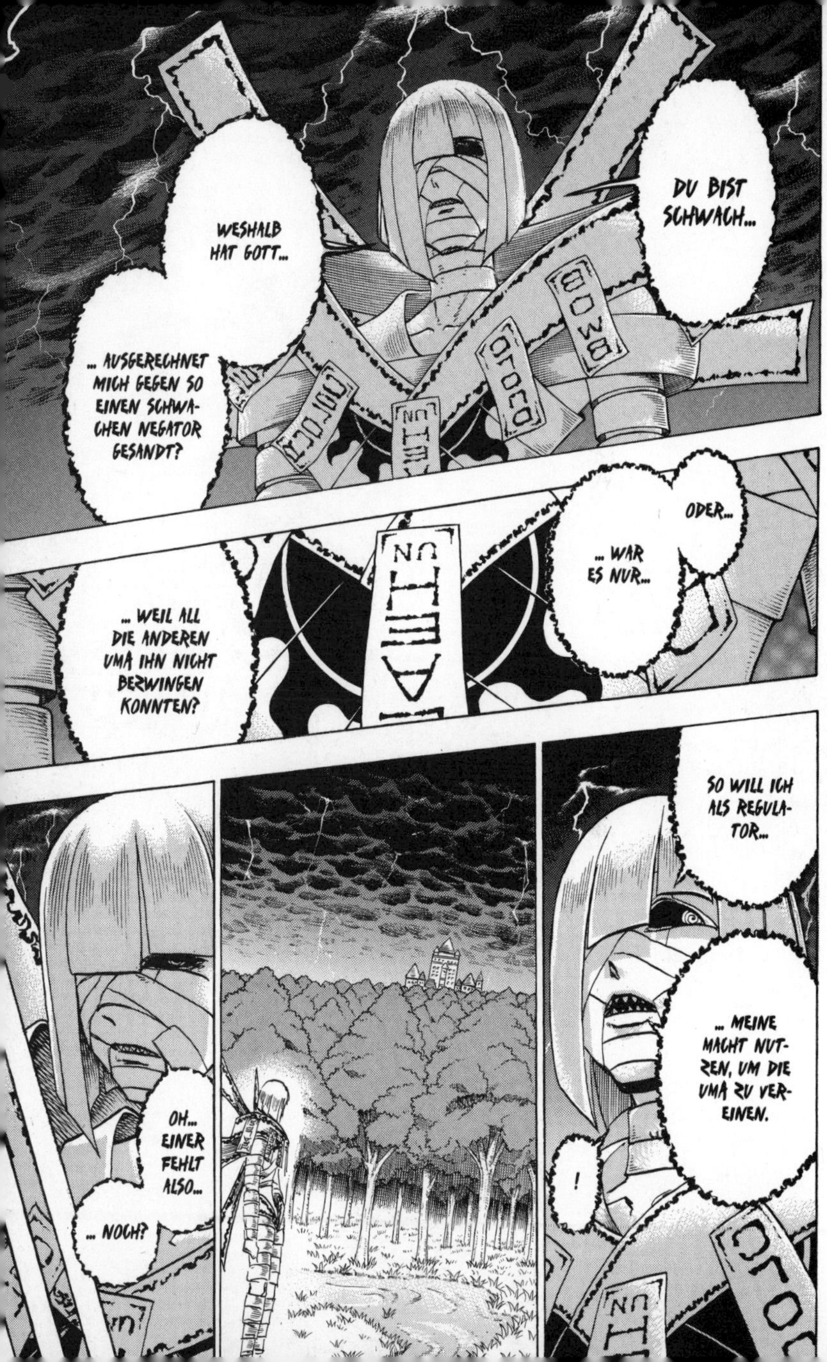
DU BIST SCHWACH...
WESHALB HAT GOTT...
... AUSGERECHNET MICH GEGEN SO EINEN SCHWACHEN NEGATOR GESANDT?
ODER...
... WAR ES NUR...
... WEIL ALL DIE ANDEREN UMA IHN NICHT BEZWINGEN KONNTEN?
SO WILL ICH ALS REGULATOR...
... MEINE MACHT NUTZEN, UM DIE UMA ZU VEREINEN.
!
OH... EINER FEHLT ALSO...
... NOCH?

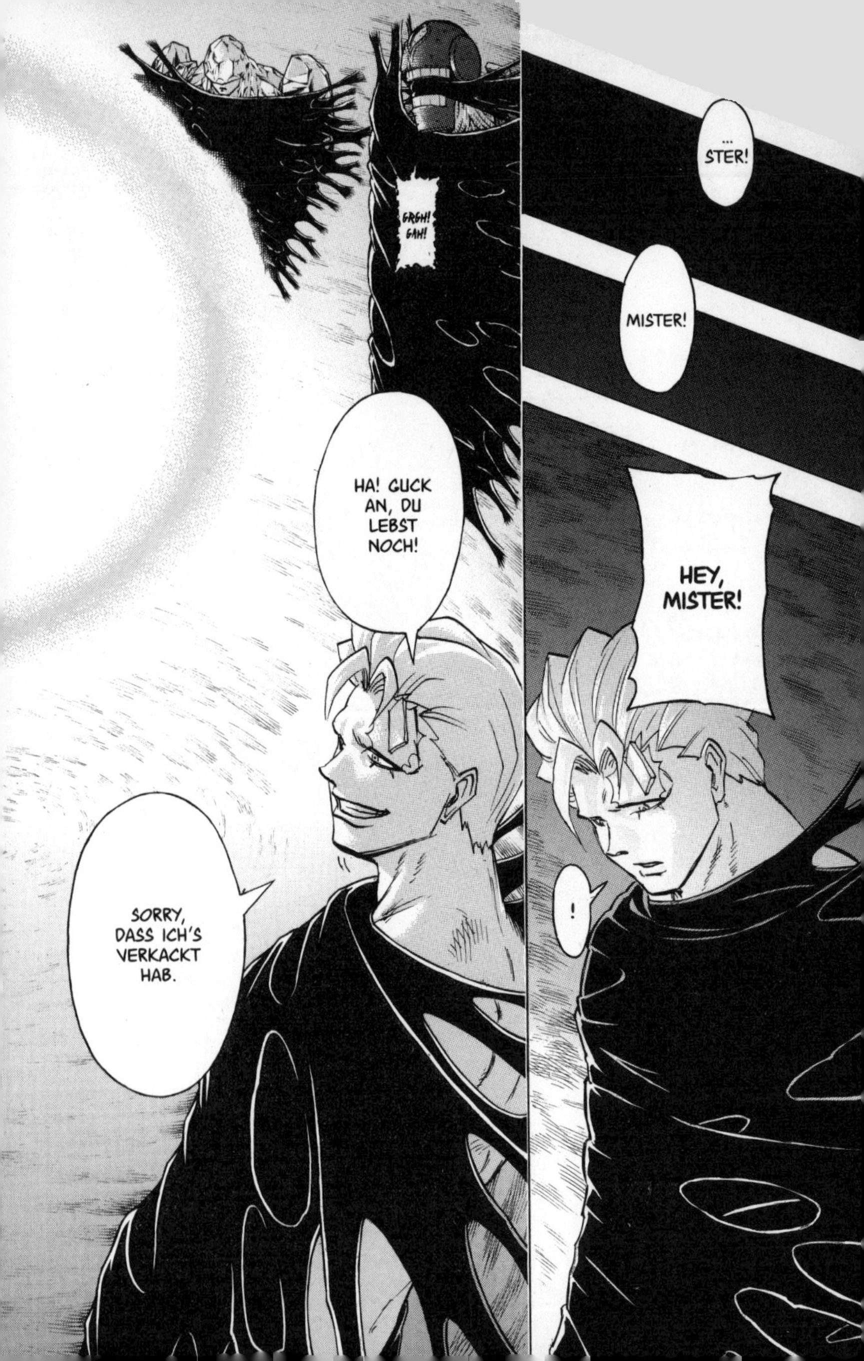
... STER!
MISTER!
HEY, MISTER!
!
GRGH! GAH!
HA! GUCK AN, DU LEBST NOCH!
SORRY, DASS ICH'S VERKACKT HAB.

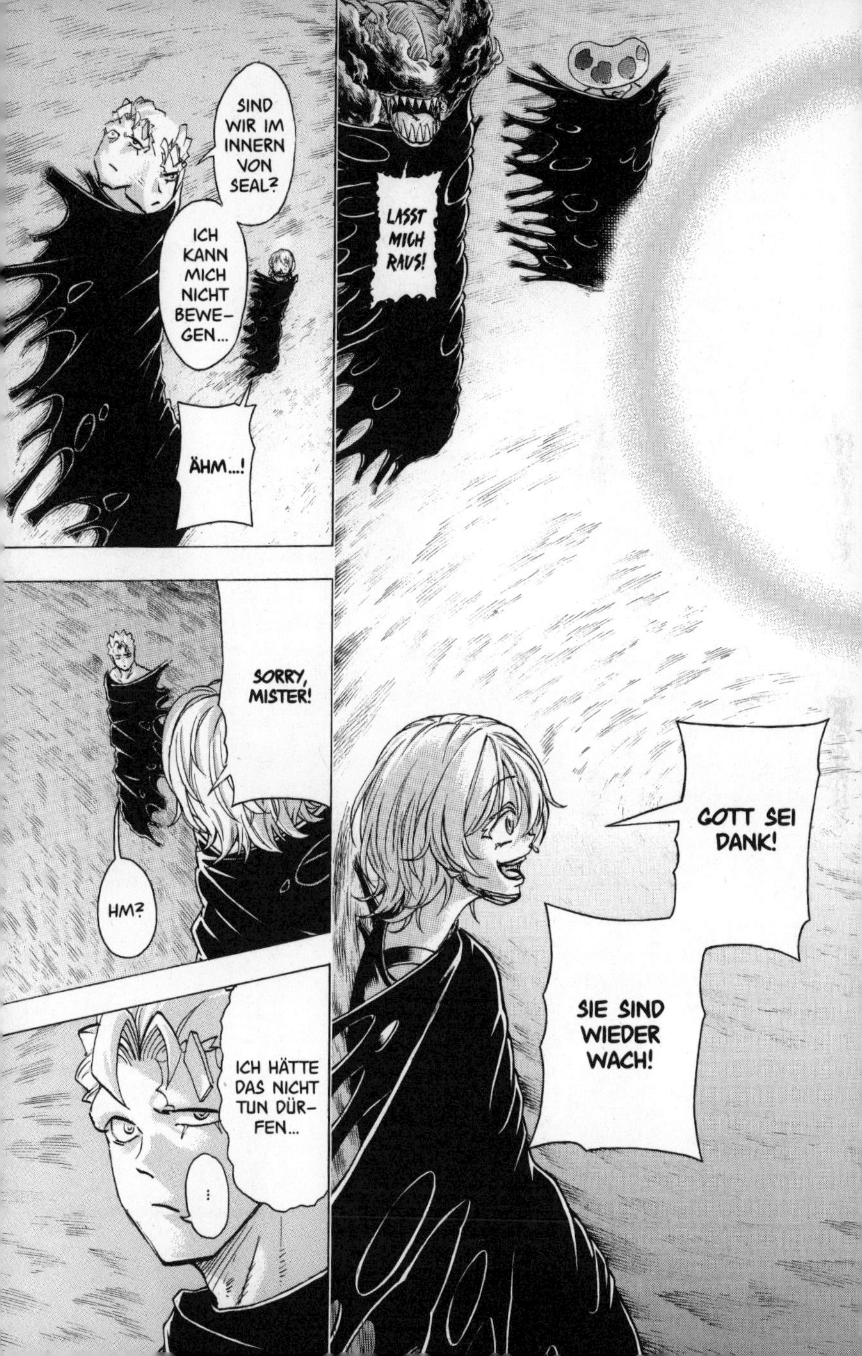
LASST MICH RAUS!
GOTT SEI DANK!
SIE SIND WIEDER WACH!
SIND WIR IM INNERN VON SEAL?
ICH KANN MICH NICHT BEWEGEN…
ÄHM…!
SORRY, MISTER!
HM?
ICH HÄTTE DAS NICHT TUN DÜRFEN…
…

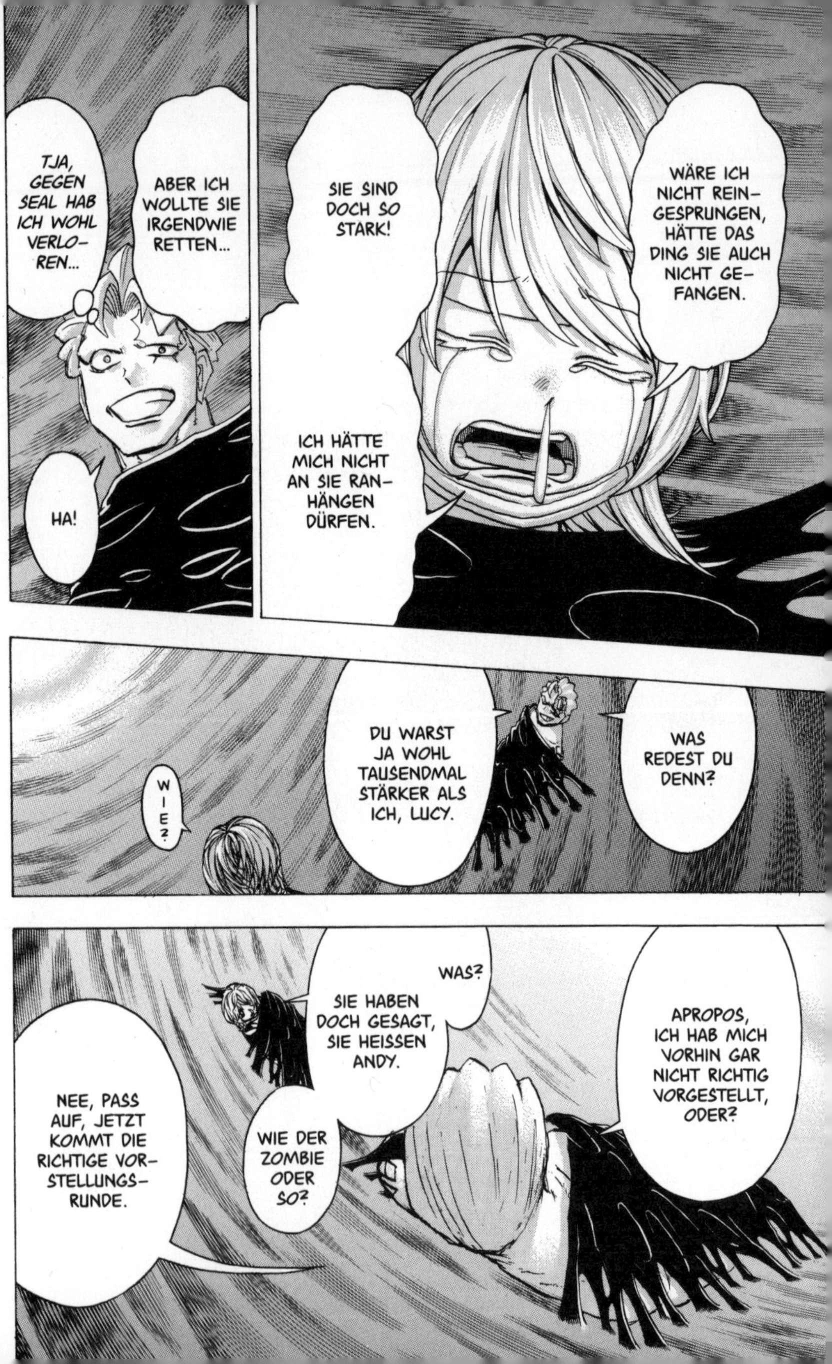
WÄRE ICH NICHT REINGESPRUNGEN, HÄTTE DAS DING SIE AUCH NICHT GEFANGEN.
SIE SIND DOCH SO STARK!
ICH HÄTTE MICH NICHT AN SIE RANHÄNGEN DÜRFEN.
ABER ICH WOLLTE SIE IRGENDWIE RETTEN...
TJA, GEGEN SEAL HAB ICH WOHL VERLOREN...
HA!
WAS REDEST DU DENN?
DU WARST JA WOHL TAUSENDMAL STÄRKER ALS ICH, LUCY.
WIE?
APROPOS, ICH HAB MICH VORHIN GAR NICHT RICHTIG VORGESTELLT, ODER?
WAS?
SIE HABEN DOCH GESAGT, SIE HEISSEN ANDY.
WIE DER ZOMBIE ODER SO?
NEE, PASS AUF, JETZT KOMMT DIE RICHTIGE VORSTELLUNGSRUNDE.

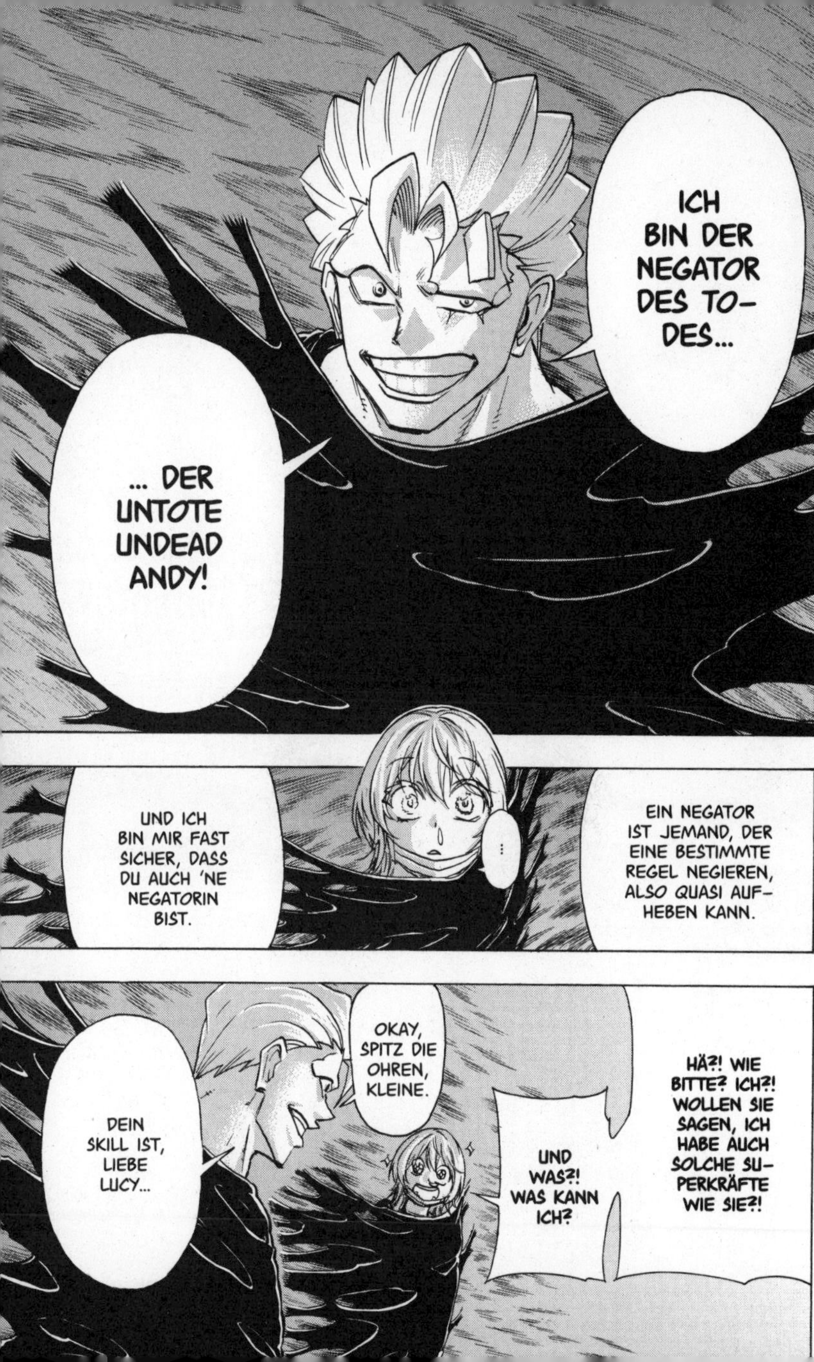
ICH BIN DER NEGATOR DES TO-DES...
... DER UNTOTE UNDEAD ANDY!
EIN NEGATOR IST JEMAND, DER EINE BESTIMMTE REGEL NEGIEREN, ALSO QUASI AUF-HEBEN KANN.
...
UND ICH BIN MIR FAST SICHER, DASS DU AUCH 'NE NEGATORIN BIST.
HÄ?! WIE BITTE? ICH?! WOLLEN SIE SAGEN, ICH HABE AUCH SOLCHE SU-PERKRÄFTE WIE SIE?!
UND WAS?! WAS KANN ICH?
OKAY, SPITZ DIE OHREN, KLEINE.
DEIN SKILL IST, LIEBE LUCY...

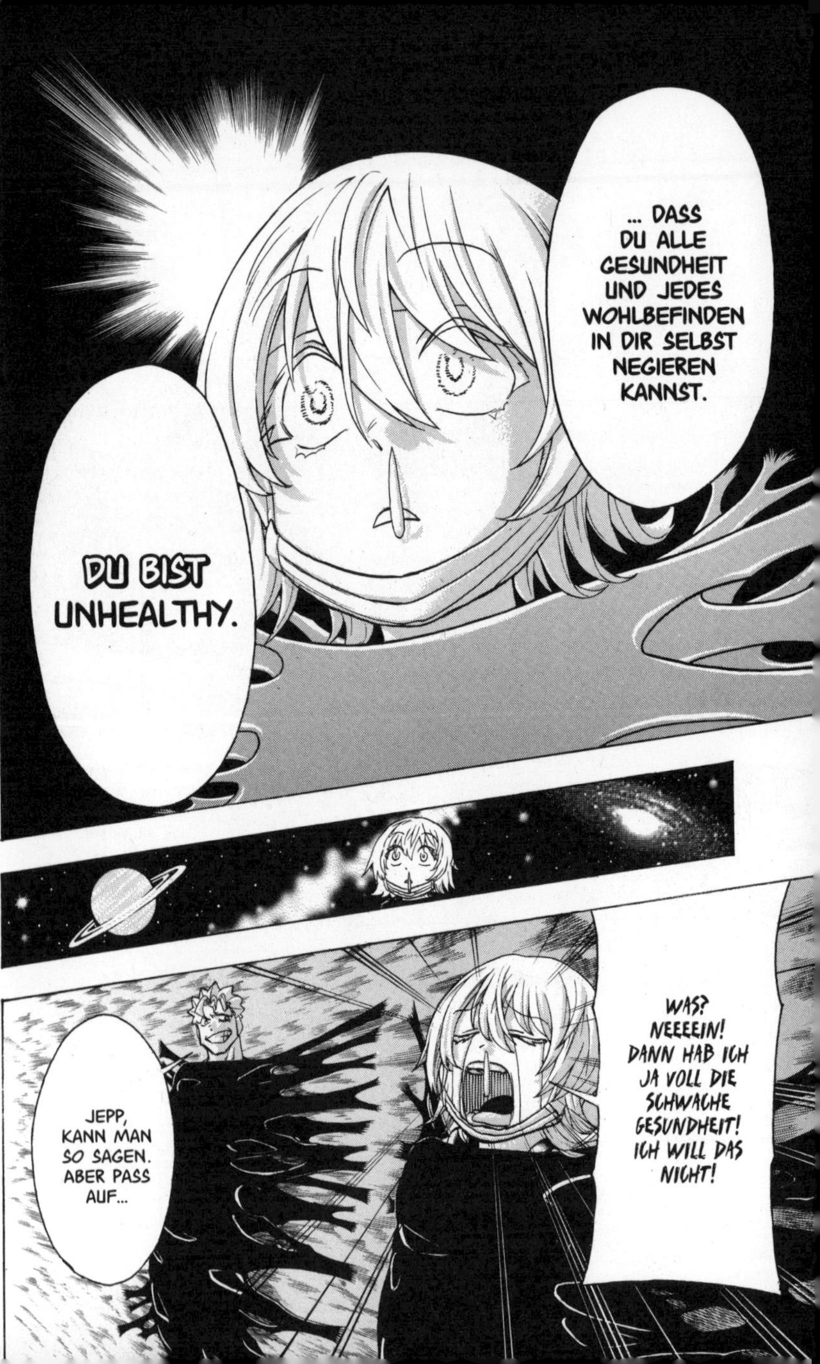
... DASS DU ALLE GESUNDHEIT UND JEDES WOHLBEFINDEN IN DIR SELBST NEGIEREN KANNST.
DU BIST UNHEALTHY.
WAS? NEEEEIN! DANN HAB ICH JA VOLL DIE SCHWACHE GESUNDHEIT! ICH WILL DAS NICHT!
JEPP, KANN MAN SO SAGEN. ABER PASS AUF...

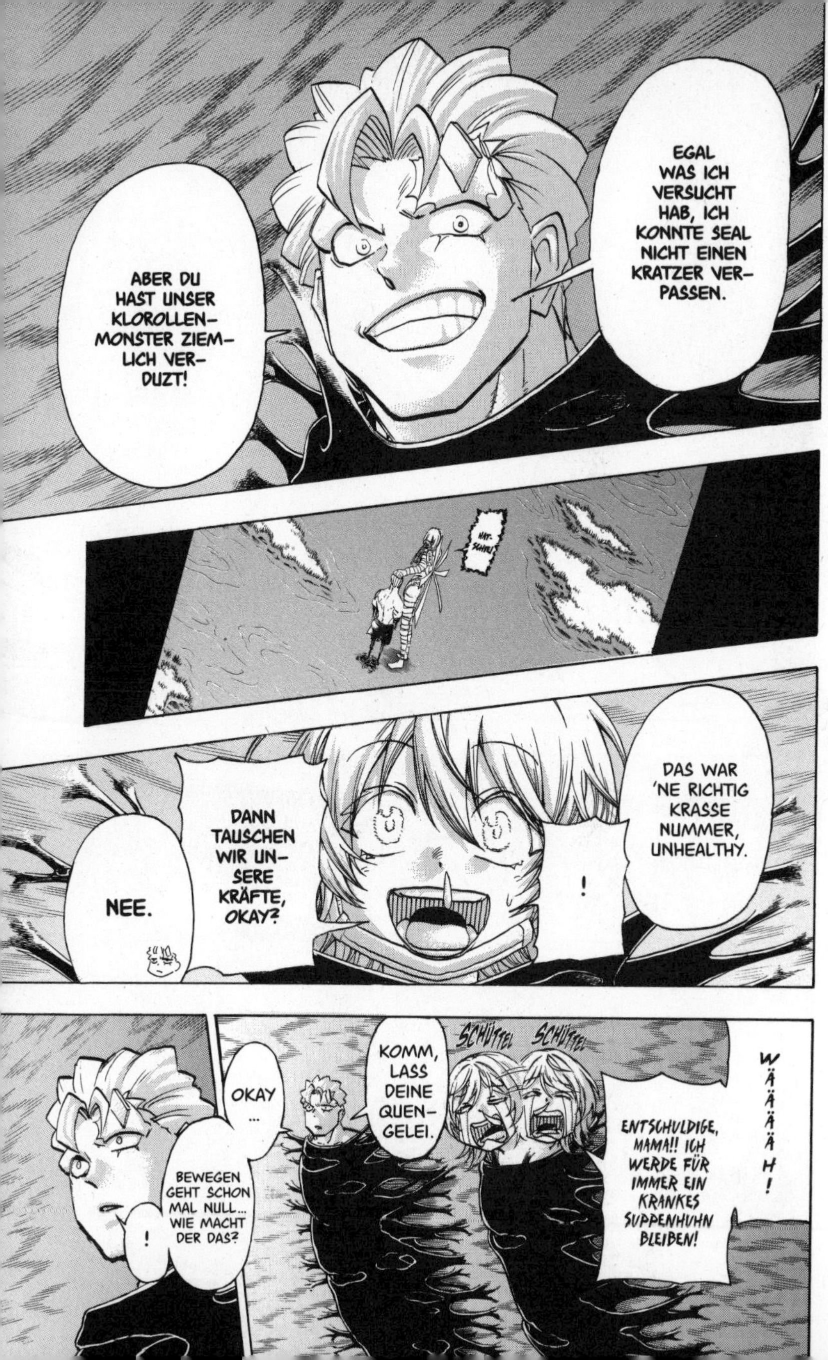
EGAL WAS ICH VERSUCHT HAB, ICH KONNTE SEAL NICHT EINEN KRATZER VERPASSEN.
ABER DU HAST UNSER KLOROLLENMONSTER ZIEMLICH VERDUZT!
HAT-SCHU!
DAS WAR 'NE RICHTIG KRASSE NUMMER, UNHEALTHY.
!
DANN TAUSCHEN WIR UNSERE KRÄFTE, OKAY?
NEE.
WÄÄÄÄH!
SCHÜTTEL SCHÜTTEL
ENTSCHULDIGE, MAMA!! ICH WERDE FÜR IMMER EIN KRANKES SUPPENHUHN BLEIBEN!
KOMM, LASS DEINE QUENGELEI.
OKAY ...
BEWEGEN GEHT SCHON MAL NULL... WIE MACHT DER DAS?
!

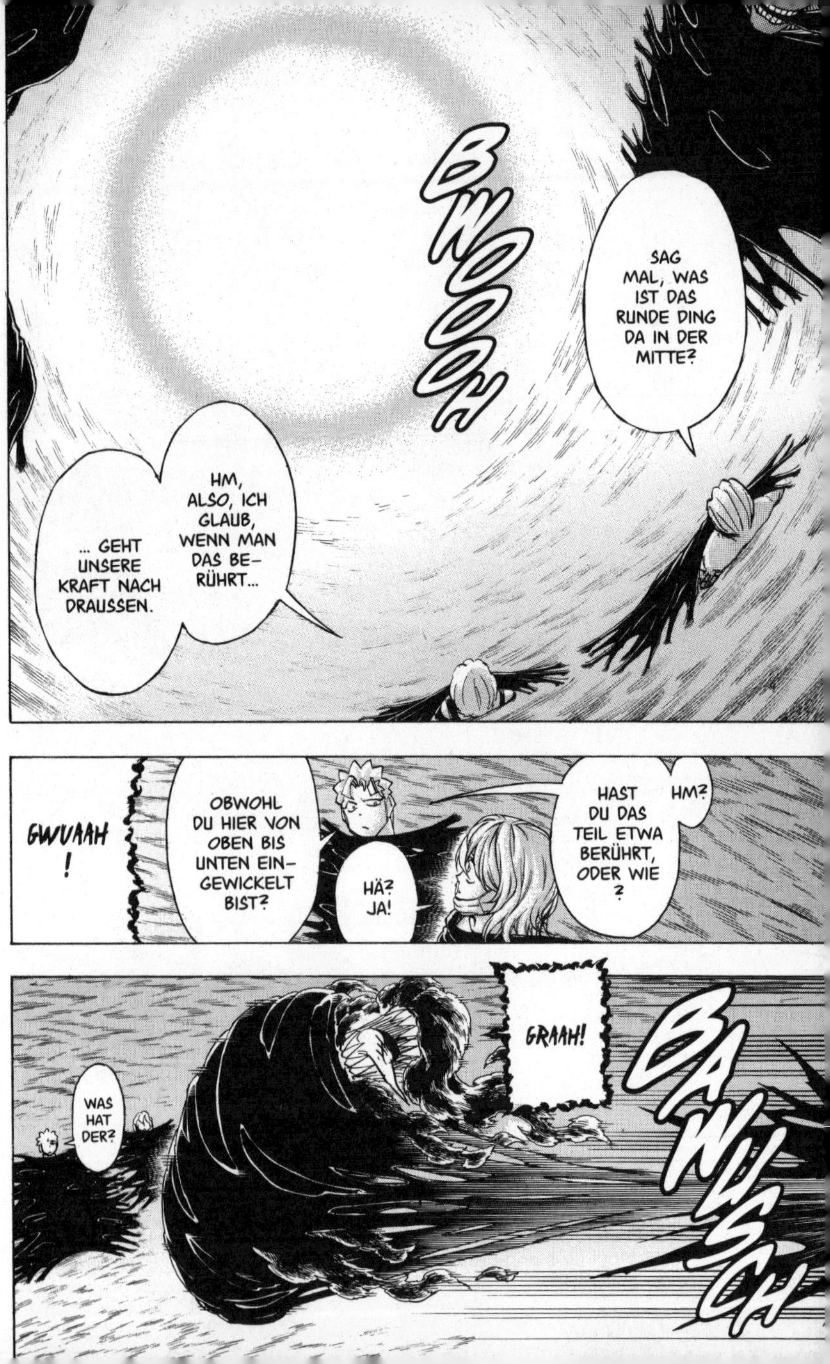
BWOOOOH
SAG MAL, WAS IST DAS RUNDE DING DA IN DER MITTE?
HM, ALSO, ICH GLAUB, WENN MAN DAS BERÜHRT...
... GEHT UNSERE KRAFT NACH DRAUSSEN.
HM?
HAST DU DAS TEIL ETWA BERÜHRT, ODER WIE?
HÄ? JA!
OBWOHL DU HIER VON OBEN BIS UNTEN EINGEWICKELT BIST?
GWUAAH!
BAWUSCH
GRAAH!
WAS HAT DER?

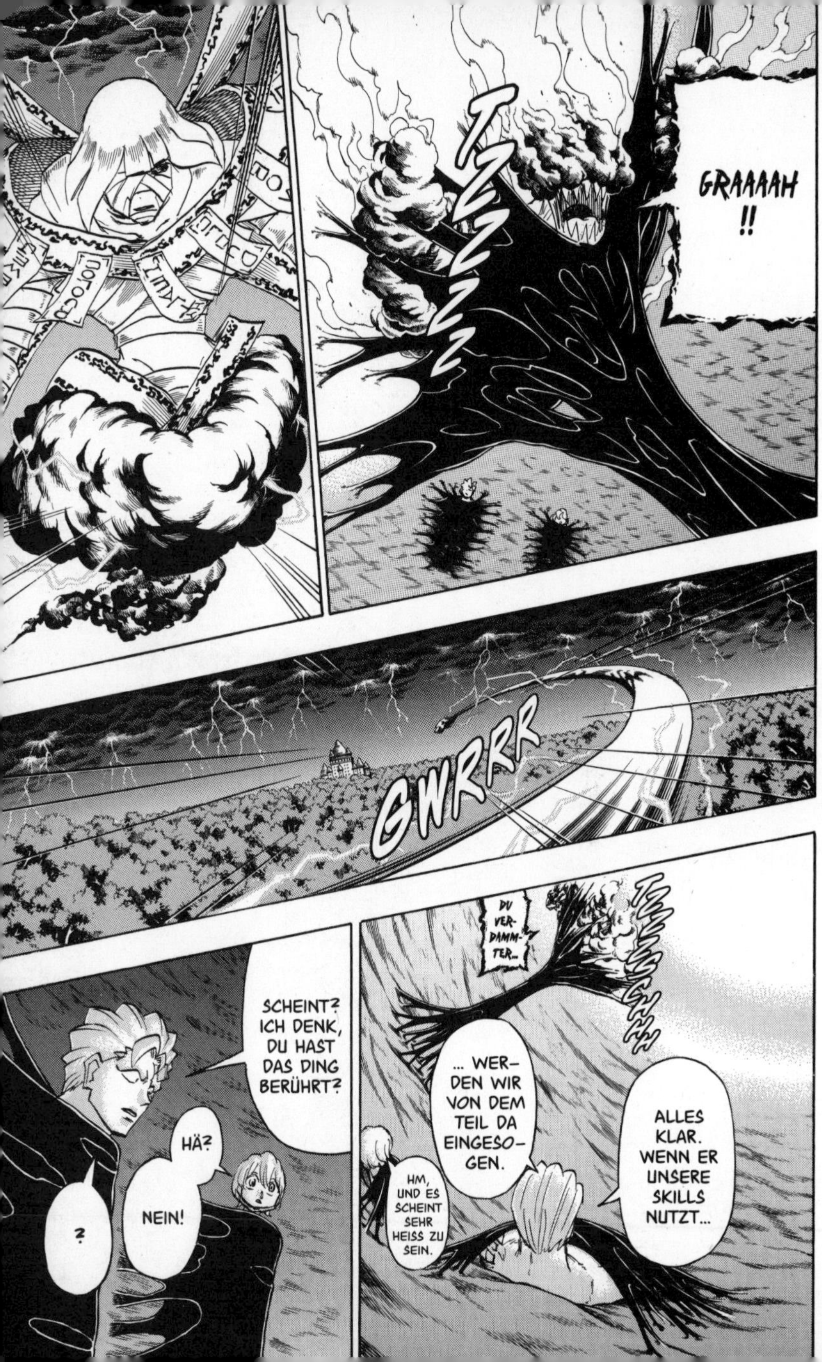
GRAAAAH !!
GWRRR
DU VERDAMMTER...
ALLES KLAR. WENN ER UNSERE SKILLS NUTZT...
... WERDEN WIR VON DEM TEIL DA EINGESOGEN.
HM, UND ES SCHEINT SEHR HEISS ZU SEIN.
SCHEINT? ICH DENK, DU HAST DAS DING BERÜHRT?
HÄ?
NEIN!
?

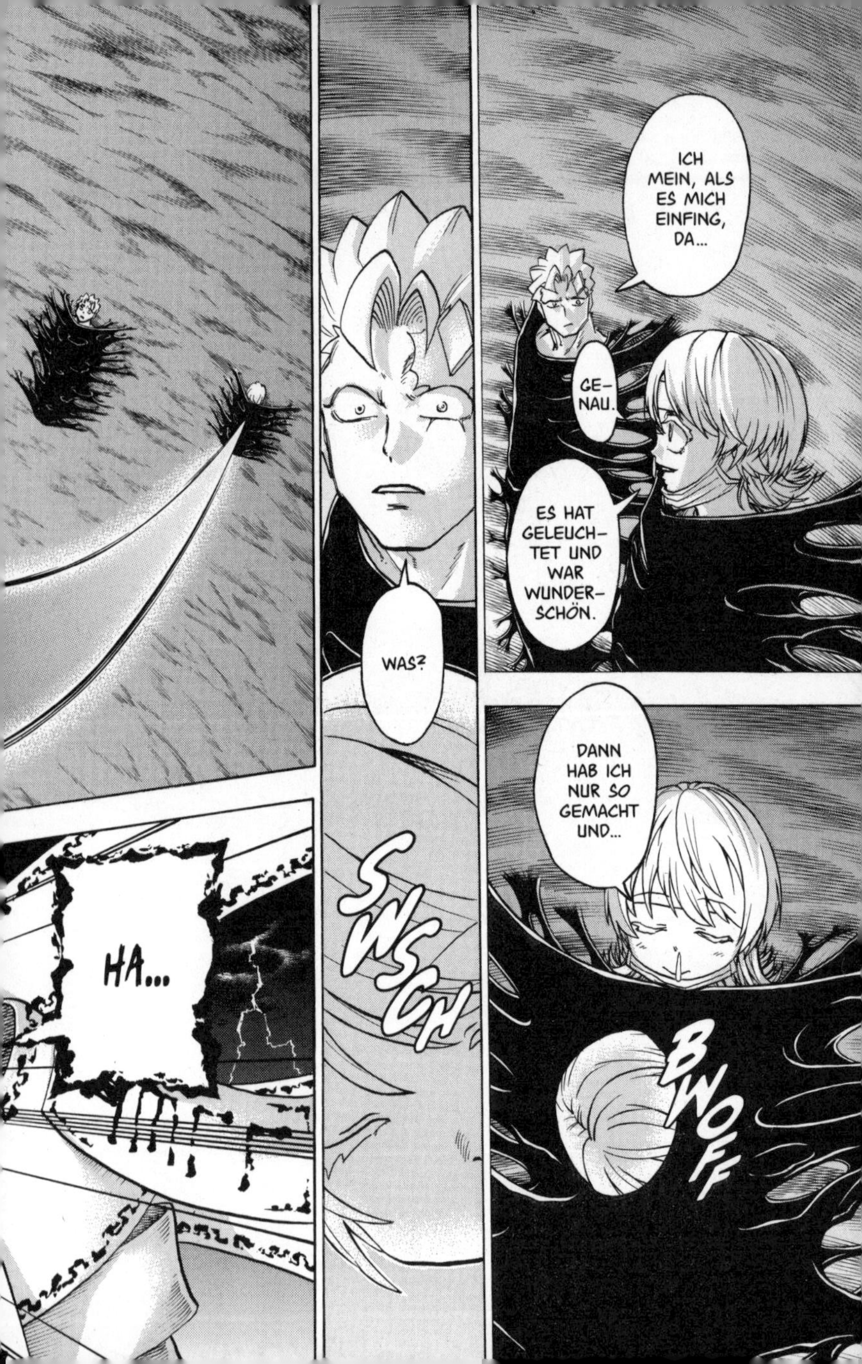
ICH MEIN, ALS ES MICH EINFING, DA...
GE-NAU.
ES HAT GELEUCHTET UND WAR WUNDERSCHÖN.
WAS?
DANN HAB ICH NUR SO GEMACHT UND...
BWOFF
SWSCH
HA...

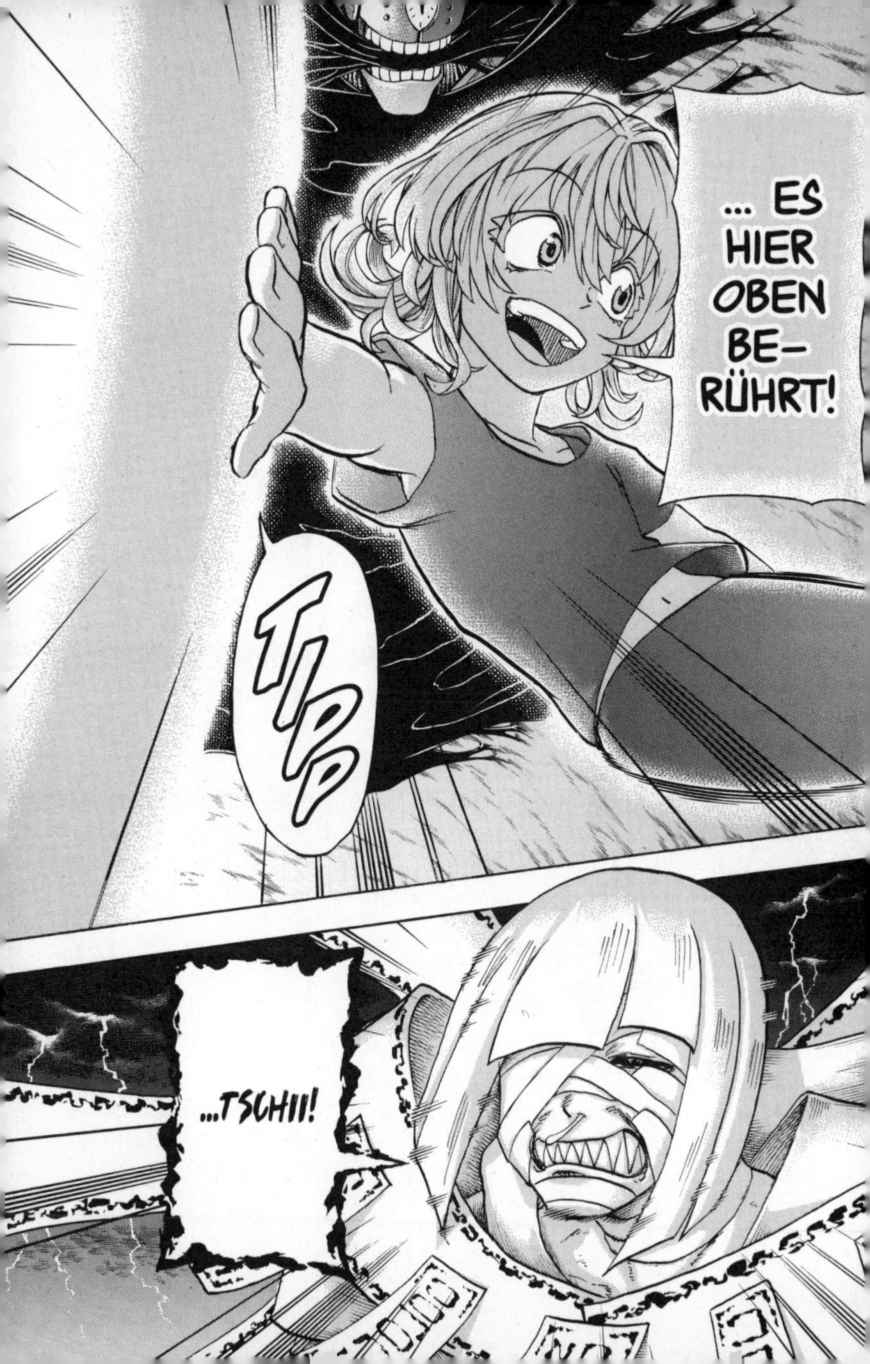
... ES HIER OBEN BE-RÜHRT!
TIPP
...TSCHII!

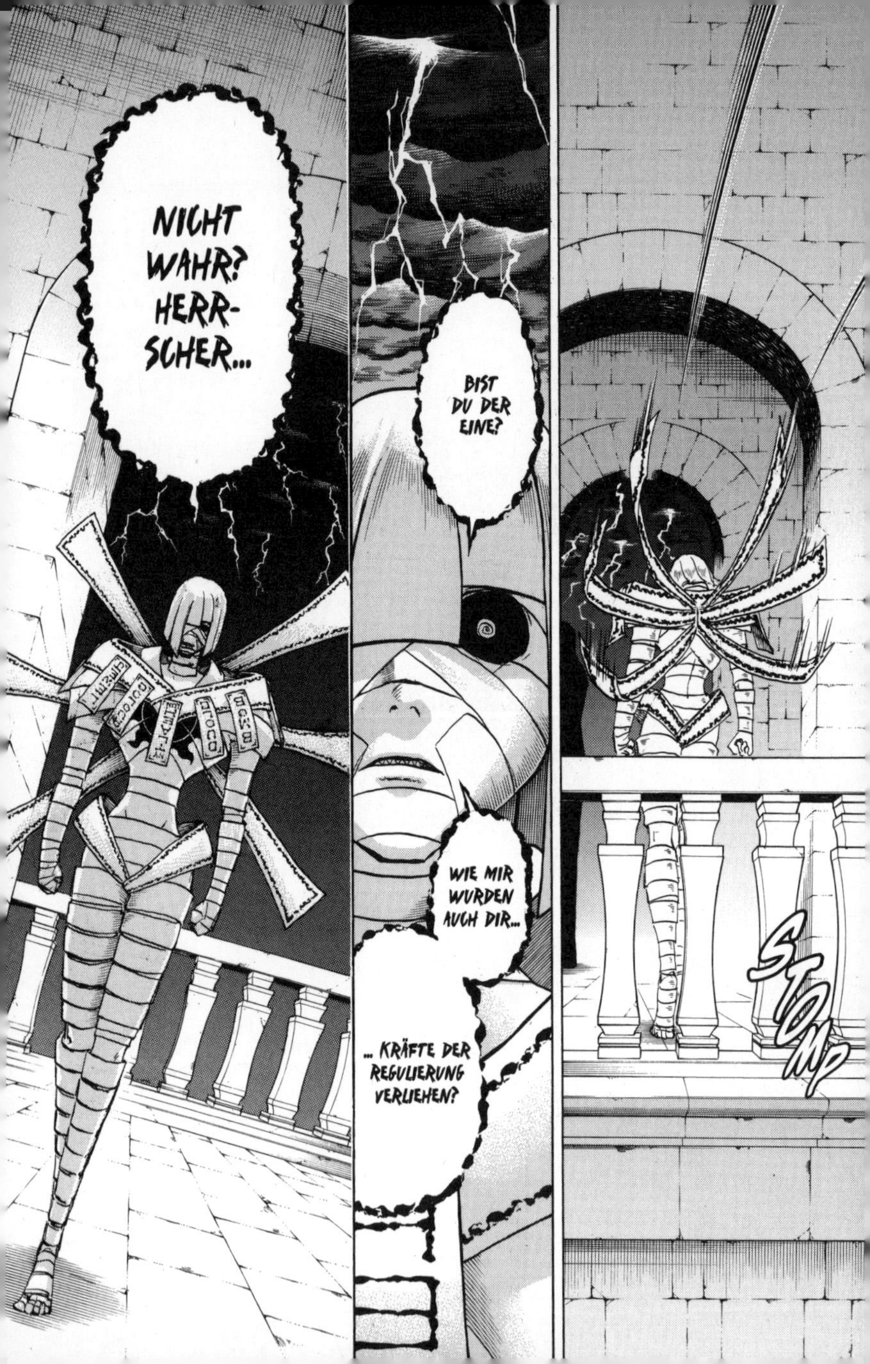
NICHT WAHR? HERR-SCHER...
BIST DU DER EINE?
WIE MIR WURDEN AUCH DIR...
... KRÄFTE DER REGULIERUNG VERLIEHEN?
STOMP

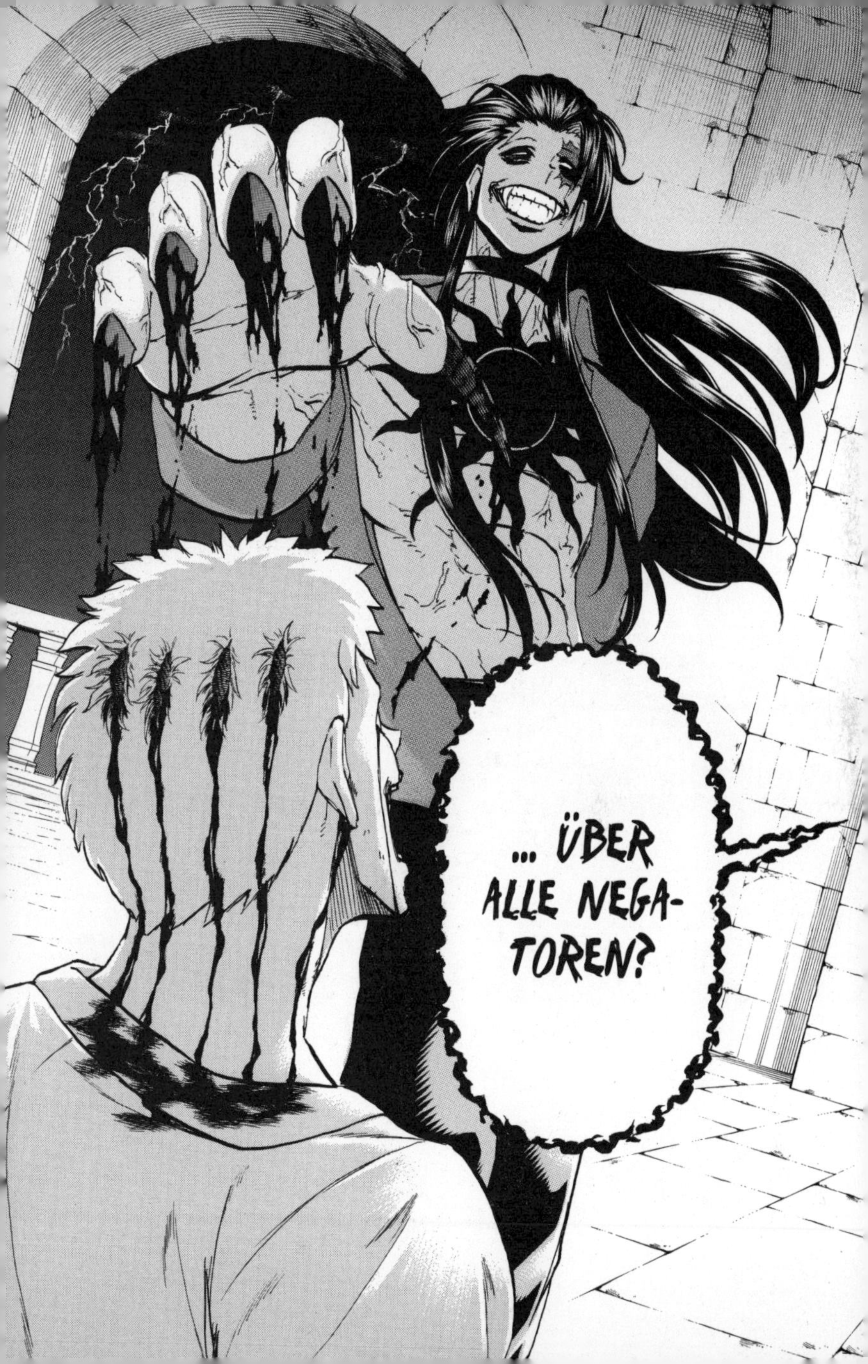
... ÜBER ALLE NEGA-TOREN?

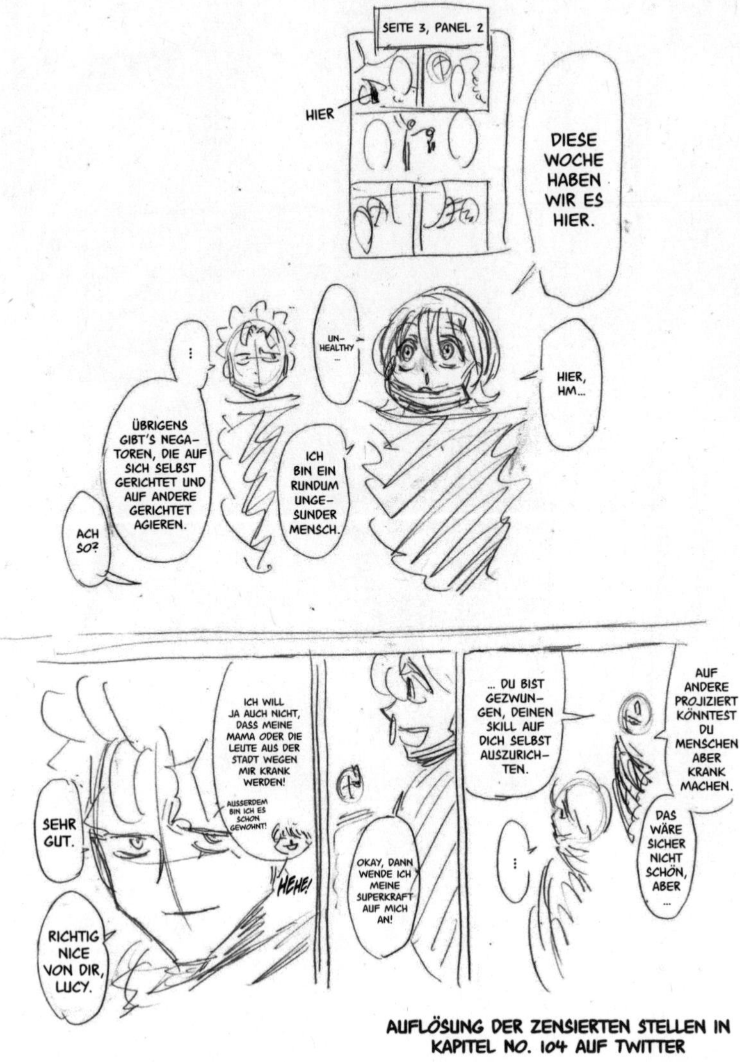

AUFLÖSUNG DER ZENSIERTEN STELLEN IN KAPITEL NO. 104 AUF TWITTER

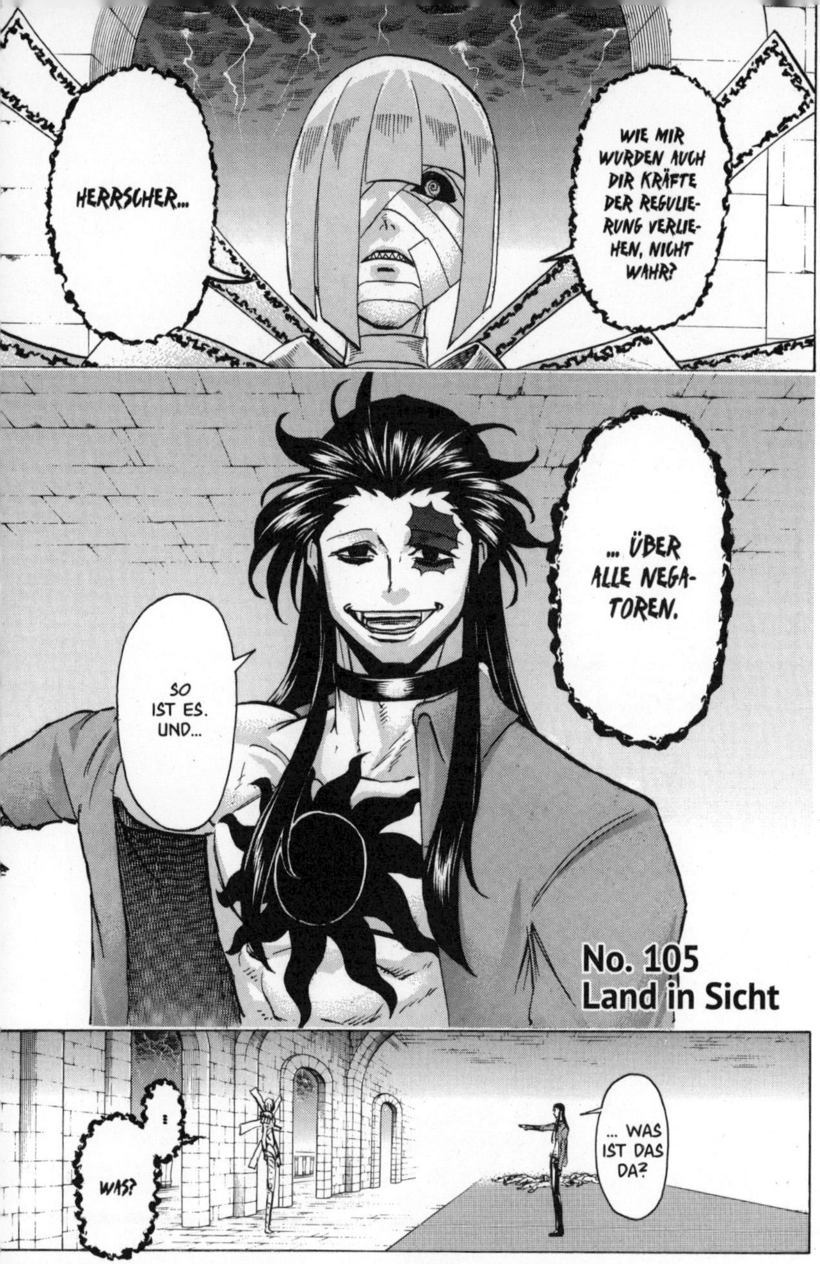

No. 105 Land in Sicht

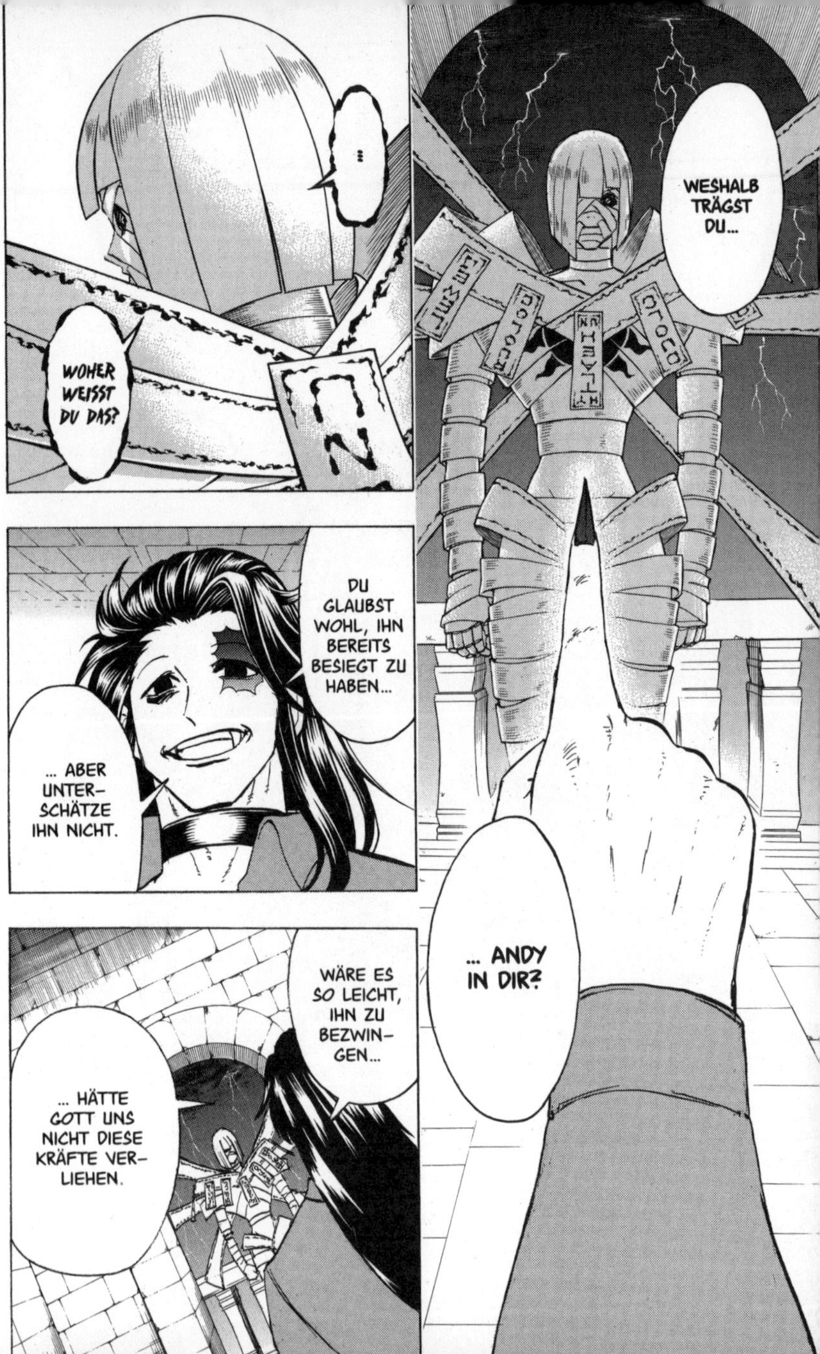
WESHALB TRÄGST DU...
... ANDY IN DIR?
...
WOHER WEISST DU DAS?
DU GLAUBST WOHL, IHN BEREITS BESIEGT ZU HABEN...
... ABER UNTER-SCHÄTZE IHN NICHT.
WÄRE ES SO LEICHT, IHN ZU BEZWIN-GEN...
... HÄTTE GOTT UNS NICHT DIESE KRÄFTE VER-LIEHEN.

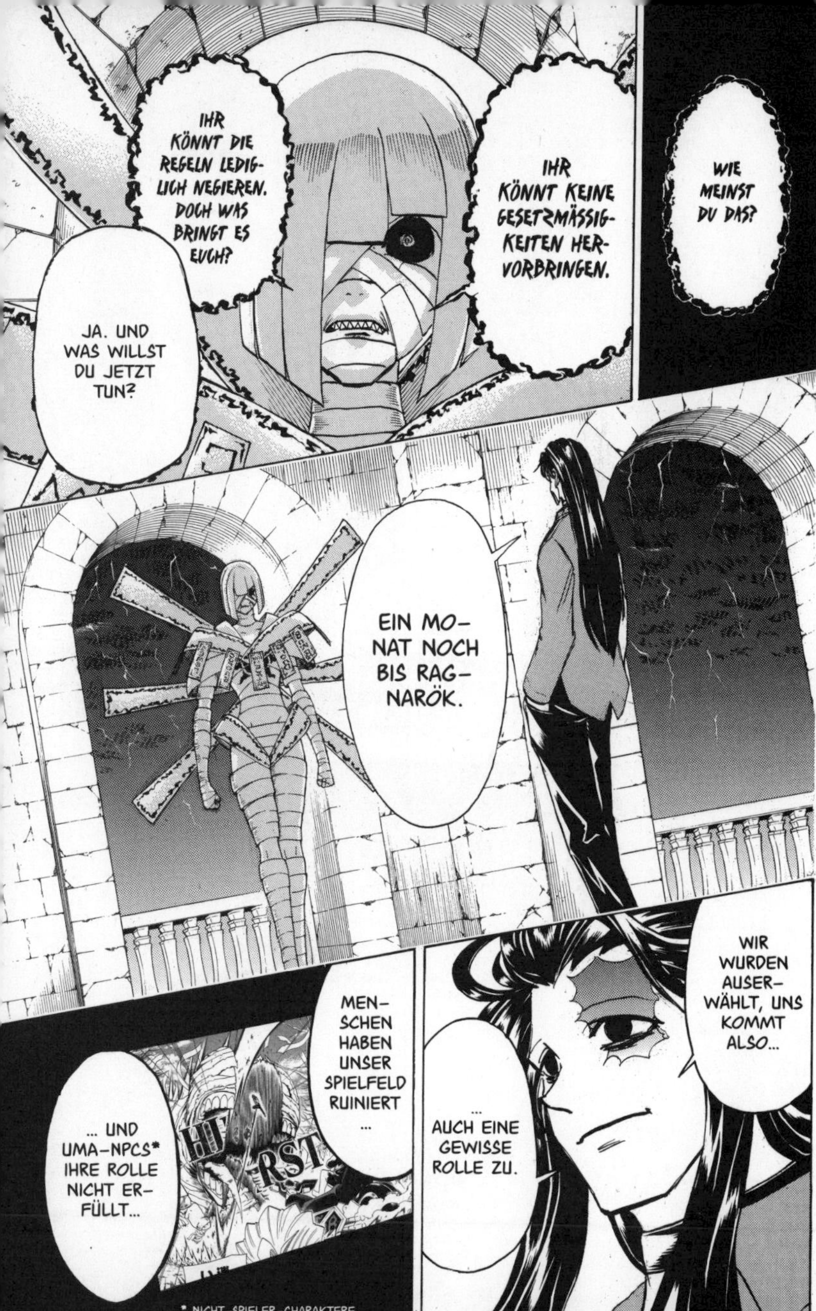

* NICHT-SPIELER-CHARAKTERE (ENGLISCH: NON-PLAYER CHARACTERS)

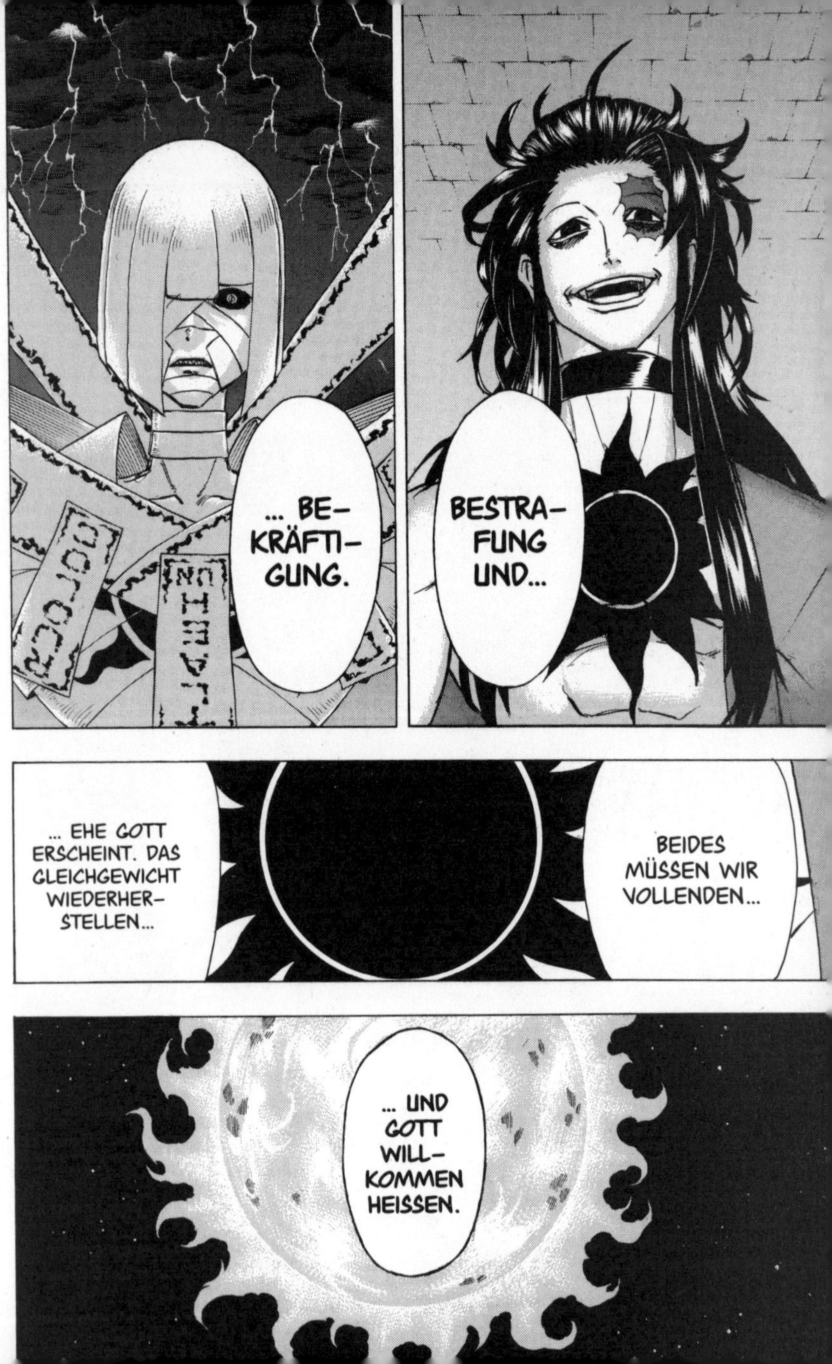
BESTRAFUNG UND...
... BEKRÄFTIGUNG.
BEIDES MÜSSEN WIR VOLLENDEN...
... EHE GOTT ERSCHEINT. DAS GLEICHGEWICHT WIEDERHERSTELLEN...
... UND GOTT WILLKOMMEN HEISSEN.

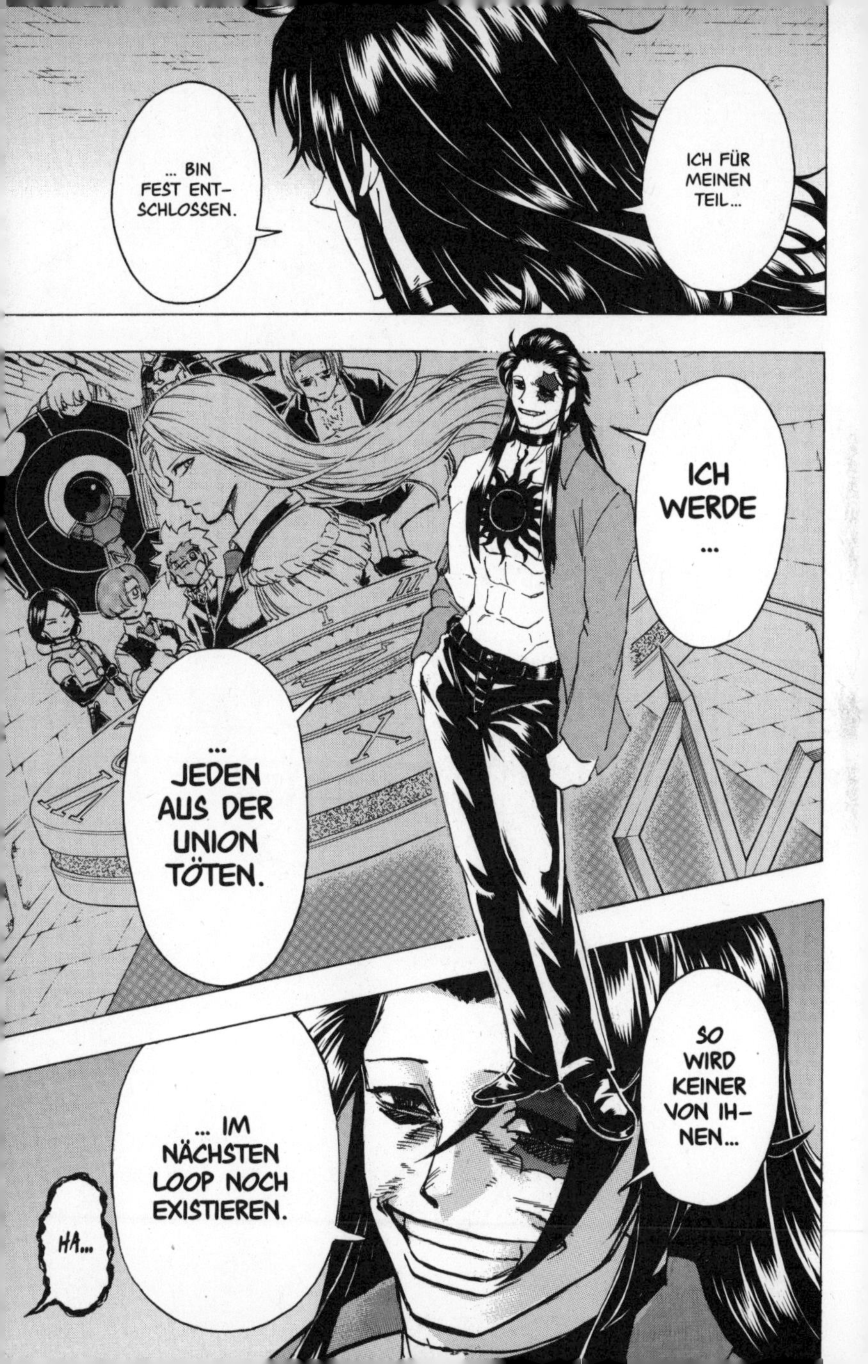
ICH FÜR MEINEN TEIL...
... BIN FEST ENT-SCHLOSSEN.
ICH WERDE ...
... JEDEN AUS DER UNION TÖTEN.
SO WIRD KEINER VON IH-NEN...
... IM NÄCHSTEN LOOP NOCH EXISTIEREN.
HA...

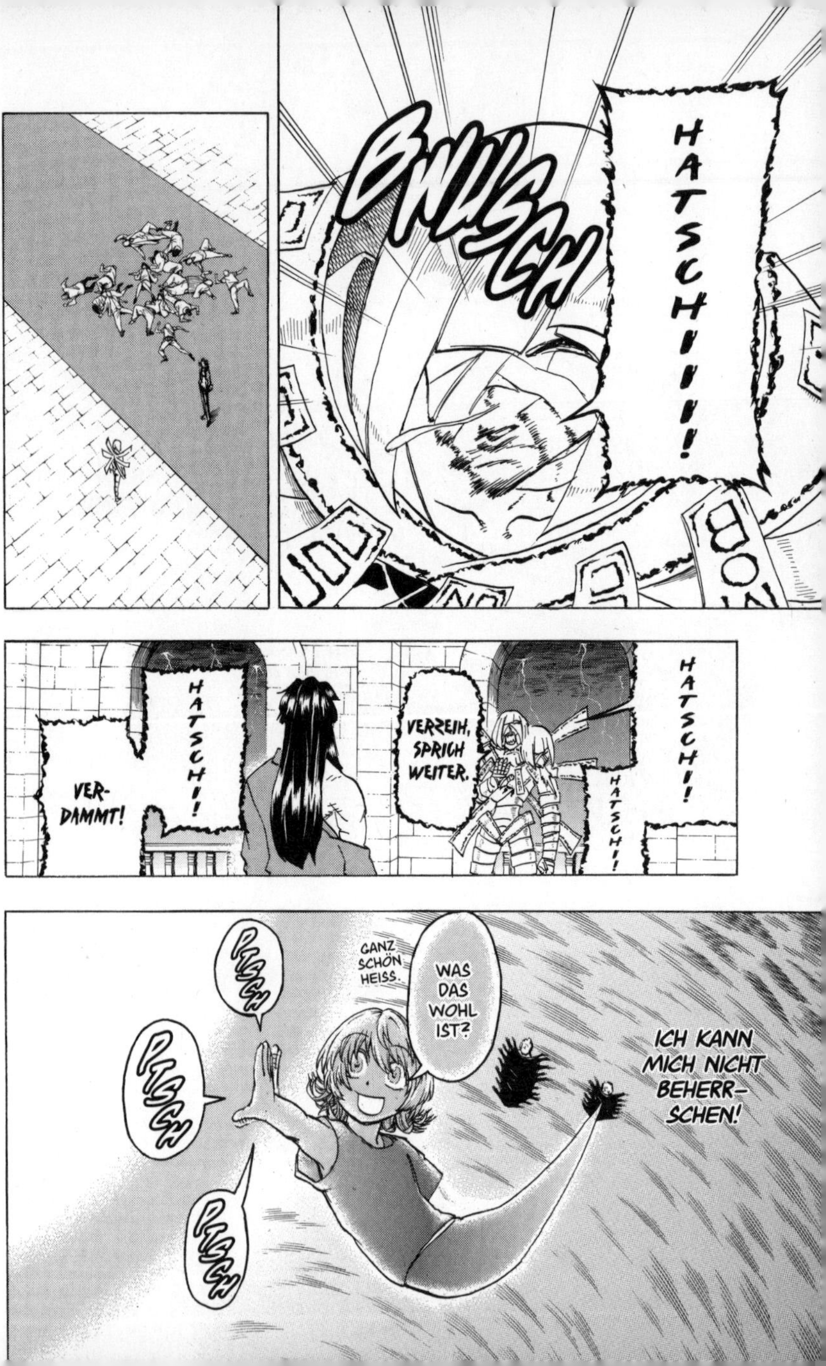
HATSCHIIIII!
BWUSCH
HATSCHI!
VER-DAMMT!
VERZEIH, SPRICH WEITER.
HATSCHI!
HATSCHI!
PISCH
GANZ SCHÖN HEISS.
WAS DAS WOHL IST?
PISCH
PISCH
ICH KANN MICH NICHT BEHERR-SCHEN!

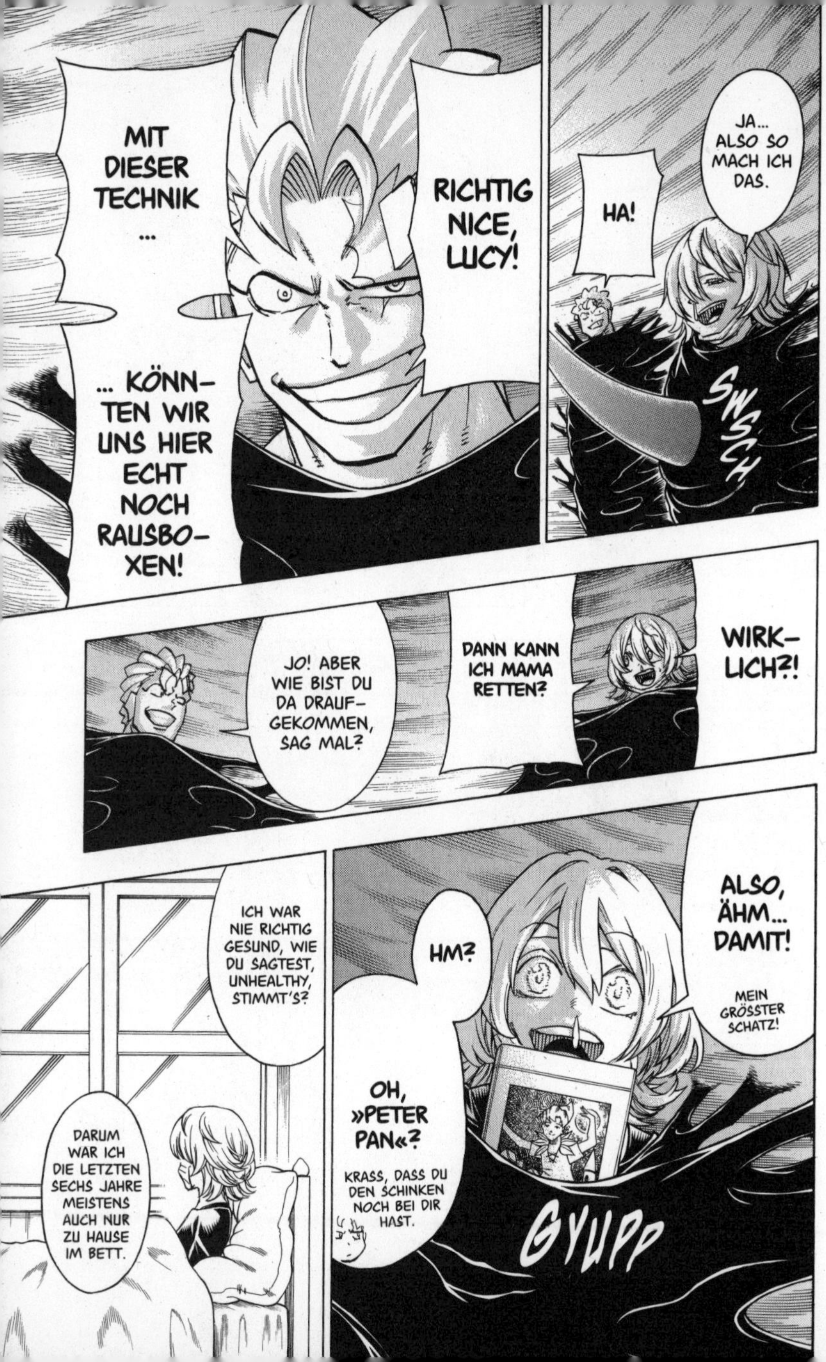
JA... ALSO SO MACH ICH DAS.
HA!
SWSCH
RICHTIG NICE, LUCY!
MIT DIESER TECHNIK ...
... KÖNN-TEN WIR UNS HIER ECHT NOCH RAUSBO-XEN!
WIRK-LICH?!
DANN KANN ICH MAMA RETTEN?
JO! ABER WIE BIST DU DA DRAUF-GEKOMMEN, SAG MAL?
ALSO, ÄHM... DAMIT!
MEIN GRÖSSTER SCHATZ!
HM?
GYUPP
OH, »PETER PAN«?
KRASS, DASS DU DEN SCHINKEN NOCH BEI DIR HAST.
ICH WAR NIE RICHTIG GESUND, WIE DU SAGTEST, UNHEALTHY, STIMMT'S?
DARUM WAR ICH DIE LETZTEN SECHS JAHRE MEISTENS AUCH NUR ZU HAUSE IM BETT.

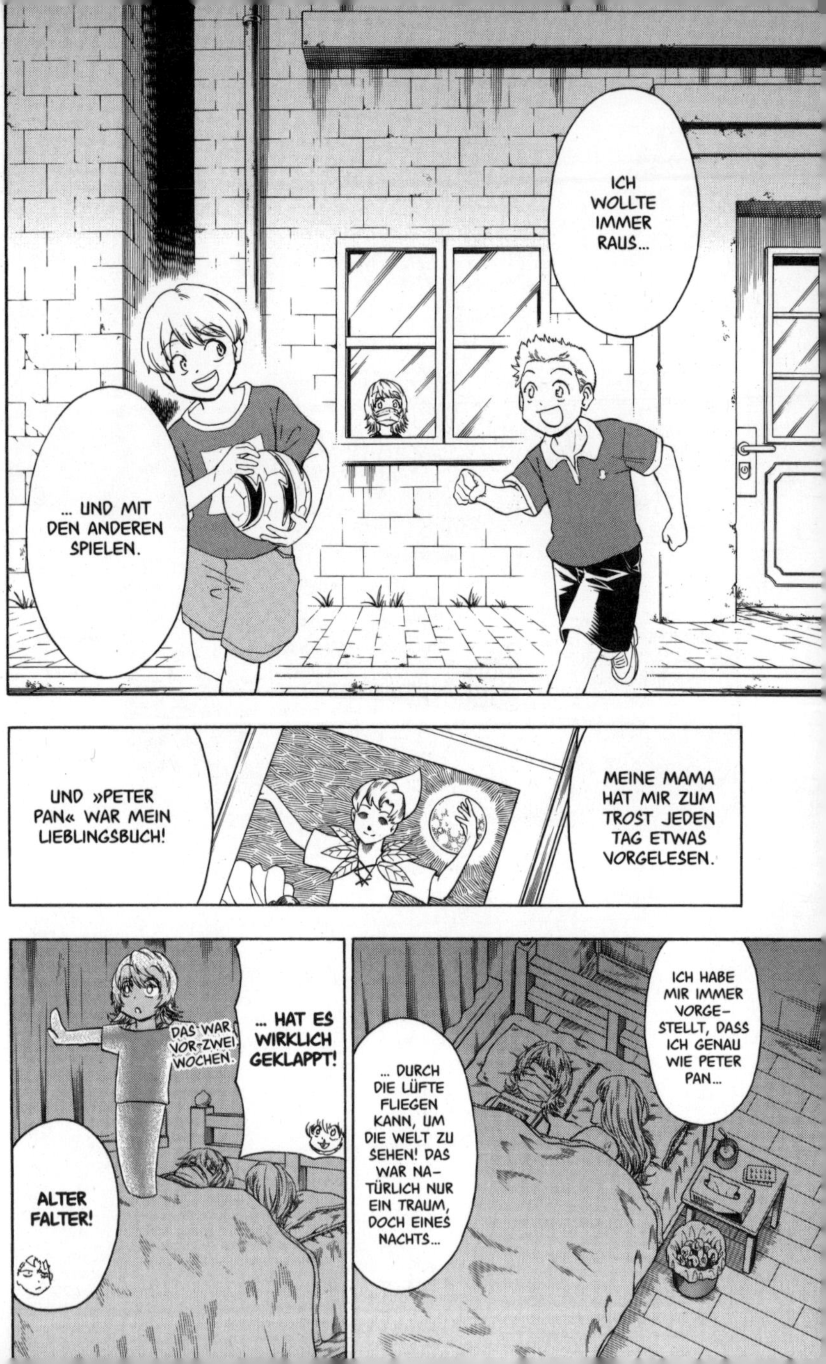
ICH WOLLTE IMMER RAUS...
... UND MIT DEN ANDEREN SPIELEN.
MEINE MAMA HAT MIR ZUM TROST JEDEN TAG ETWAS VORGELESEN.
UND »PETER PAN« WAR MEIN LIEBLINGSBUCH!
ICH HABE MIR IMMER VORGESTELLT, DASS ICH GENAU WIE PETER PAN...
... DURCH DIE LÜFTE FLIEGEN KANN, UM DIE WELT ZU SEHEN! DAS WAR NATÜRLICH NUR EIN TRAUM, DOCH EINES NACHTS...
... HAT ES WIRKLICH GEKLAPPT!
DAS WAR VOR ZWEI WOCHEN.
ALTER FALTER!

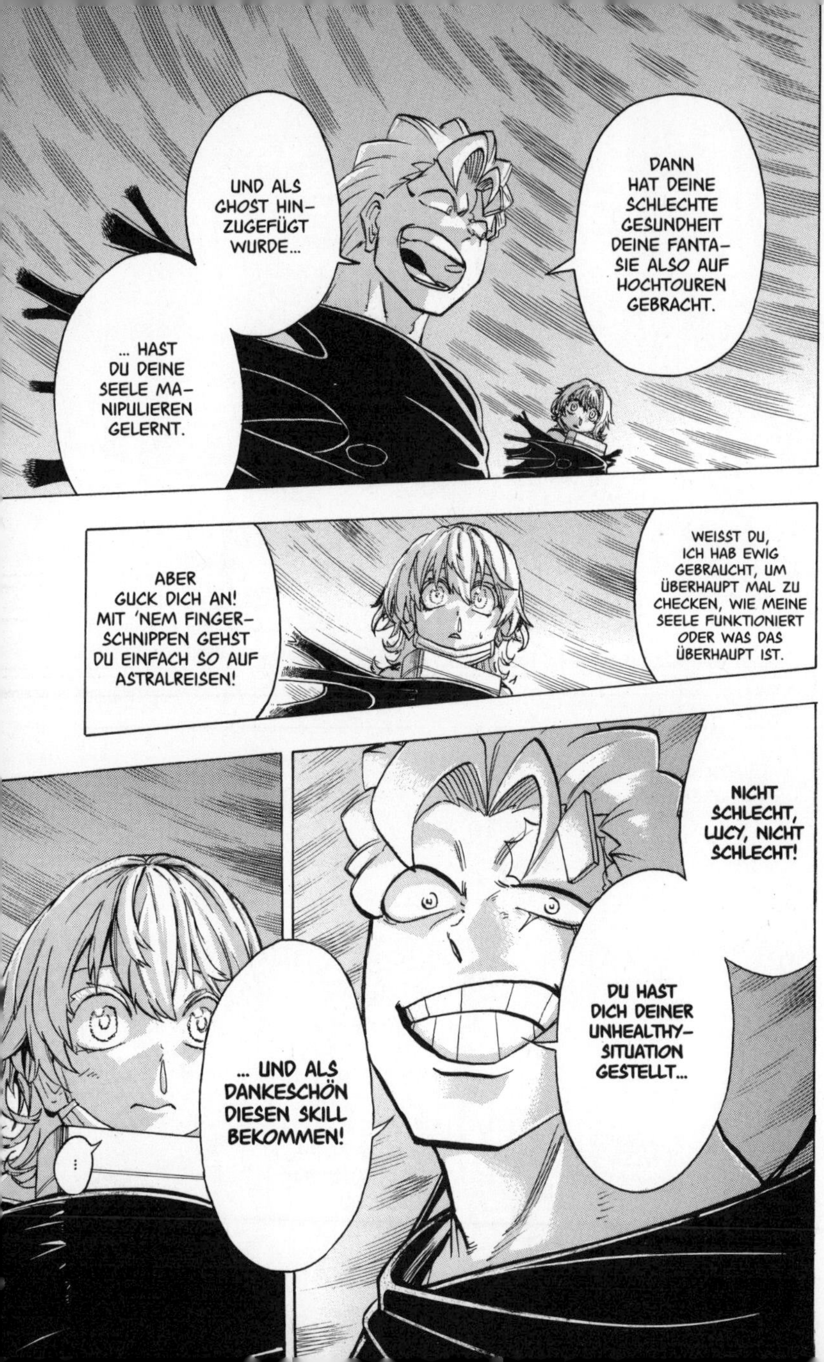
DANN HAT DEINE SCHLECHTE GESUNDHEIT DEINE FANTASIE ALSO AUF HOCHTOUREN GEBRACHT.
UND ALS GHOST HINZUGEFÜGT WURDE…
… HAST DU DEINE SEELE MANIPULIEREN GELERNT.
WEISST DU, ICH HAB EWIG GEBRAUCHT, UM ÜBERHAUPT MAL ZU CHECKEN, WIE MEINE SEELE FUNKTIONIERT ODER WAS DAS ÜBERHAUPT IST.
ABER GUCK DICH AN! MIT 'NEM FINGERSCHNIPPEN GEHST DU EINFACH SO AUF ASTRALREISEN!
NICHT SCHLECHT, LUCY, NICHT SCHLECHT!
DU HAST DICH DEINER UNHEALTHY-SITUATION GESTELLT…
… UND ALS DANKESCHÖN DIESEN SKILL BEKOMMEN!
…

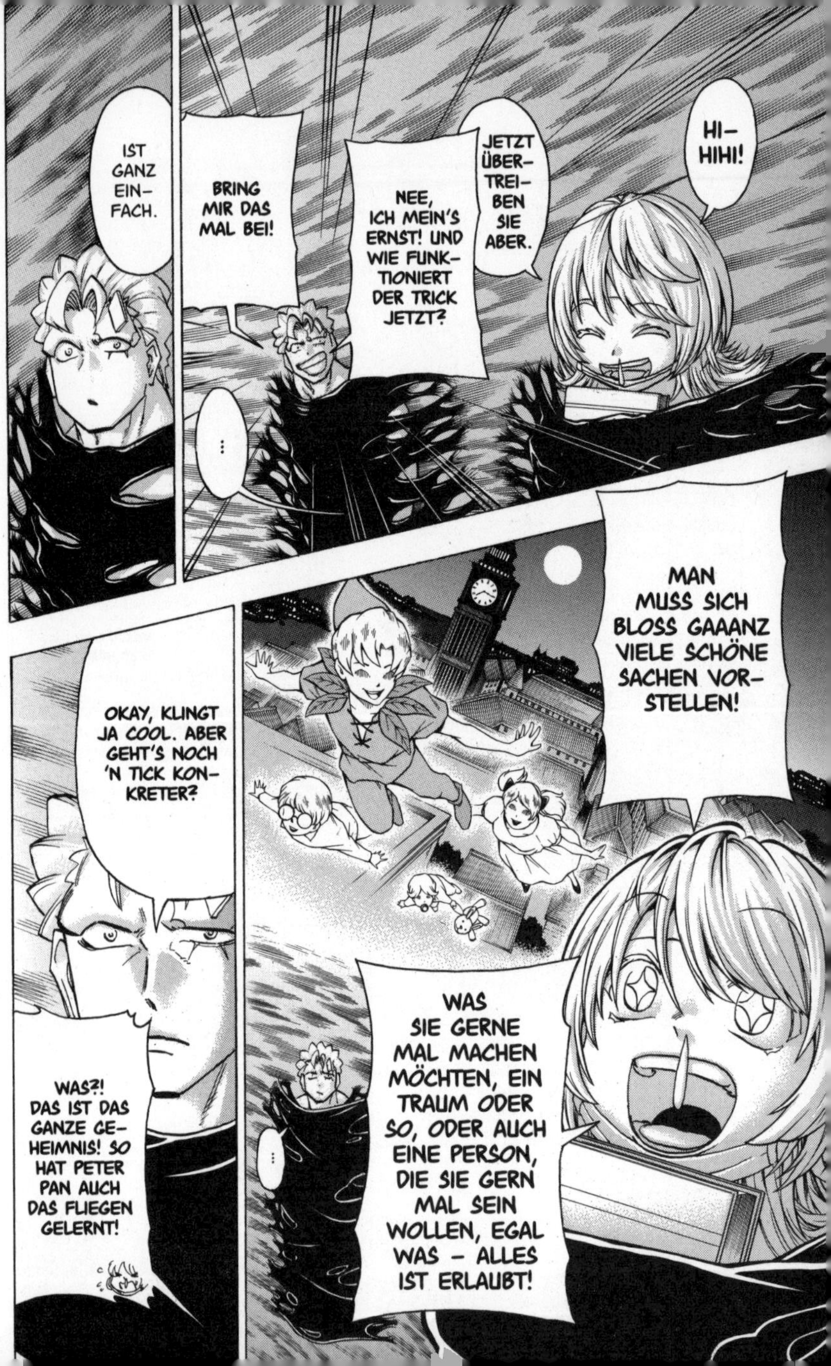
HI-HIHI!
JETZT ÜBERTREIBEN SIE ABER.
NEE, ICH MEIN'S ERNST! UND WIE FUNKTIONIERT DER TRICK JETZT?
BRING MIR DAS MAL BEI!
...
IST GANZ EINFACH.
MAN MUSS SICH BLOSS GAAANZ VIELE SCHÖNE SACHEN VORSTELLEN!
OKAY, KLINGT JA COOL. ABER GEHT'S NOCH 'N TICK KONKRETER?
WAS SIE GERNE MAL MACHEN MÖCHTEN, EIN TRAUM ODER SO, ODER AUCH EINE PERSON, DIE SIE GERN MAL SEIN WOLLEN, EGAL WAS – ALLES IST ERLAUBT!
...
WAS?! DAS IST DAS GANZE GEHEIMNIS! SO HAT PETER PAN AUCH DAS FLIEGEN GELERNT!

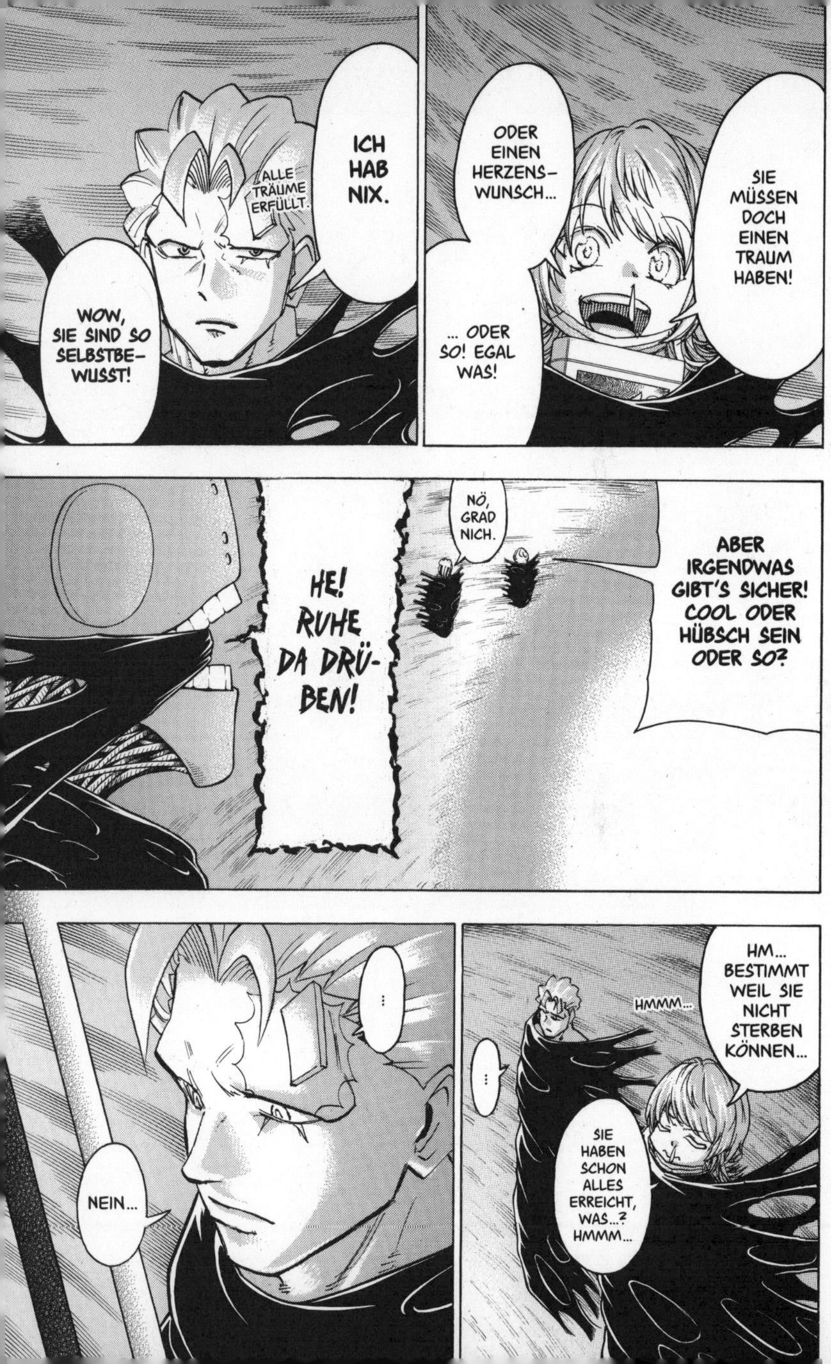

SIE MÜSSEN DOCH EINEN TRAUM HABEN!
ODER EINEN HERZENSWUNSCH...
... ODER SO! EGAL WAS!
ICH HAB NIX.
ALLE TRÄUME ERFÜLLT.
WOW, SIE SIND SO SELBSTBEWUSST!
ABER IRGENDWAS GIBT'S SICHER! COOL ODER HÜBSCH SEIN ODER SO?
NÖ, GRAD NICH.
HE! RUHE DA DRÜBEN!
HM... BESTIMMT WEIL SIE NICHT STERBEN KÖNNEN...
HMMM...
...
SIE HABEN SCHON ALLES ERREICHT, WAS...? HMMM...
...
NEIN...

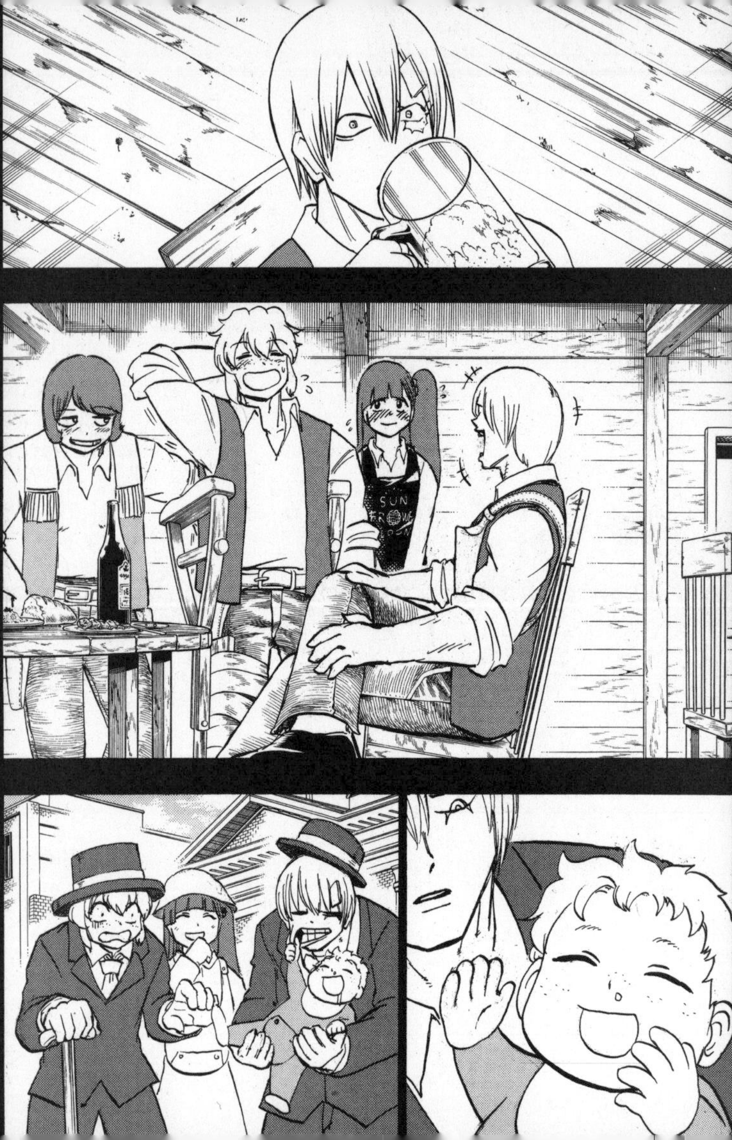

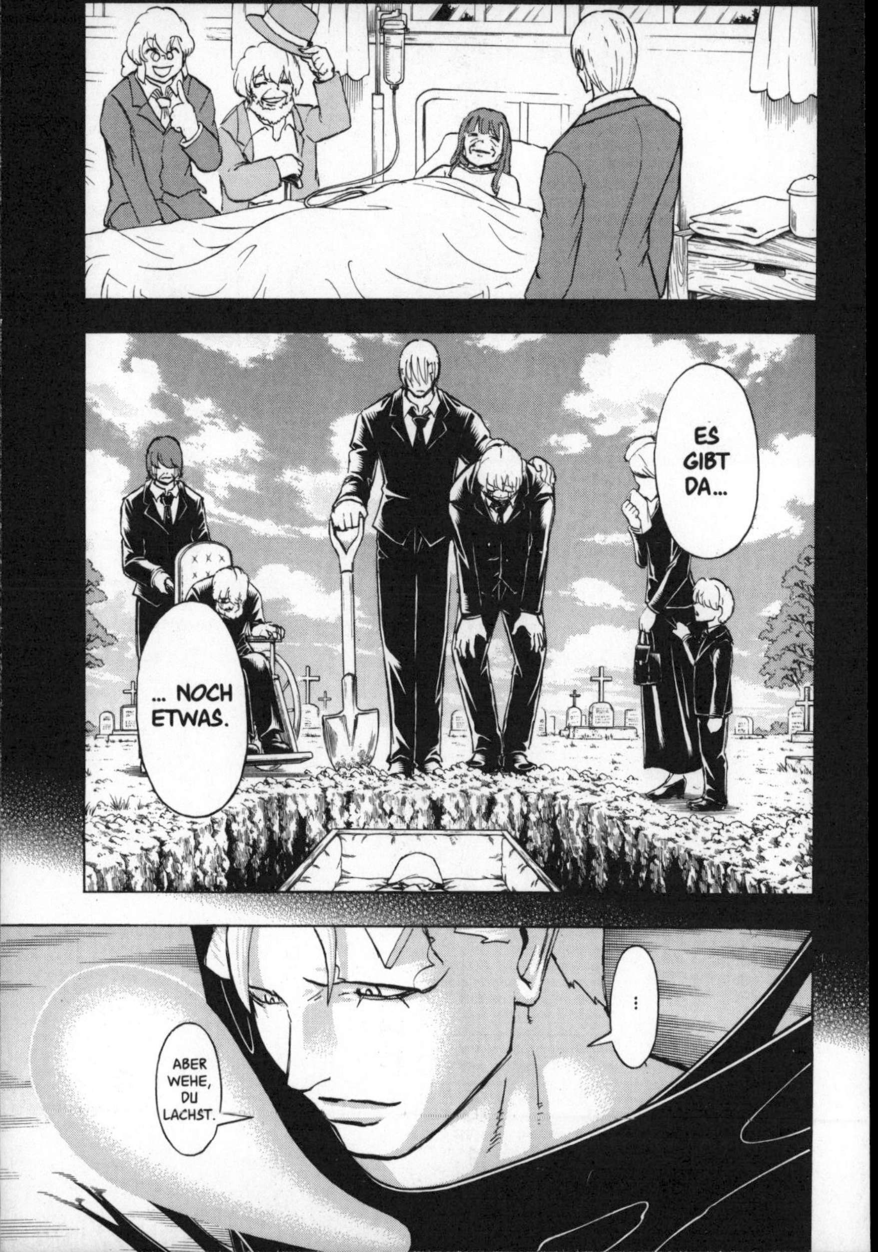
ES GIBT DA...
... NOCH ETWAS.
...
ABER WEHE, DU LACHST.

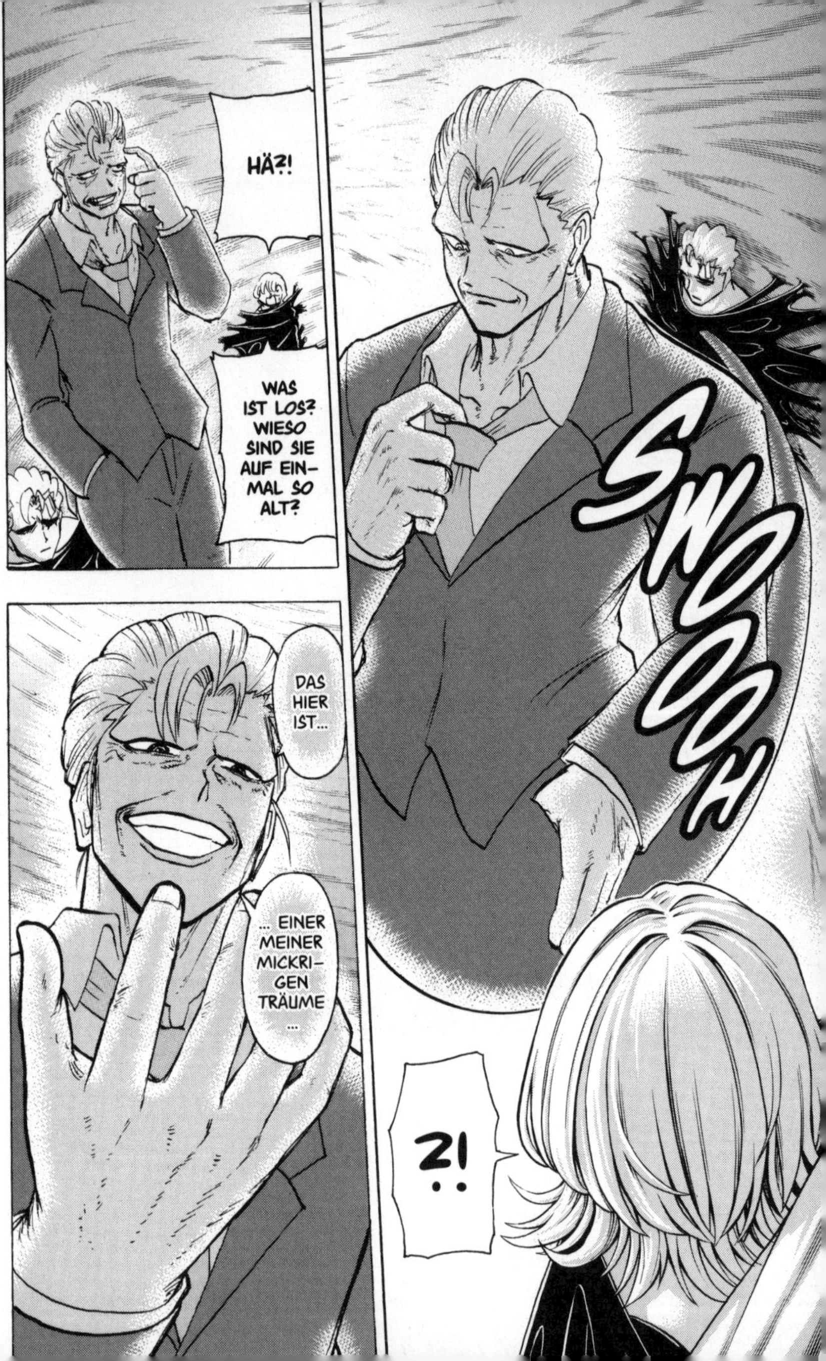
HÄ?!
WAS IST LOS? WIESO SIND SIE AUF EIN-MAL SO ALT?
SWOOOH
DAS HIER IST...
... EINER MEINER MICKRI-GEN TRÄUME ...
?!

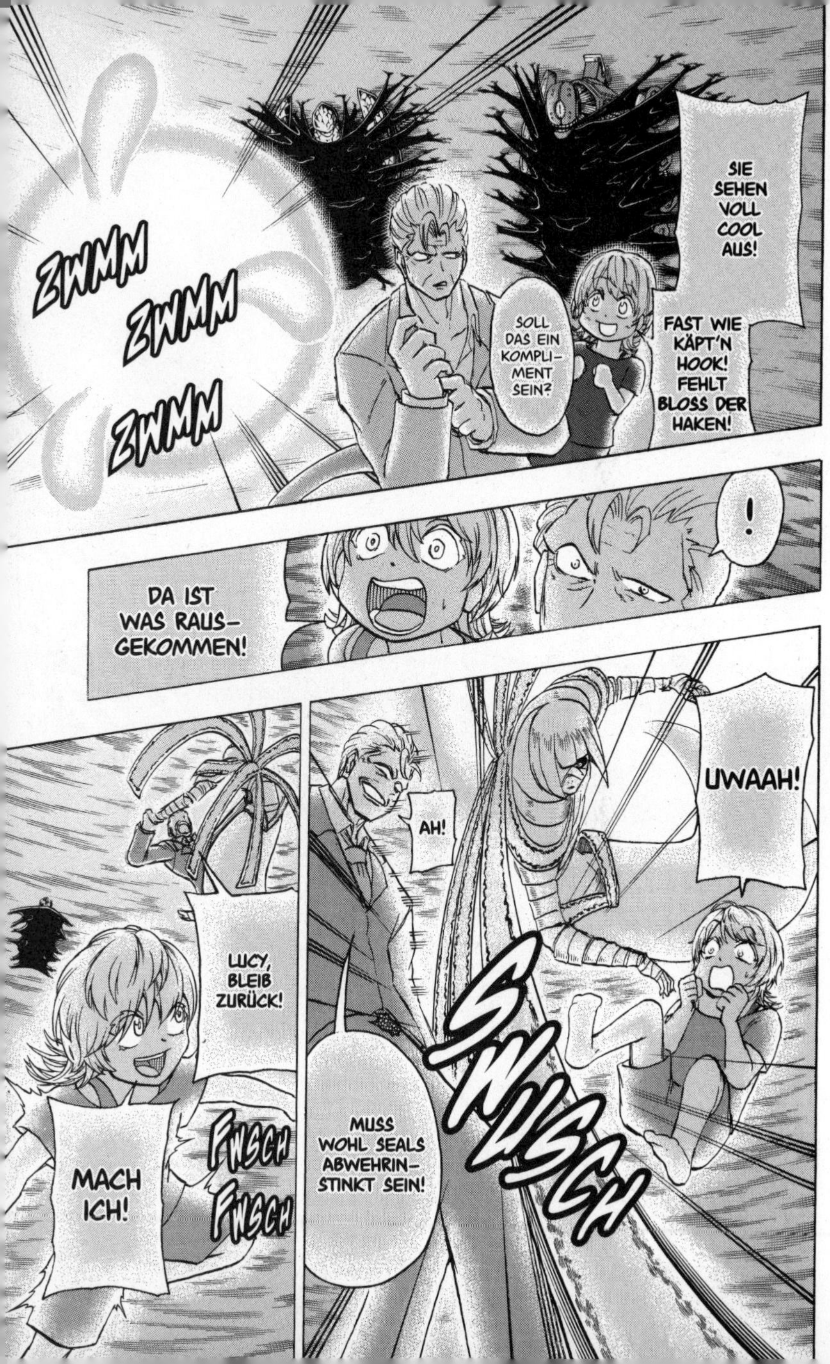

SIE SEHEN VOLL COOL AUS!
FAST WIE KÄPT'N HOOK! FEHLT BLOSS DER HAKEN!
SOLL DAS EIN KOMPLIMENT SEIN?
ZWMM
ZWMM
ZWMM
!
DA IST WAS RAUSGEKOMMEN!
UWAAH!
AH!
LUCY, BLEIB ZURÜCK!
SWUSCH
MUSS WOHL SEALS ABWEHRINSTINKT SEIN!
FWSCH
FWSCH
MACH ICH!

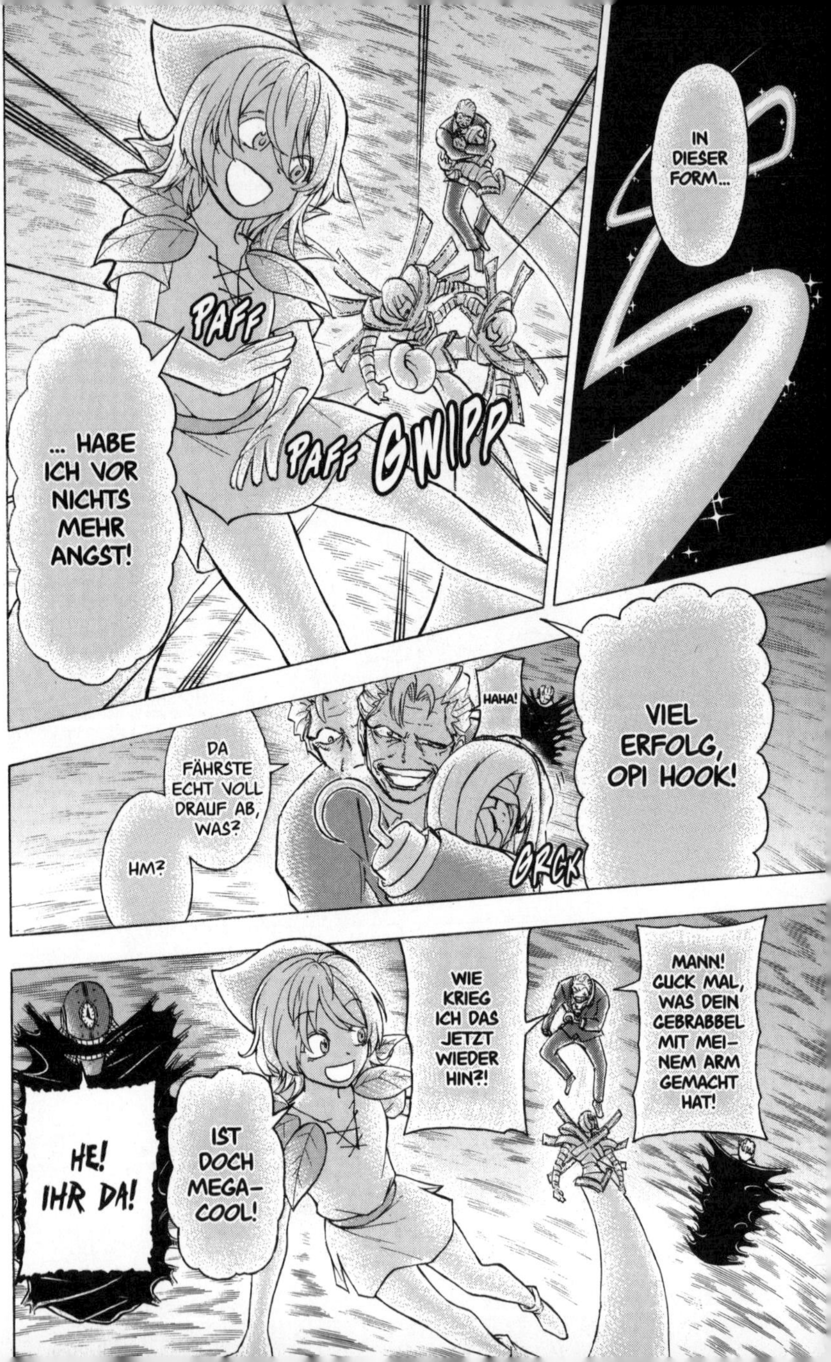
IN DIESER FORM...
... HABE ICH VOR NICHTS MEHR ANGST!
PAFF
PAFF
GWIPP
VIEL ERFOLG, OPI HOOK!
HAHA!
DA FÄHRSTE ECHT VOLL DRAUF AB, WAS?
HM?
GRCK
MANN! GUCK MAL, WAS DEIN GEBRABBEL MIT MEI-NEM ARM GEMACHT HAT!
WIE KRIEG ICH DAS JETZT WIEDER HIN?!
IST DOCH MEGA-COOL!
HE! IHR DA!

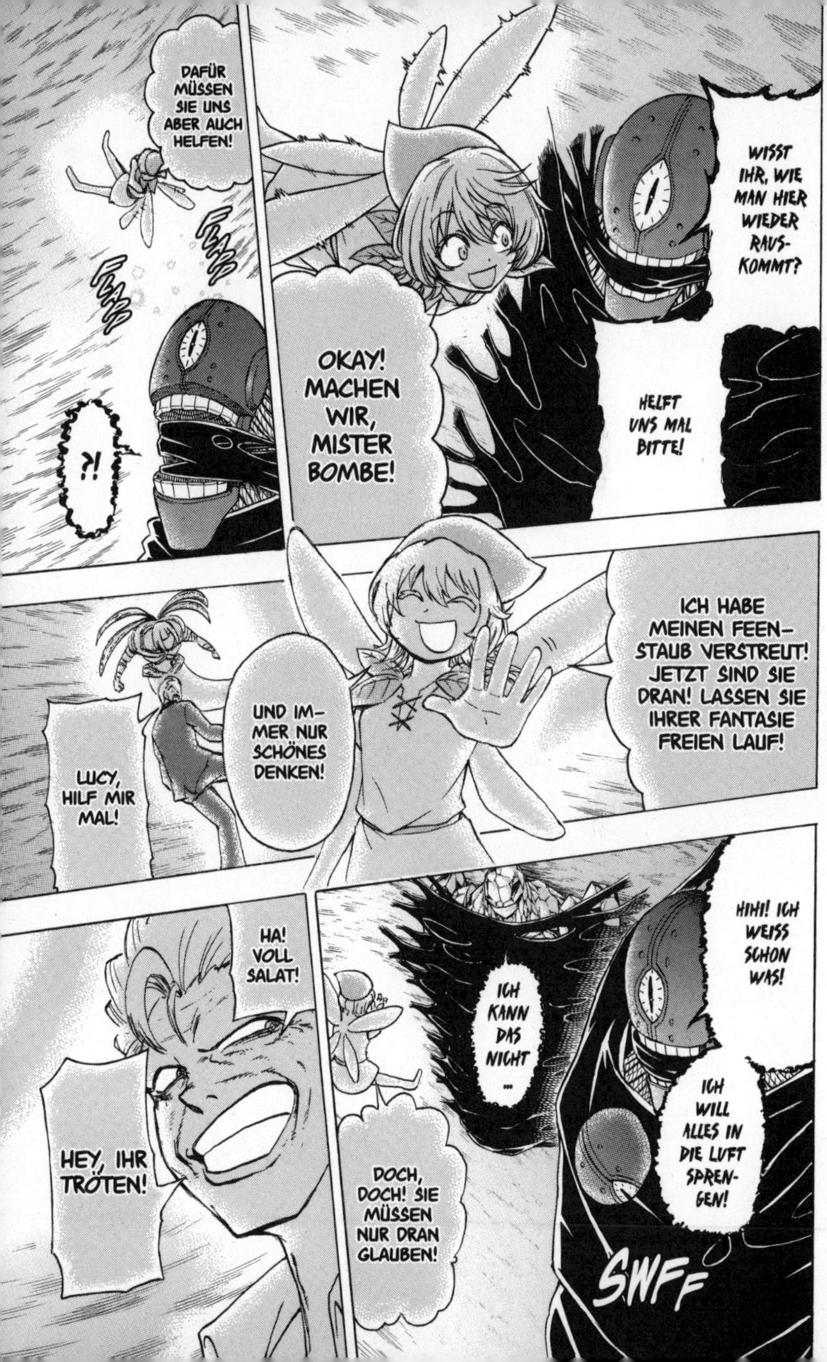
WISST IHR, WIE MAN HIER WIEDER RAUS-KOMMT?
HELFT UNS MAL BITTE!
OKAY! MACHEN WIR, MISTER BOMBE!
DAFÜR MÜSSEN SIE UNS ABER AUCH HELFEN!
?!
ICH HABE MEINEN FEEN-STAUB VERSTREUT! JETZT SIND SIE DRAN! LASSEN SIE IHRER FANTASIE FREIEN LAUF!
UND IM-MER NUR SCHÖNES DENKEN!
LUCY, HILF MIR MAL!
HIHI! ICH WEISS SCHON WAS!
ICH WILL ALLES IN DIE LUFT SPREN-GEN!
ICH KANN DAS NICHT …
DOCH, DOCH! SIE MÜSSEN NUR DRAN GLAUBEN!
SWFF
HA! VOLL SALAT!
HEY, IHR TRÖTEN!

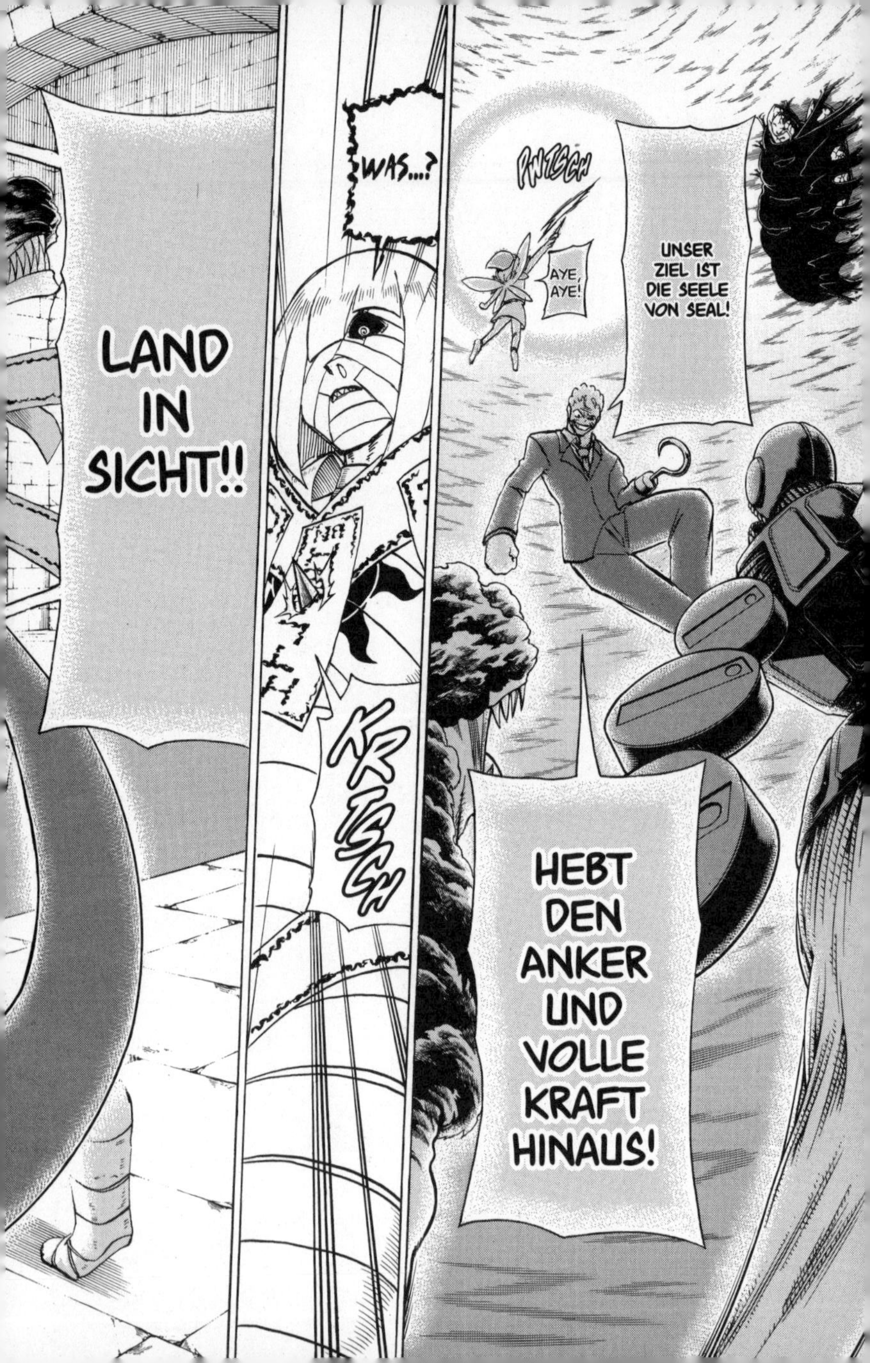
UNSER ZIEL IST DIE SEELE VON SEAL!
PWTSCH
AYE, AYE!
HEBT DEN ANKER UND VOLLE KRAFT HINAUS!
WAS...?
KRTSCH
LAND IN SICHT!!

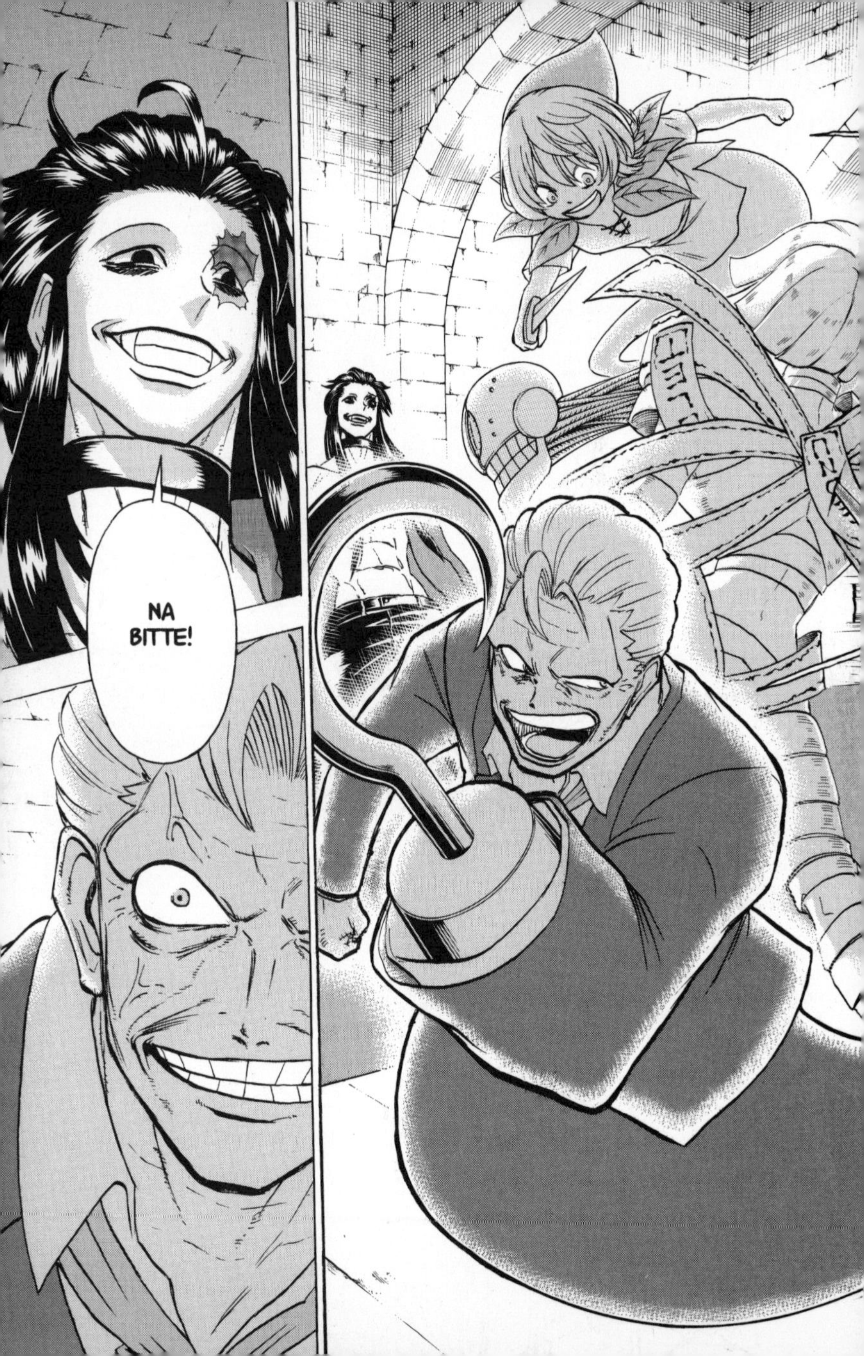
NA
BITTE!

LUCY

ALTER:	10
GRÖSSE:	IN LETZTER ZEIT NICHT GEMESSEN, DAHER SCHWER ZU SAGEN
GEWICHT:	MAMA SAGT, ICH SEI INZWISCHEN ERWACHSEN
HOBBYS:	ASTRALKÖRPERSPAZIERGÄNGE UND BÜCHERLESEN
BESONDERE FÄHIGKEIT:	IN IHREN ASTRALKÖRPER WECHSELN
WAS SIE MAG:	MAMAS REISBREI
GABE:	UNHEALTHY AUF SICH SELBST AUSGERICHTETER TYPUS

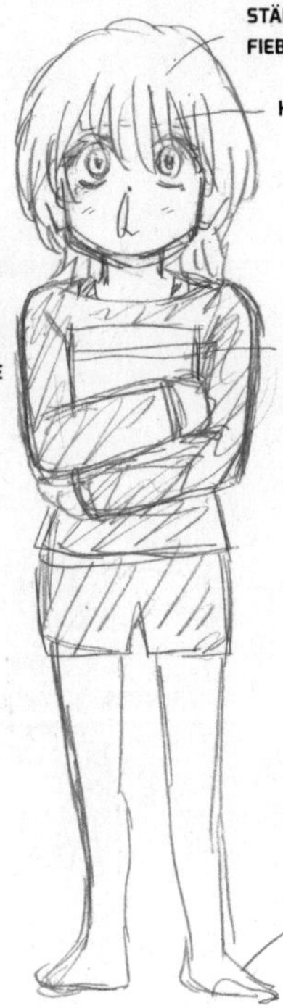

SIE NEGIERT IHRE EIGENE KÖRPERLICHE GESUNDHEIT UND HEBT SIE SOMIT AUF. DA IHRE MUTTER SICH LIEBEVOLL UM SIE KÜMMERT, LEIDET SIE GLÜCKLICHERWEISE AN KEINEN SCHWEREN ERKRANKUNGEN, DOCH DA SIE HÄUFIG ERKÄLTET IST UND HUSTEN BEKOMMT, SIND IHR HALS UND IHRE LUFTRÖHRE SEHR GEREIZT UND TUN MITUNTER WEH, ÄHNLICH WIE BEI ASTHMA. SEIT UMA GHOST ZUR WELT HINZUGEFÜGT WURDE, MERKT LUCY, DASS IHRE TÄGLICHEN FANTASIEREISEN RUND UM IHR LIEBLINGSBUCH »PETER PAN« WOHL DOCH ZU ETWAS GUT SIND. ZUM ERSTEN MAL GELINGEN IHR ASTRALREISEN UND SIE KANN IHREN KÖRPER MITHILFE DER SEELE VERLASSEN. DARIN SCHEINT DIESE NEGATORENFÄHIGKEIT ZU SCHLUMMERN. INDEM LUCY IHREN KÖRPER FÜR KURZE ZEIT VERLÄSST UND DANACH WIEDER AUSGERUHT IN IHN ZURÜCKKEHRT, HAT SIE EINE GEHEIME TECHNIK GEFUNDEN, MIT DER SIE WIEDER ETWAS KRAFT UND GESUNDHEIT ZURÜCKERLANGEN KANN.

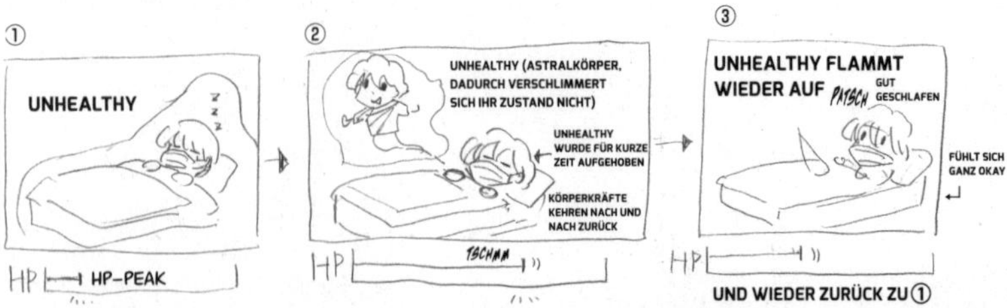

No. 106
Die Regeln der Menschen

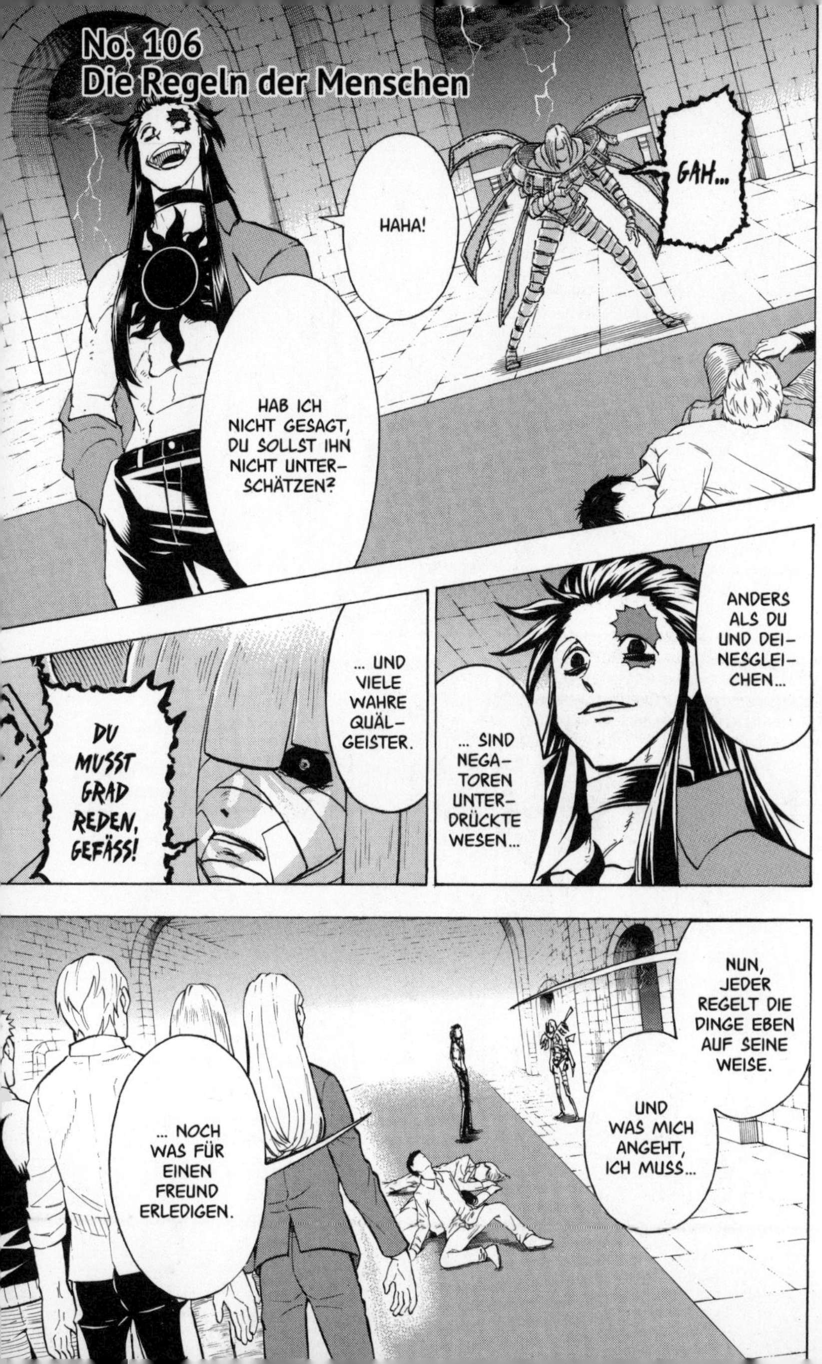

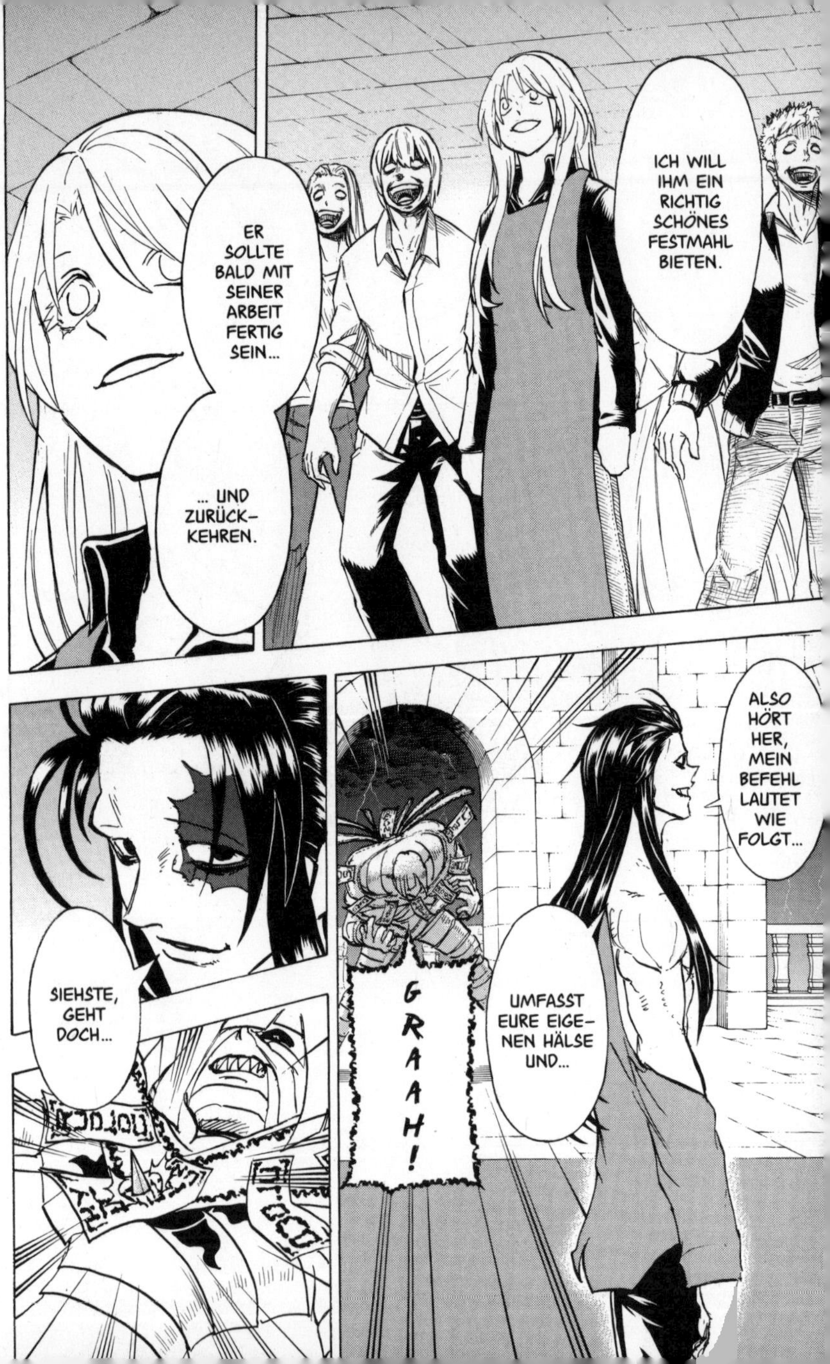
ICH WILL IHM EIN RICHTIG SCHÖNES FESTMAHL BIETEN.
ER SOLLTE BALD MIT SEINER ARBEIT FERTIG SEIN…
… UND ZURÜCK-KEHREN.
ALSO HÖRT HER, MEIN BEFEHL LAUTET WIE FOLGT…
UMFASST EURE EIGE-NEN HÄLSE UND…
GRAAAH!
SIEHSTE, GEHT DOCH…

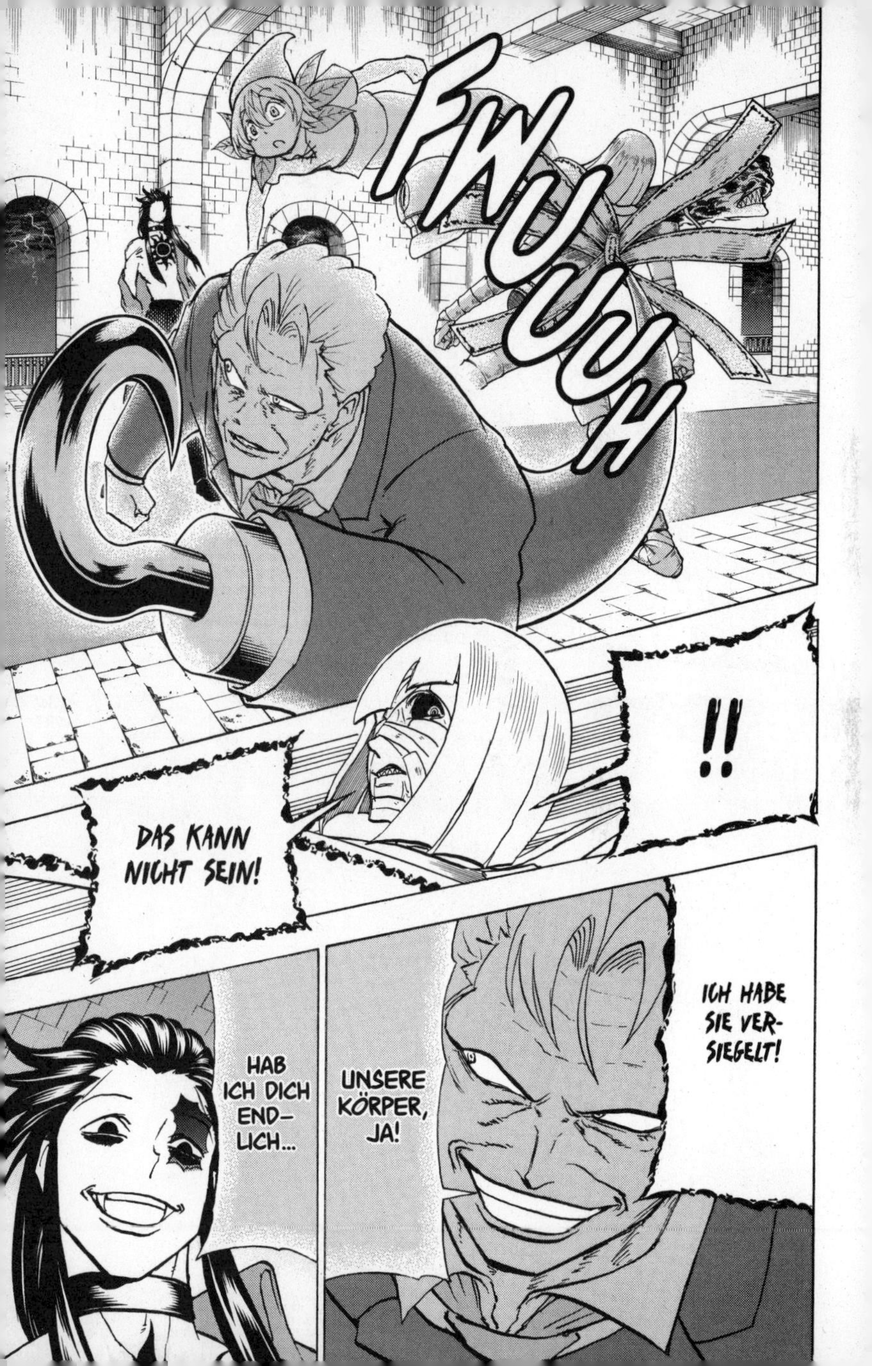

FWUUUUH
!!
DAS KANN NICHT SEIN!
ICH HABE SIE VER-SIEGELT!
UNSERE KÖRPER, JA!
HAB ICH DICH END-LICH...

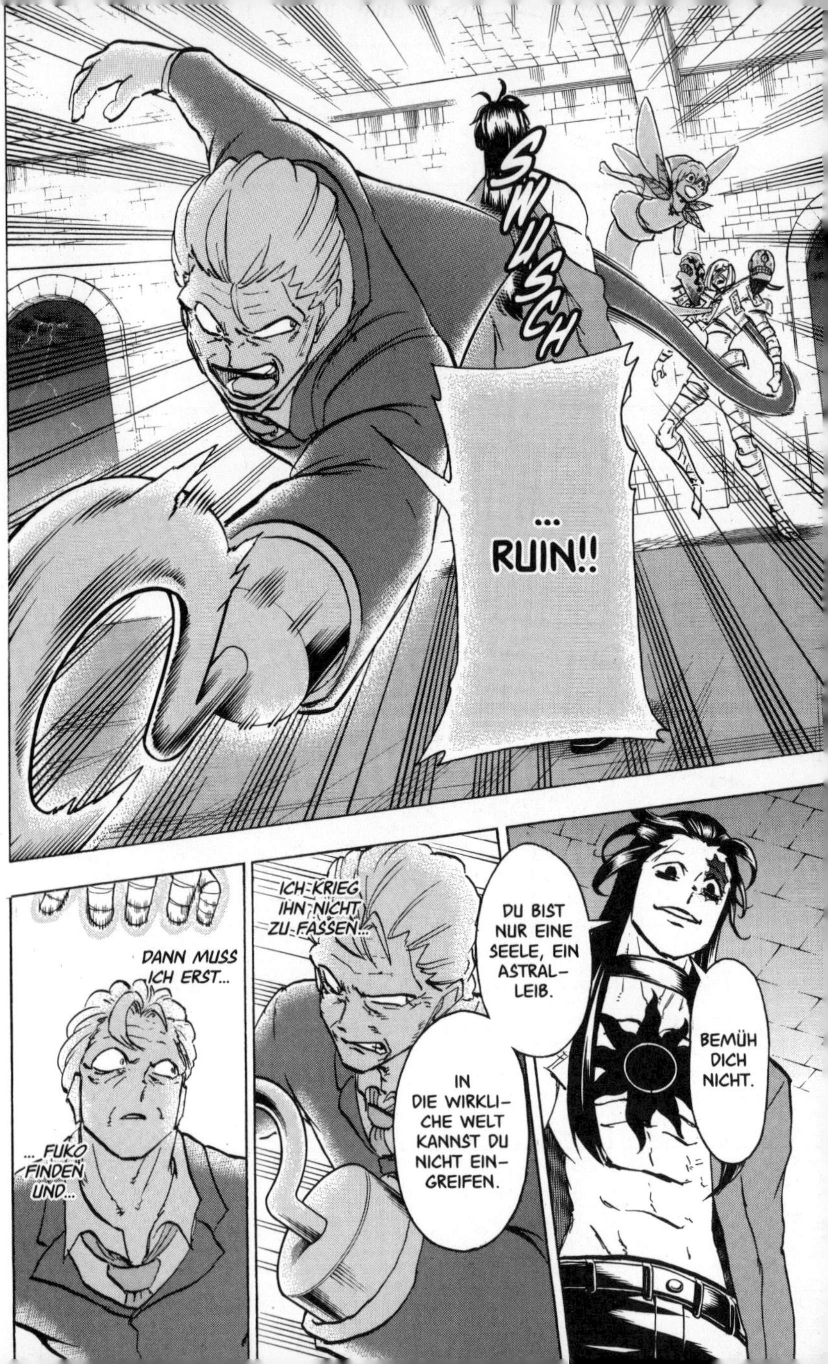

SWUSCH
... RUIN!!
BEMÜH DICH NICHT.
DU BIST NUR EINE SEELE, EIN ASTRAL-LEIB.
IN DIE WIRKLICHE WELT KANNST DU NICHT EIN-GREIFEN.
ICH KRIEG IHN NICHT ZU FASSEN...
DANN MUSS ICH ERST...
... FUKO FINDEN UND...

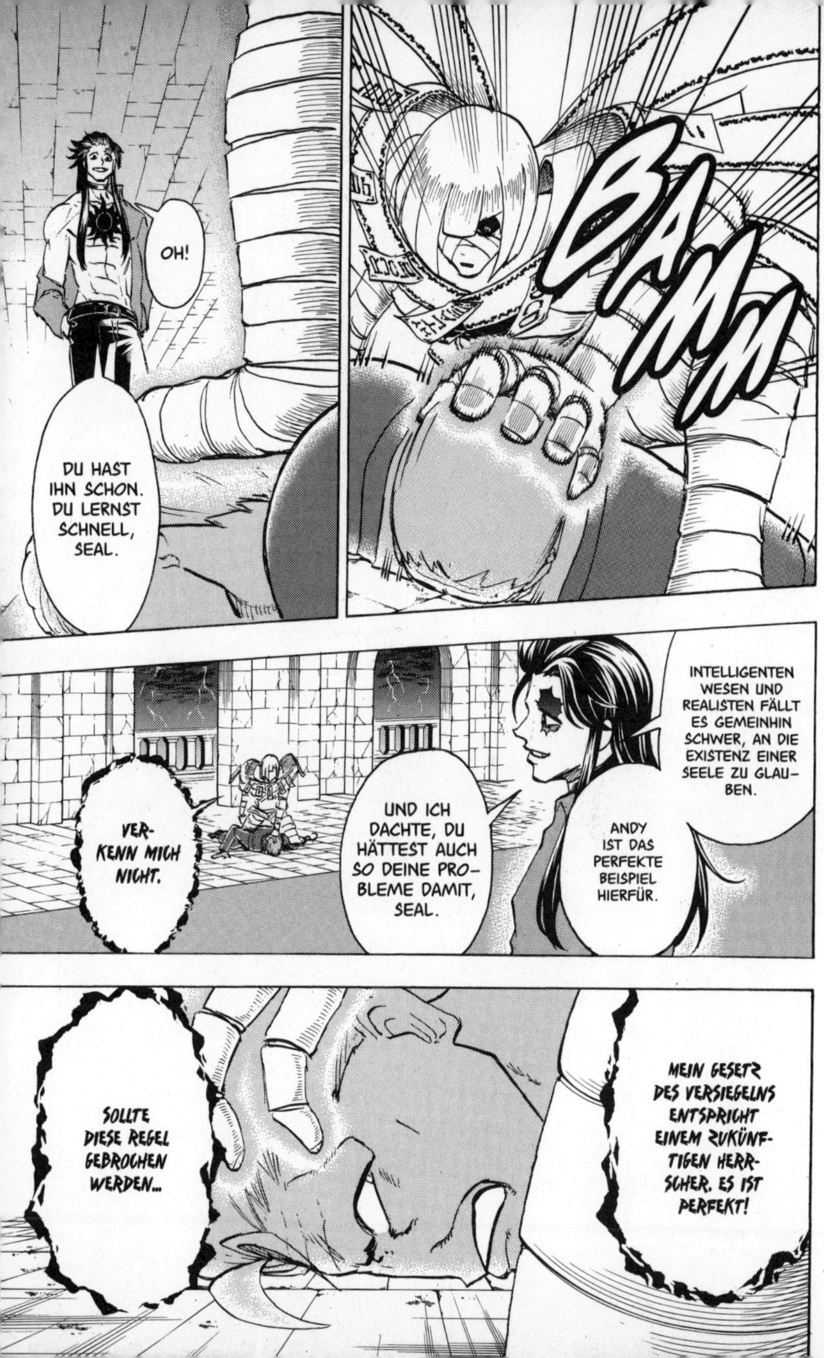
BAMM
OH!
DU HAST IHN SCHON. DU LERNST SCHNELL, SEAL.
INTELLIGENTEN WESEN UND REALISTEN FÄLLT ES GEMEINHIN SCHWER, AN DIE EXISTENZ EINER SEELE ZU GLAU- BEN.
ANDY IST DAS PERFEKTE BEISPIEL HIERFÜR.
UND ICH DACHTE, DU HÄTTEST AUCH SO DEINE PRO- BLEME DAMIT, SEAL.
VER- KENN MICH NICHT.
MEIN GESETZ DES VERSIEGELNS ENTSPRICHT EINEM ZUKÜNF- TIGEN HERR- SCHER. ES IST PERFEKT!
SOLLTE DIESE REGEL GEBROCHEN WERDEN...

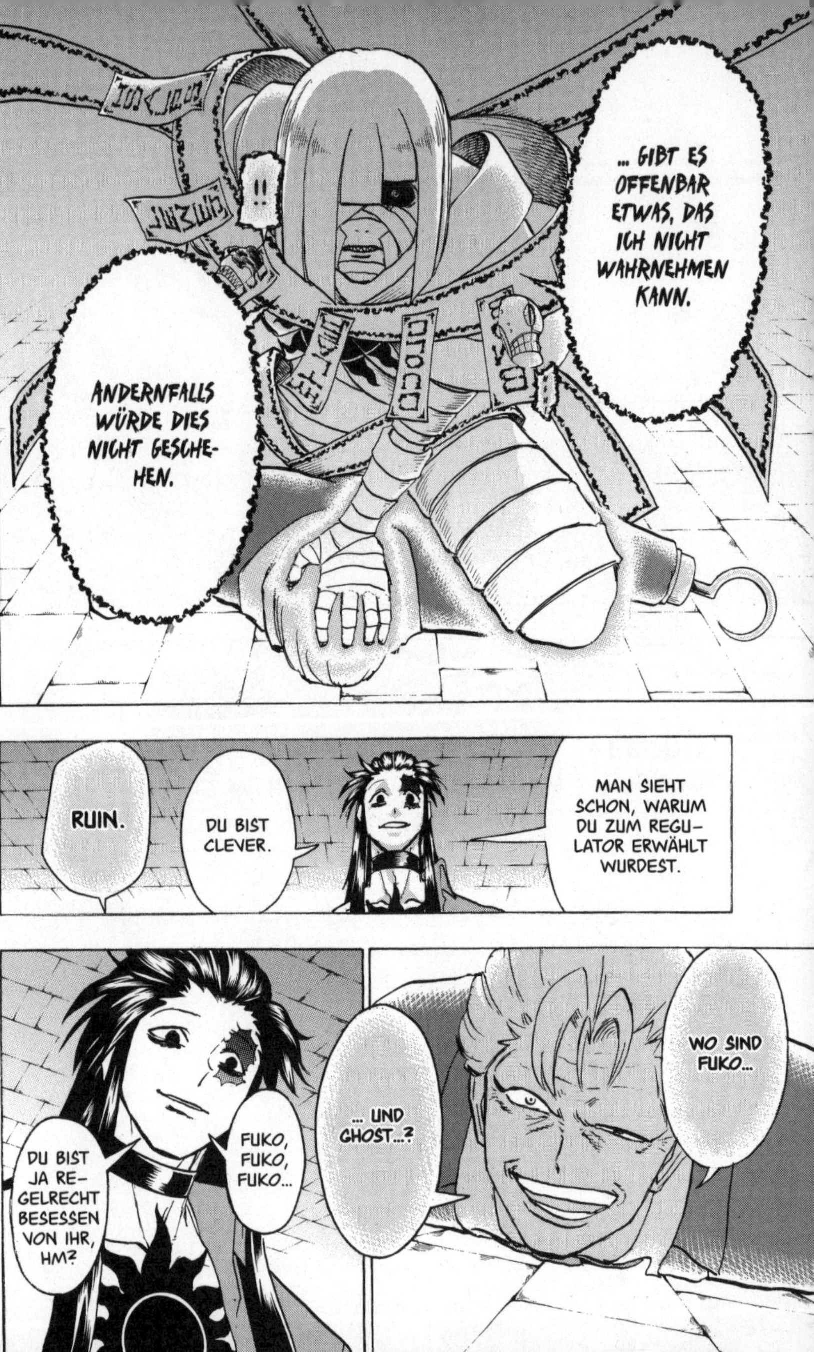
... GIBT ES OFFENBAR ETWAS, DAS ICH NICHT WAHRNEHMEN KANN.
ANDERNFALLS WÜRDE DIES NICHT GESCHEHEN.
MAN SIEHT SCHON, WARUM DU ZUM REGULATOR ERWÄHLT WURDEST.
DU BIST CLEVER.
RUIN.
WO SIND FUKO...
... UND GHOST...?
FUKO, FUKO, FUKO...
DU BIST JA REGELRECHT BESESSEN VON IHR, HM?

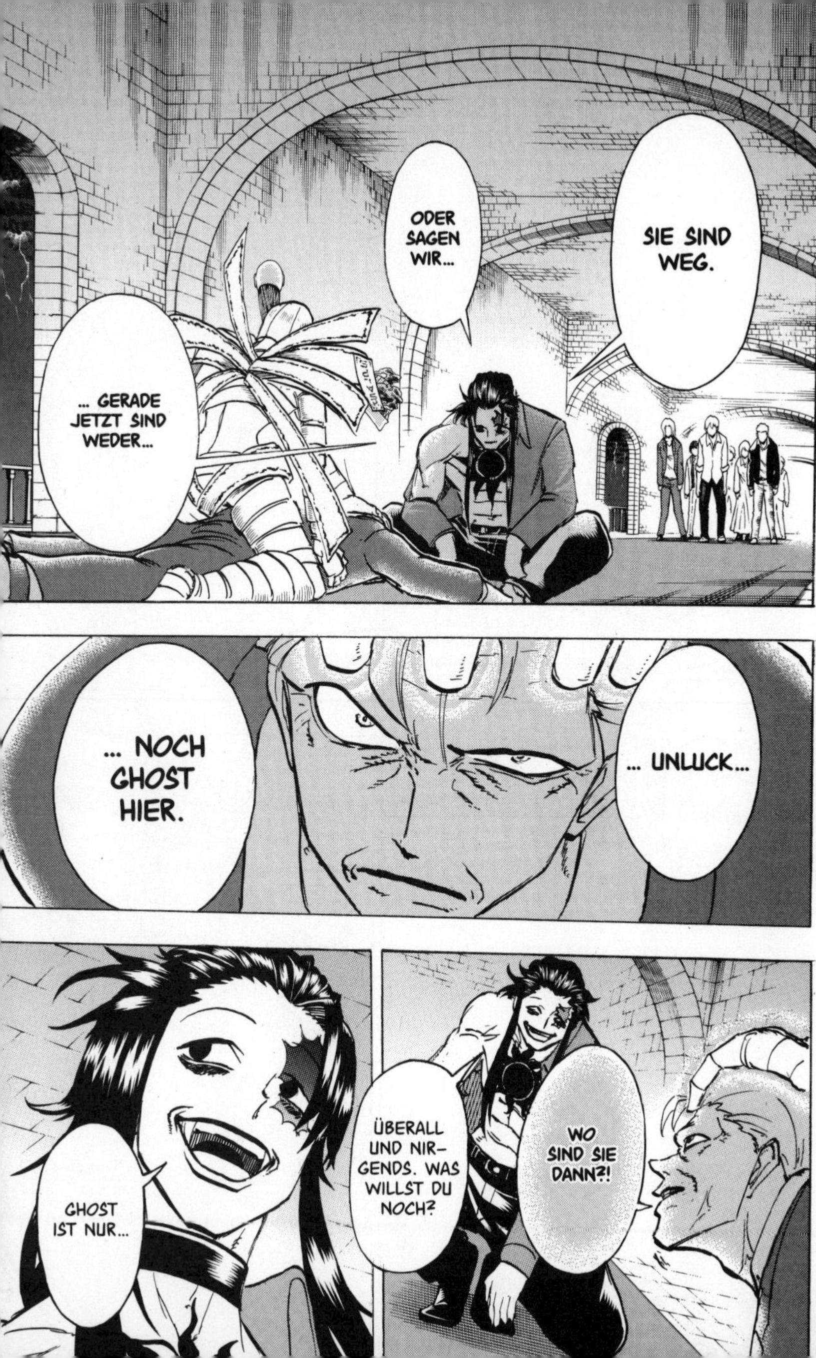
SIE SIND WEG.
ODER SAGEN WIR...
... GERADE JETZT SIND WEDER...
... UNLUCK...
... NOCH GHOST HIER.
WO SIND SIE DANN?!
ÜBERALL UND NIR-GENDS. WAS WILLST DU NOCH?
GHOST IST NUR...

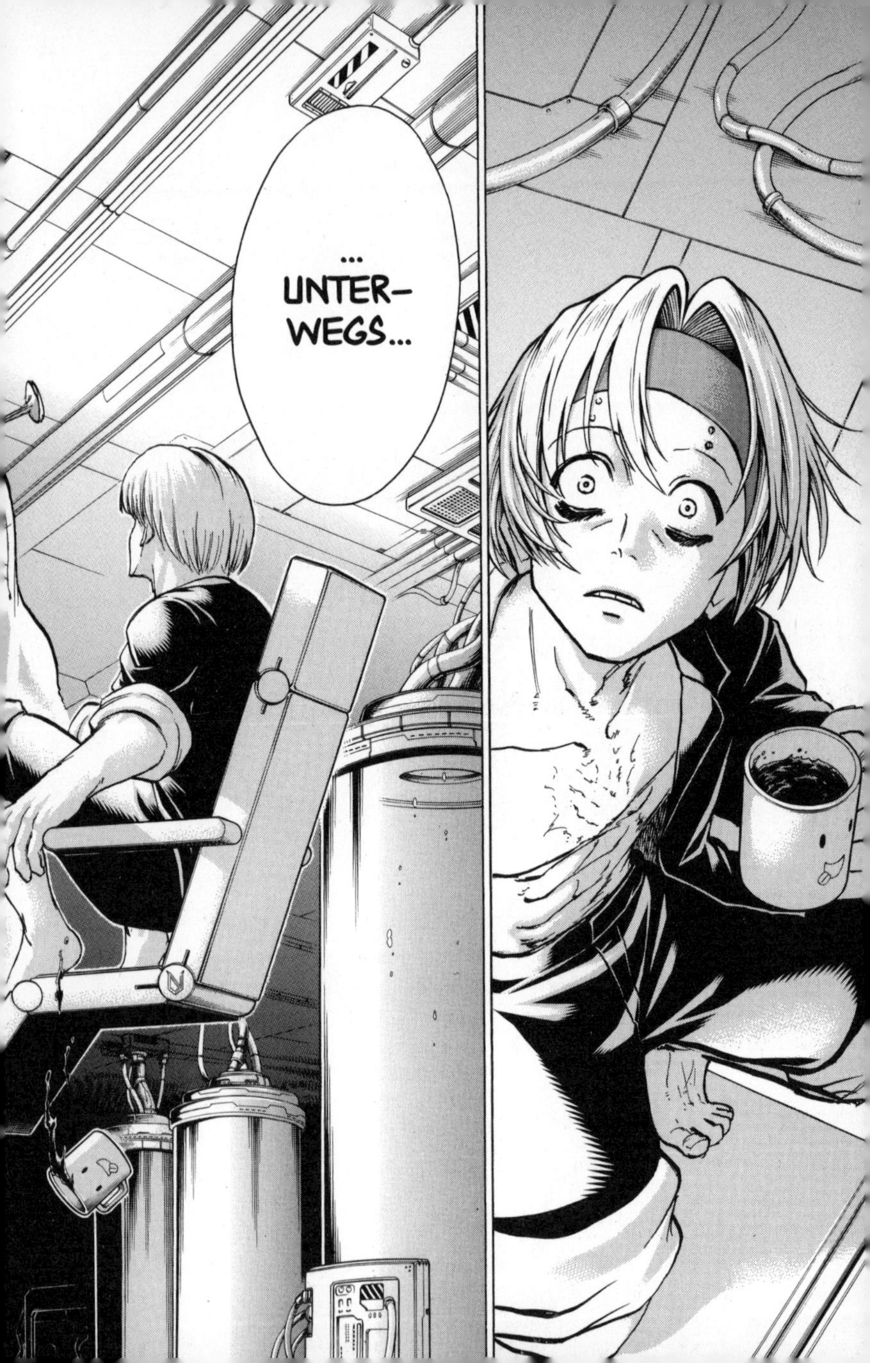
... UNTER-WEGS...

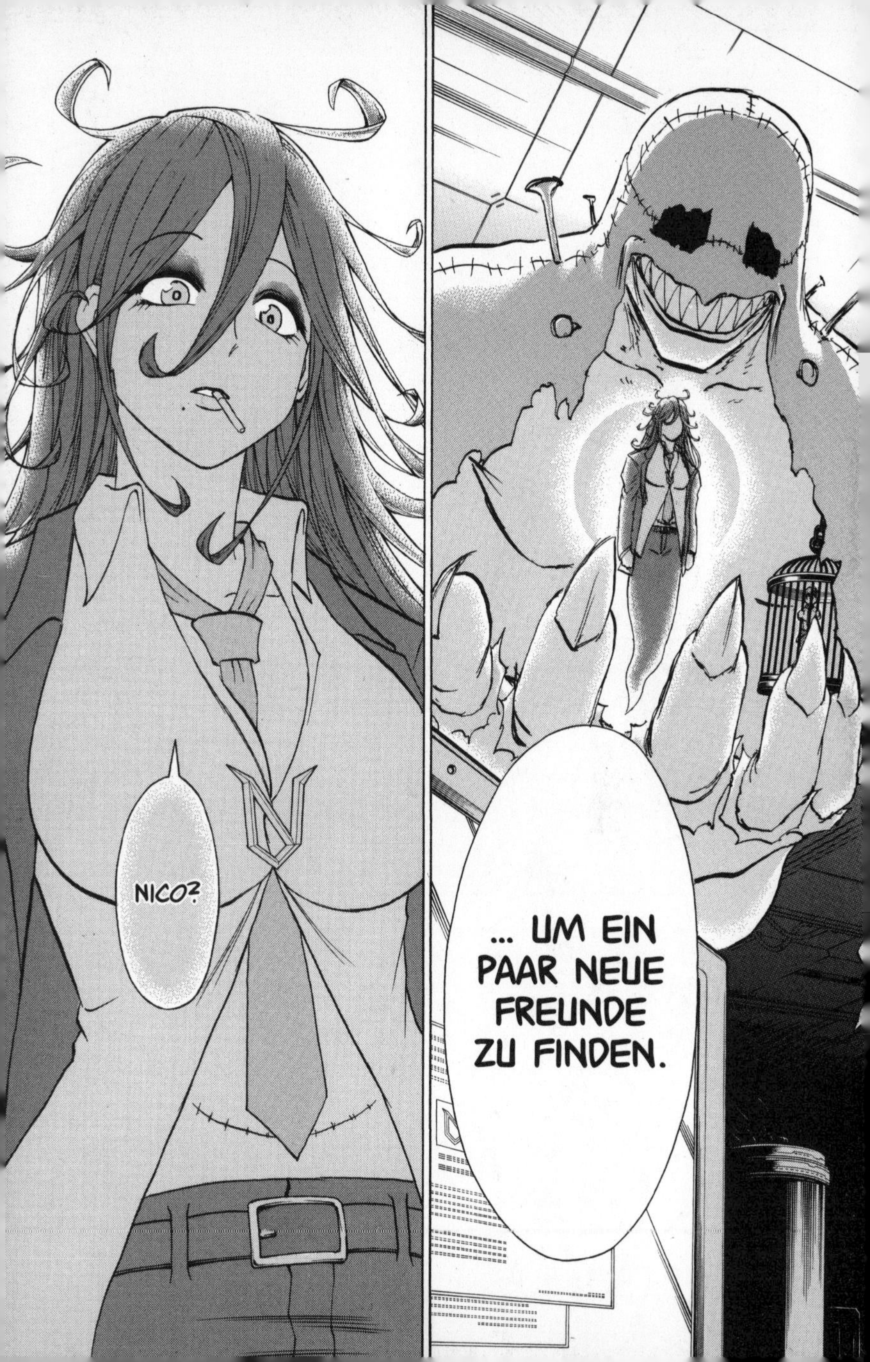
... UM EIN PAAR NEUE FREUNDE ZU FINDEN.
NICO?

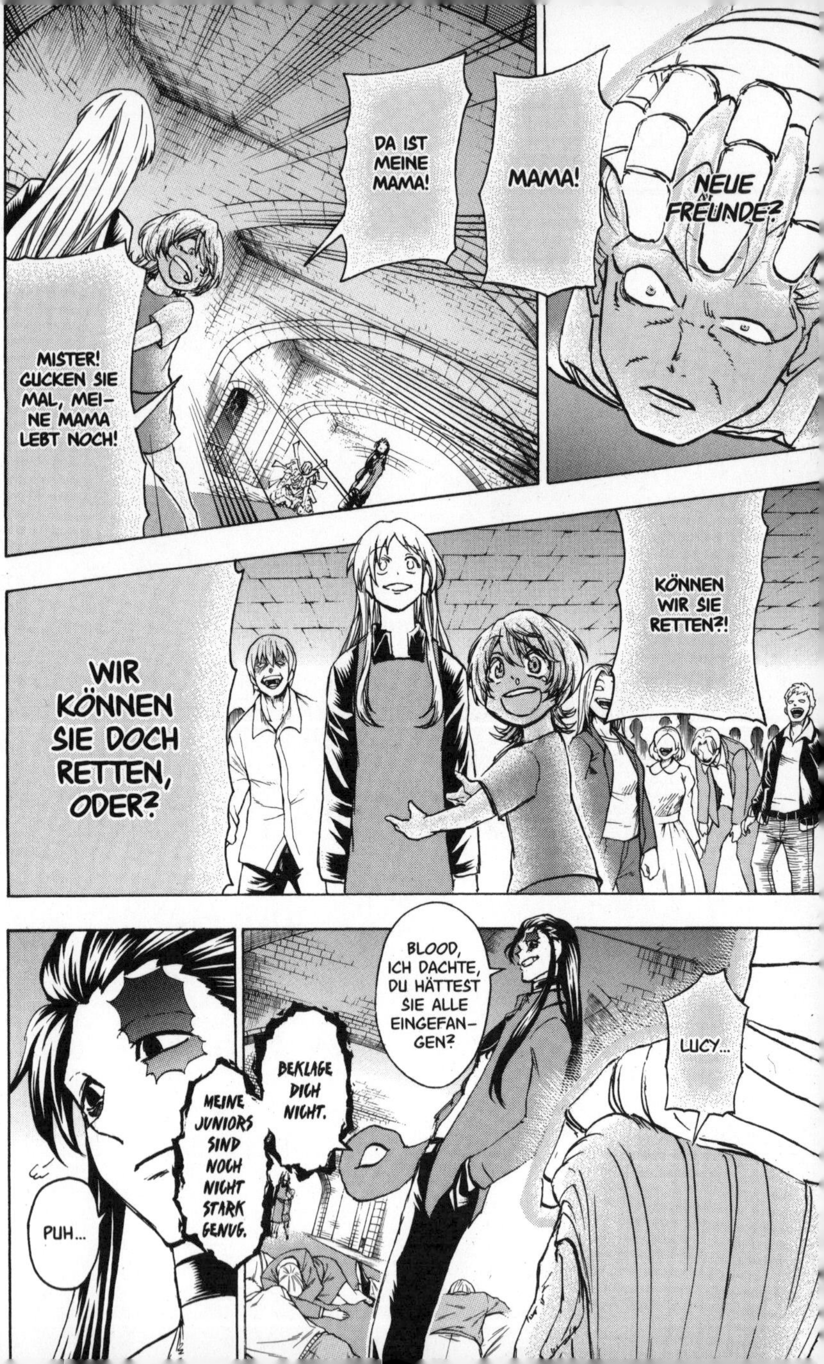
NEUE FREUNDE?
MAMA!
DA IST MEINE MAMA!
MISTER! GUCKEN SIE MAL, MEI-NE MAMA LEBT NOCH!
KÖNNEN WIR SIE RETTEN?!
WIR KÖNNEN SIE DOCH RETTEN, ODER?
LUCY...
BLOOD, ICH DACHTE, DU HÄTTEST SIE ALLE EINGEFAN-GEN?
BEKLAGE DICH NICHT.
MEINE JUNIORS SIND NOCH NICHT STARK GENUG.
PUH...

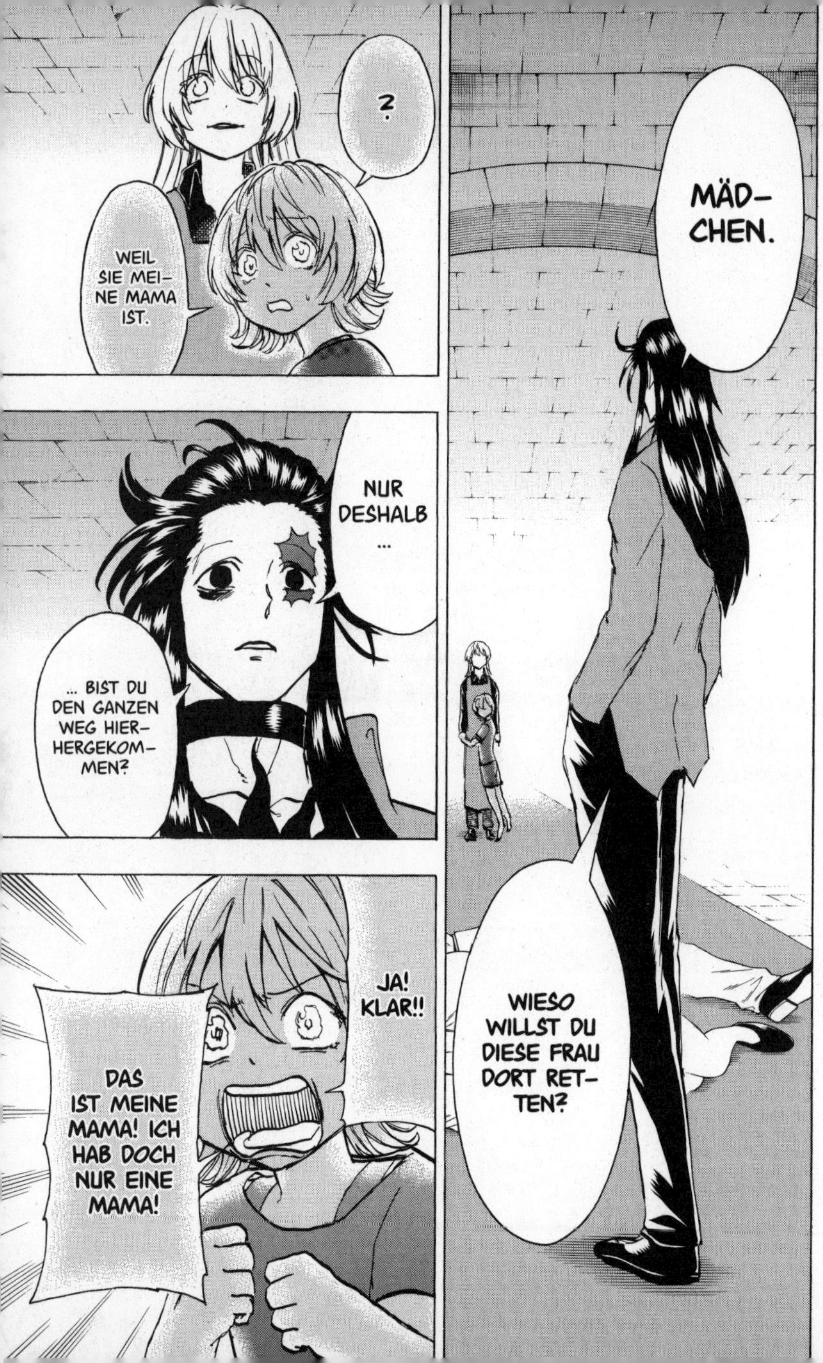
MÄD-
CHEN.
WIESO WILLST DU DIESE FRAU DORT RET-TEN?
?
WEIL SIE MEI-NE MAMA IST.
NUR DESHALB ...
... BIST DU DEN GANZEN WEG HIER-HERGEKOM-MEN?
JA! KLAR!!
DAS IST MEINE MAMA! ICH HAB DOCH NUR EINE MAMA!

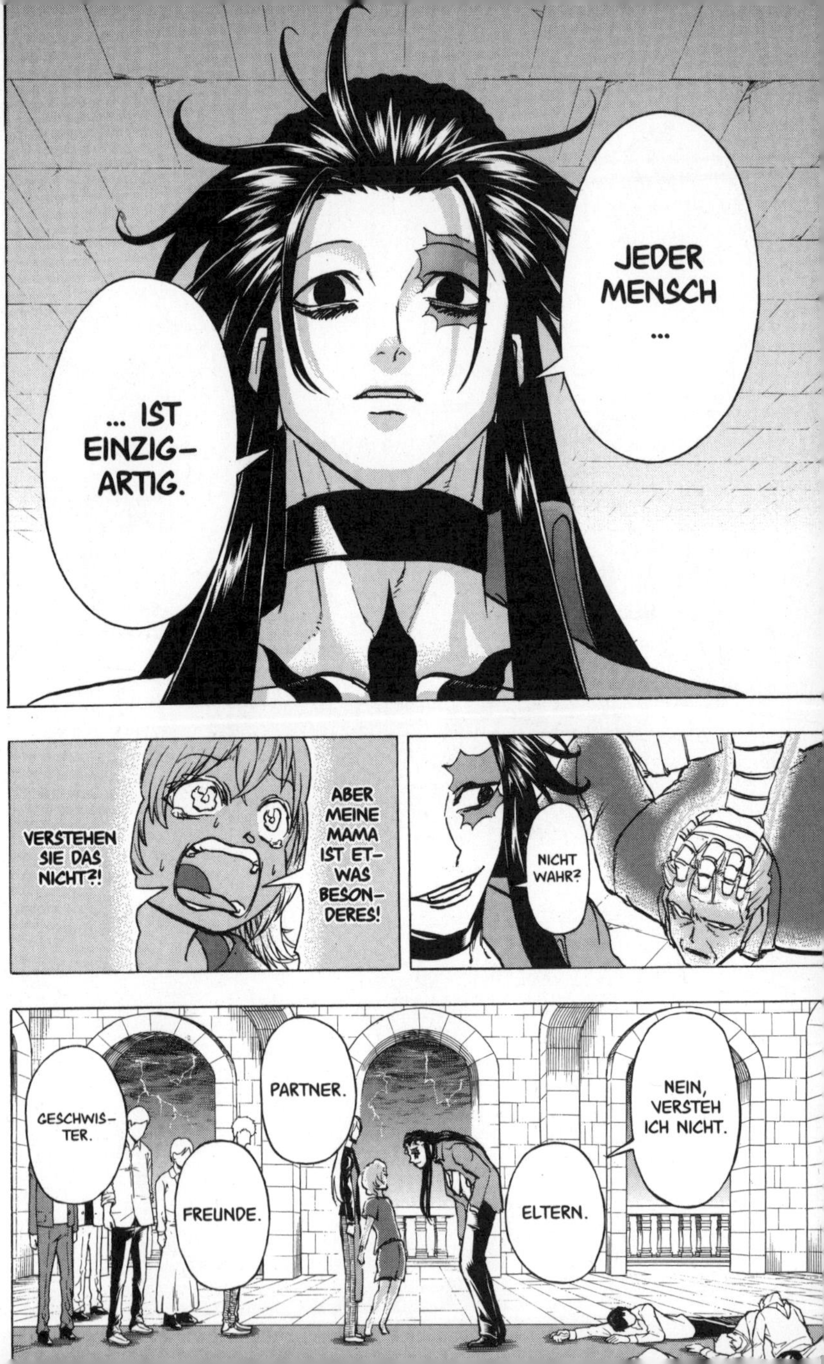
JEDER MENSCH ...
... IST EINZIG-ARTIG.
NICHT WAHR?
ABER MEINE MAMA IST ET-WAS BESON-DERES!
VERSTEHEN SIE DAS NICHT?!
NEIN, VERSTEH ICH NICHT.
ELTERN.
PARTNER.
FREUNDE.
GESCHWIS-TER.

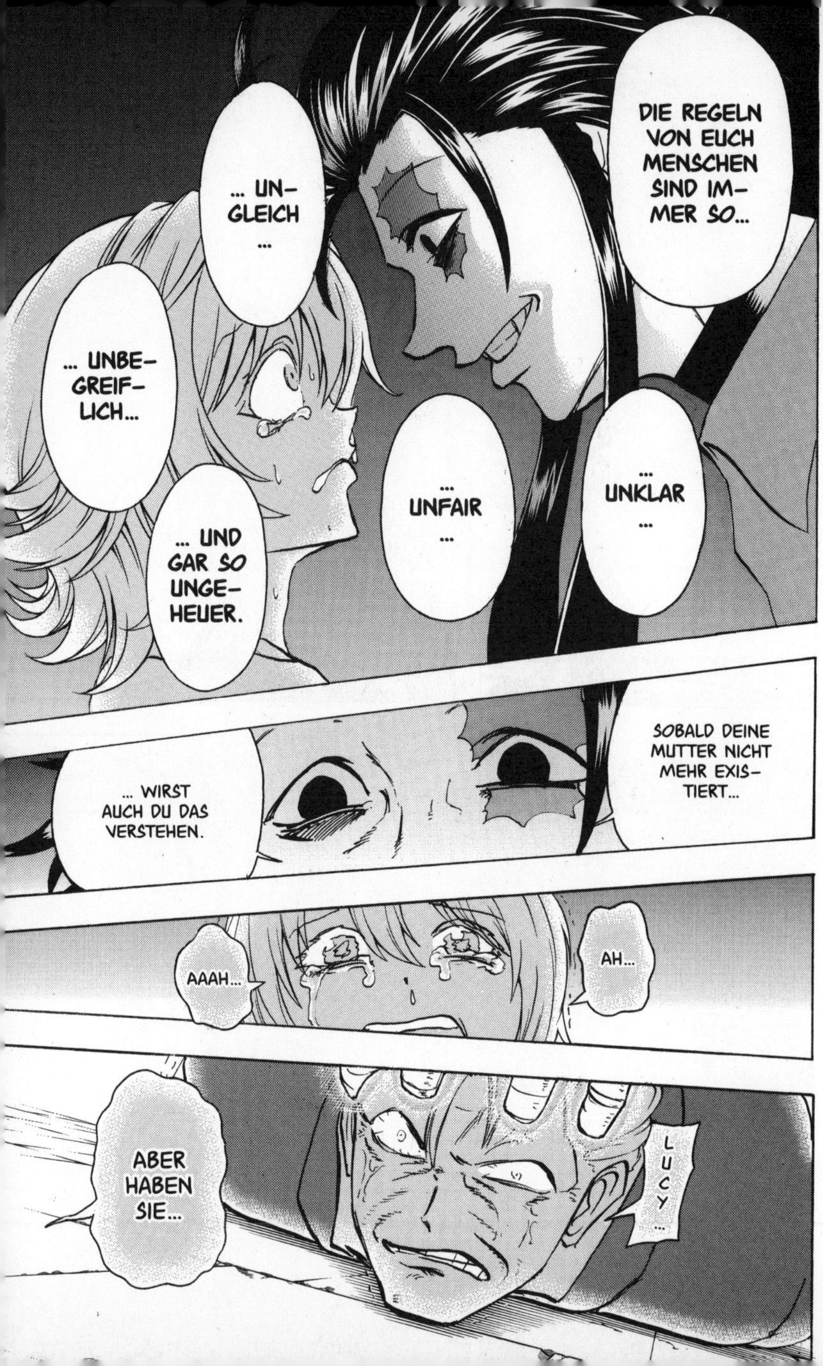
DIE REGELN VON EUCH MENSCHEN SIND IMMER SO...
... UN-GLEICH ...
... UNBE-GREIF-LICH...
... UNKLAR ...
... UNFAIR ...
... UND GAR SO UNGE-HEUER.
SOBALD DEINE MUTTER NICHT MEHR EXIS-TIERT...
... WIRST AUCH DU DAS VERSTEHEN.
AH...
AAAH...
LUCY ...
ABER HABEN SIE...

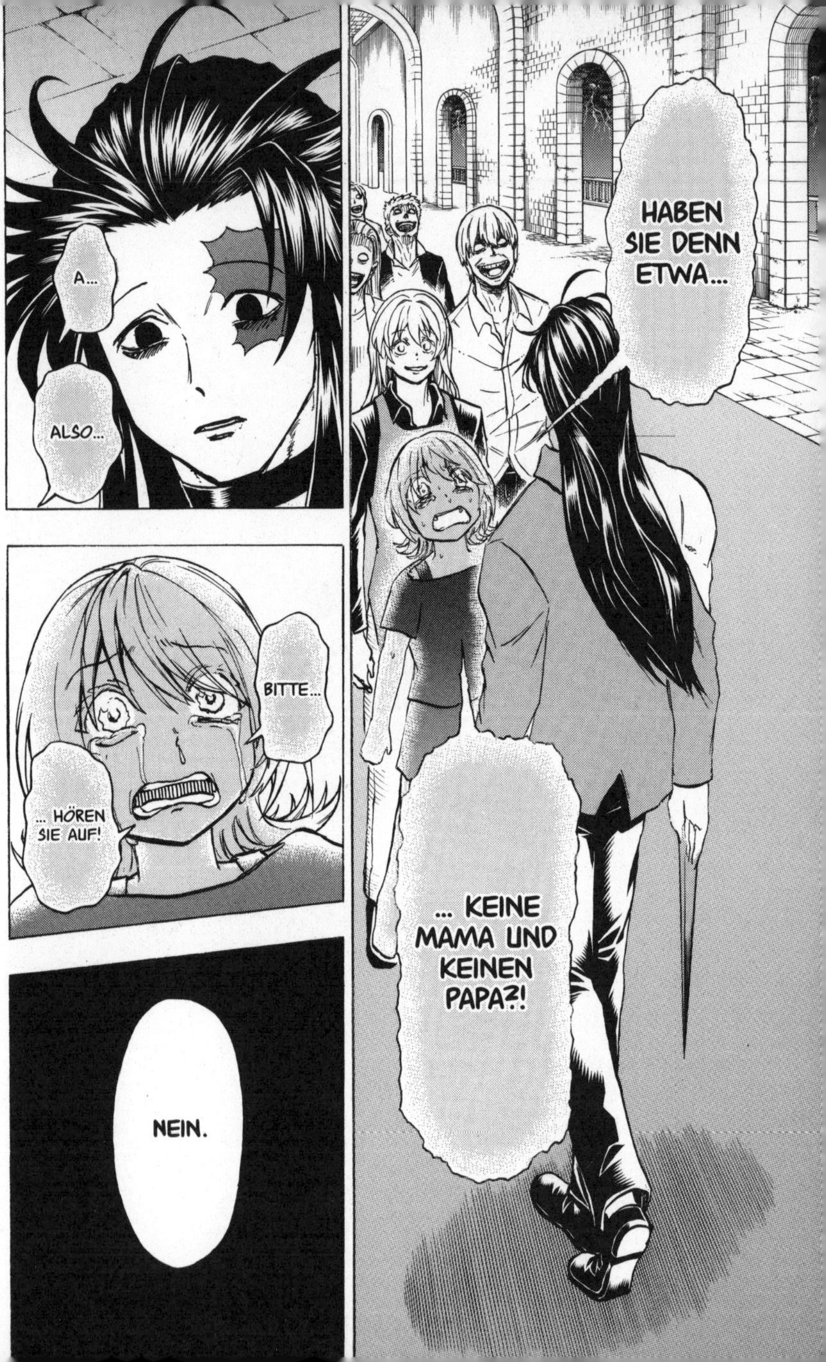
HABEN SIE DENN ETWA...
... KEINE MAMA UND KEINEN PAPA?!
A...
ALSO...
BITTE...
... HÖREN SIE AUF!
NEIN.

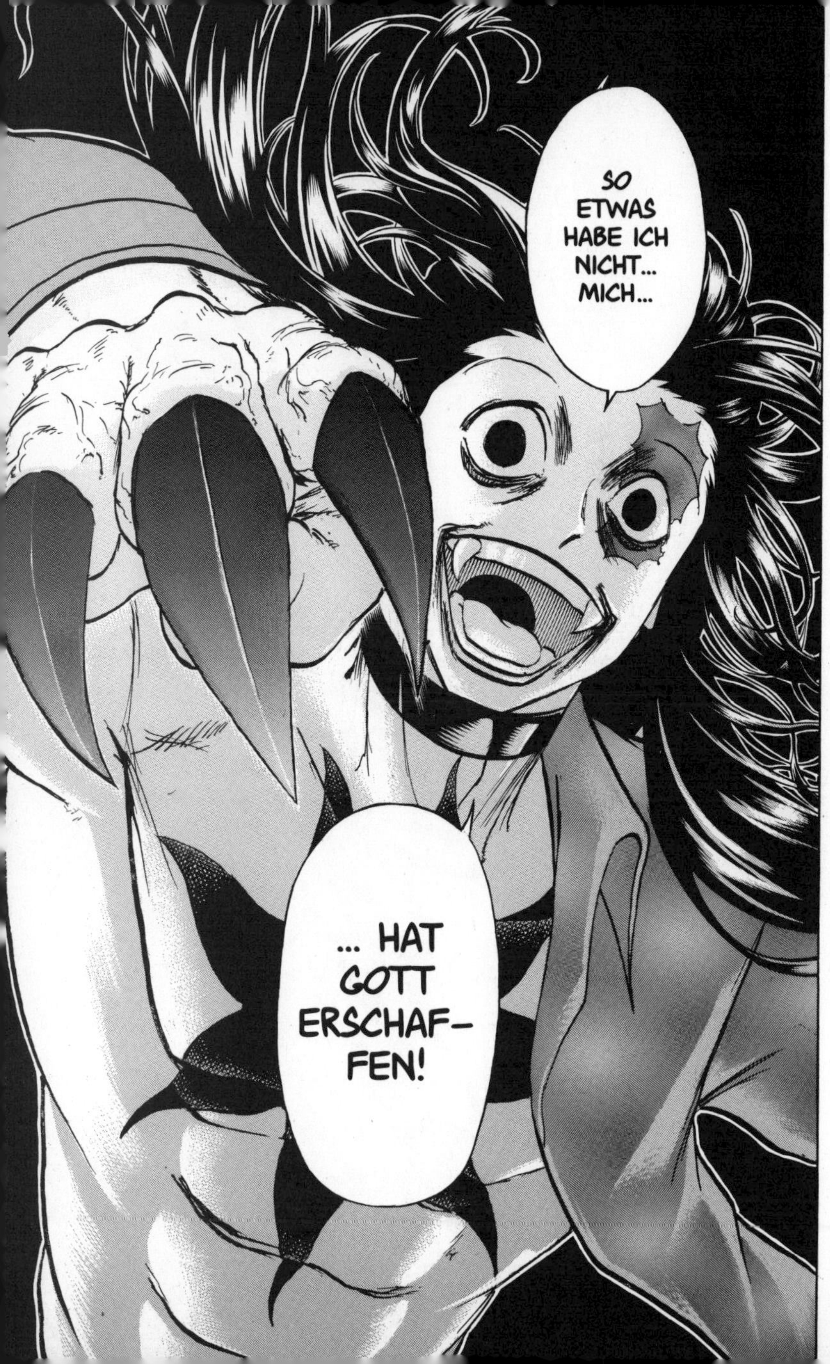
SO ETWAS HABE ICH NICHT... MICH...
... HAT GOTT ERSCHAF-FEN!

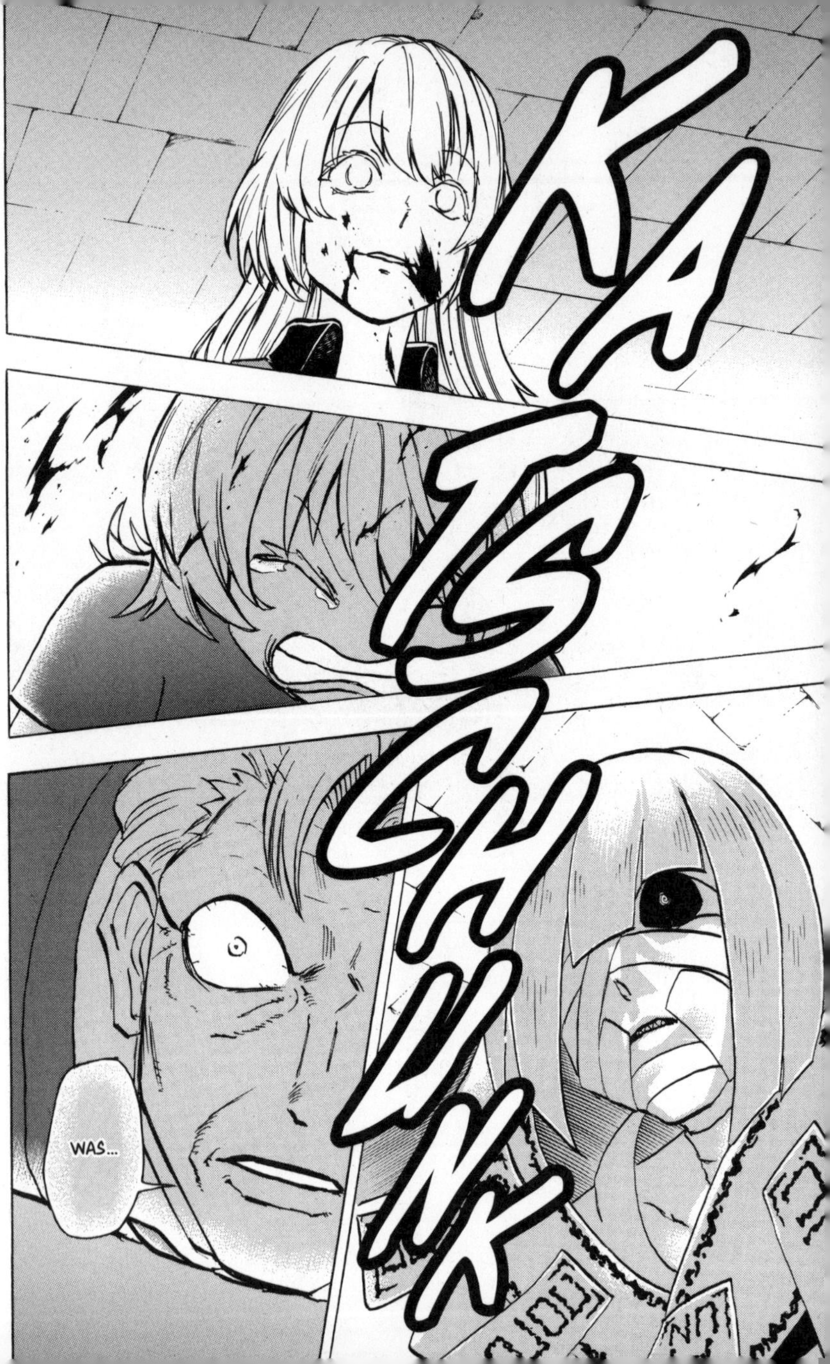
KATSCHUNK
WAS...

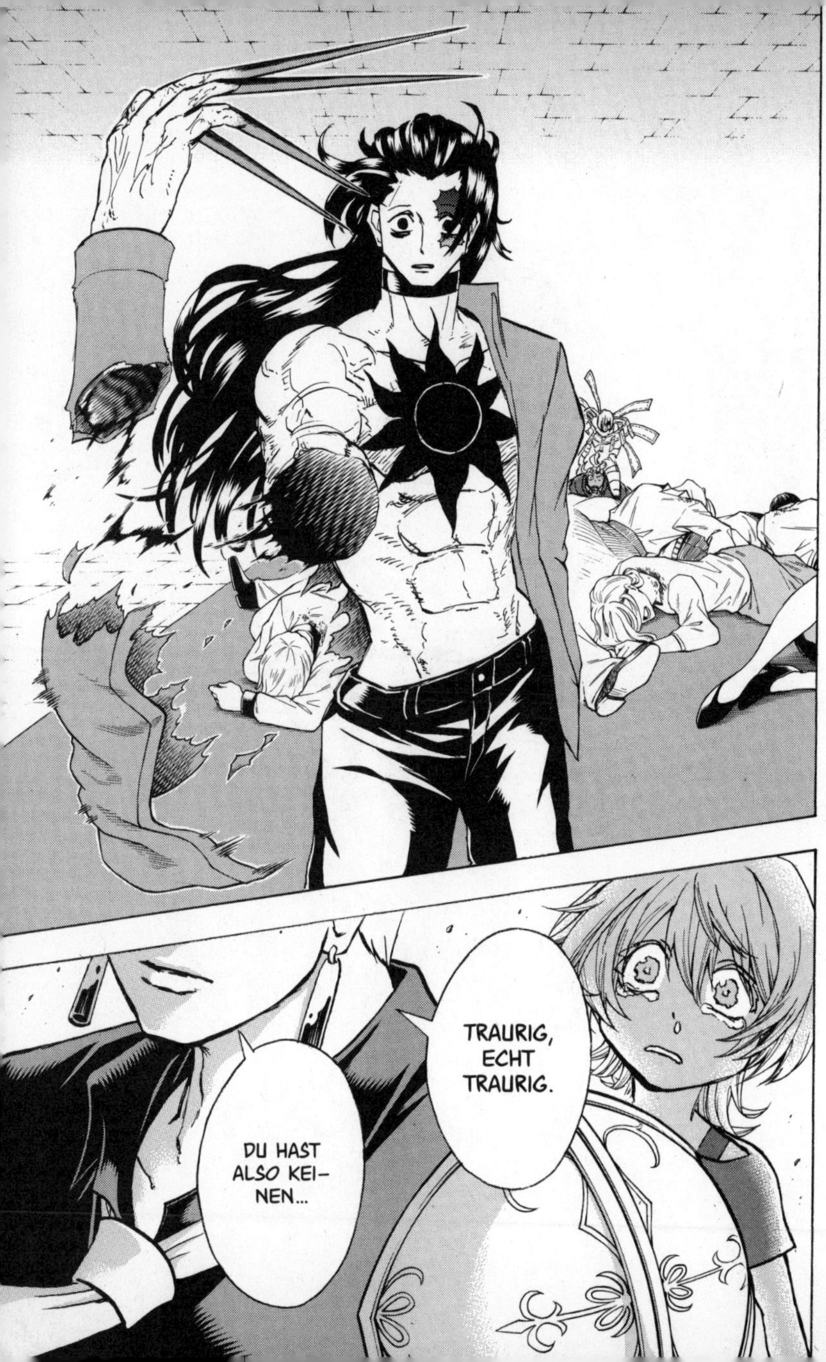
TRAURIG, ECHT TRAURIG.
DU HAST ALSO KEI-NEN...

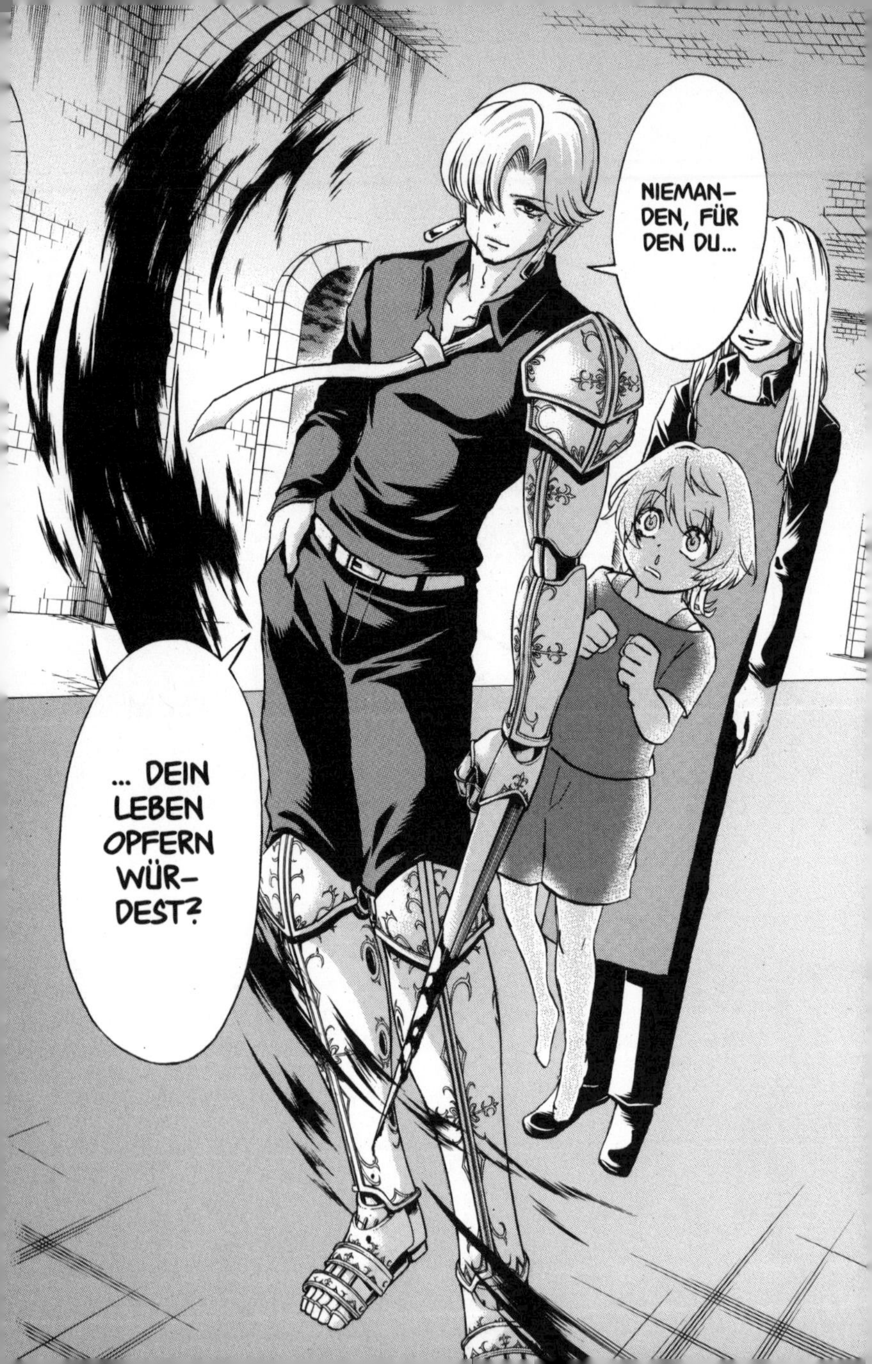
NIEMAN-
DEN, FÜR
DEN DU...
... DEIN
LEBEN
OPFERN
WÜR-
DEST?

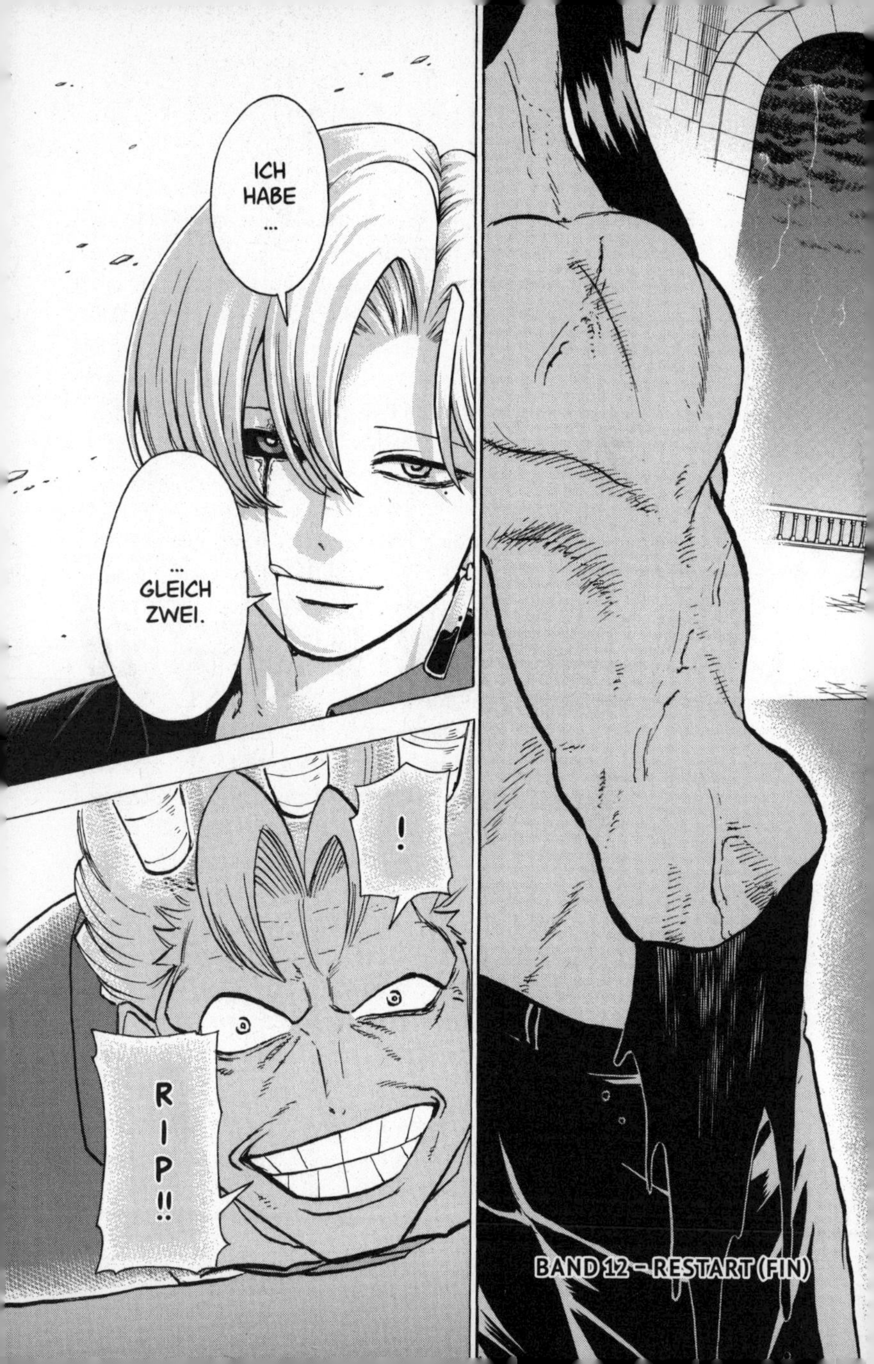
ICH HABE ...
... GLEICH ZWEI.
!
RIP!!
BAND 12 – RESTART (FIN)

NACHWORT

Wenn es um Bonusinhalte in den gedruckten Manga-Bänden geht, habe ich eine eiserne Regel. Ich will mich im Wesentlichen auf die Hauptcharaktere fokussieren. Wenn in einem Band aber Figuren auftauchen, deren Hintergrundgeschichte noch nicht vollständig ausgearbeitet ist, kann ich in den Bonuskapiteln noch nicht allzu viel über sie erzählen. Sonst würde ich am Ende noch spoilern. Darum will ich diesmal aus dem Nähkästchen plaudern und etwas über die Konzeption von »Undead Unluck« erzählen. Und zwar über die eine Sache, die viele Fans immer wieder loben und wohl richtig gut finden, nämlich die überdimensionalen Schriftzüge und Inschriften für die Fähigkeiten. Den Anfang machte Gina. Die Deadline für das Kapitel hing mir im Nacken (zumal auch das Charakterdesign für Gina schon viel Zeit in Anspruch nahm), trotzdem wollte ich ihren Skill »Unchange« so cool und stilvoll wie möglich darstellen! Da im Hintergrund von Ginas Gesicht noch Platz war, hatte ich eine Idee. »Könnten wir hier nicht einen richtig fetten Schriftzug mit UNCHANGE im Gothic-Stil einsetzen?« Ich fragte meinen Redakteur, Herrn Honda, ob das denn machbar sei, und er erwiderte prompt: »Klar können wir das machen, kein Problem!« Ich war baff. Die Serie war gerade erst gestartet, aber das war noch mal doppelt genial! Herr Honda ist einfach unglaublich! Als ich dann bei der letzten Korrektur das Lettering, kurz bevor es in Druck ging, noch mal überprüfte und den Text und die Schriften begutachtete, sah ich mir den Teil an, um den ich gebeten hatte. Es war eine wunderschöne, leicht verschmierte, aber coole Schriftart und wirkte tatsächlich wie eine Art Logo, mit dem die Fähigkeit »Unchange« in großen Lettern erst richtig zur Geltung kam. Ich sagte zu meinem Redakteur: »Herr Honda, so was können Sie? Wie haben Sie das denn gemacht?« Aber er entgegnete nur: »Nein, nein, das war der Designer, nicht ich!« Ich brachte nur noch ein »Wie...?« heraus, aber ich erinnere mich, wie großartig ich das damals fand und dass ich mich fast ein wenig privilegiert fühlte.

Ich habe das Gefühl, dass das, was wir damals versucht haben, mit dem Logo und den Schriftzügen, den Blutspritzern und der verschmierten Tinte, vielleicht sogar zu einem der wichtigsten Elemente wurde, die zum Erfolg von »Undead Unluck« beigetragen haben und irgendwo auch für dieses Werk und seinen Unterhaltungswert stehen. Und das haben wir zweifelsohne dem grandiosen Können unseres Designers zu verdanken. Später baten wir ihn auch für Shen, Juiz, Tatjana und die anderen Charaktere um solche Schriftzüge und immer wieder hat es mir geholfen und eine besondere Rolle in der Story gespielt. Als Billys Verrat anstand, meinte Herr Honda zu mir: »Da seine Fähigkeit im Grunde ja eine Kopie ist, wäre ein etwas anderes Logo diesmal vielleicht gar nicht so schlecht, oder?« Und er hatte recht. »Stimmt!«, sagte ich. Und schon hatten wir dieses Design vor Augen und waren ganz aufgeregt, weil es fast so war, als gebe die Schrift ein Geräusch von sich, so eine Art vibrierendes »Dzzzt… Dzzzt… Dzzzt…«. Vor Kurzem haben wir auch ein spezielles Logo für Ruin gemacht, das genauso großartig wurde! Nun habe ich aber schon so viel darüber geredet, wie das Design uns immer wieder weitergeholfen und das Werk mega aufgewertet hat… Da darf ich natürlich auch nicht unerwähnt lassen, wer hinter diesem fantastischen Design steckt.

Und zwar war das kein Geringerer als Yuki Yamamoto von der Design-Agentur »Freiheit«!! Er kümmert sich übrigens auch um die Cover- und Umschlaggestaltung der Mangabände, die im Handel erscheinen! Außerdem hat er bei Band 6 Anno Un geschickt in den Tintenverlauf des Covers mit eingewoben. Ich habe es direkt an den Reaktionen der Leser*innen gemerkt, wie unerlässlich seine Arbeit für mein Werk ist. Es war also nicht meine eigene Idee, sondern ganz allein seine. Yuki Yamamoto hatte den wunderbaren Einfall, die Schriftzüge in dieser Form umzusetzen. (Und das ist richtig nice, oder? Mega!) Und so darf ich durch die Hilfe vieler, vieler Menschen auch heute noch »Undead Unluck« zeichnen. Band 12 mit dem Übertitel »Restart« ist außerdem ein Meilenstein für mich und so will ich es mir diesmal nicht nehmen lassen, meinen großen Dank auszusprechen. Bei Gelegenheit möchte ich euch gern mal wieder einen Einblick gewähren und in die Entstehungsgeschichte von »Undead Unluck« entführen. In diesem Sinne! Ich hoffe, wir sehen uns alle bei Band 13 wieder! Bis dahin und liebe Grüße!

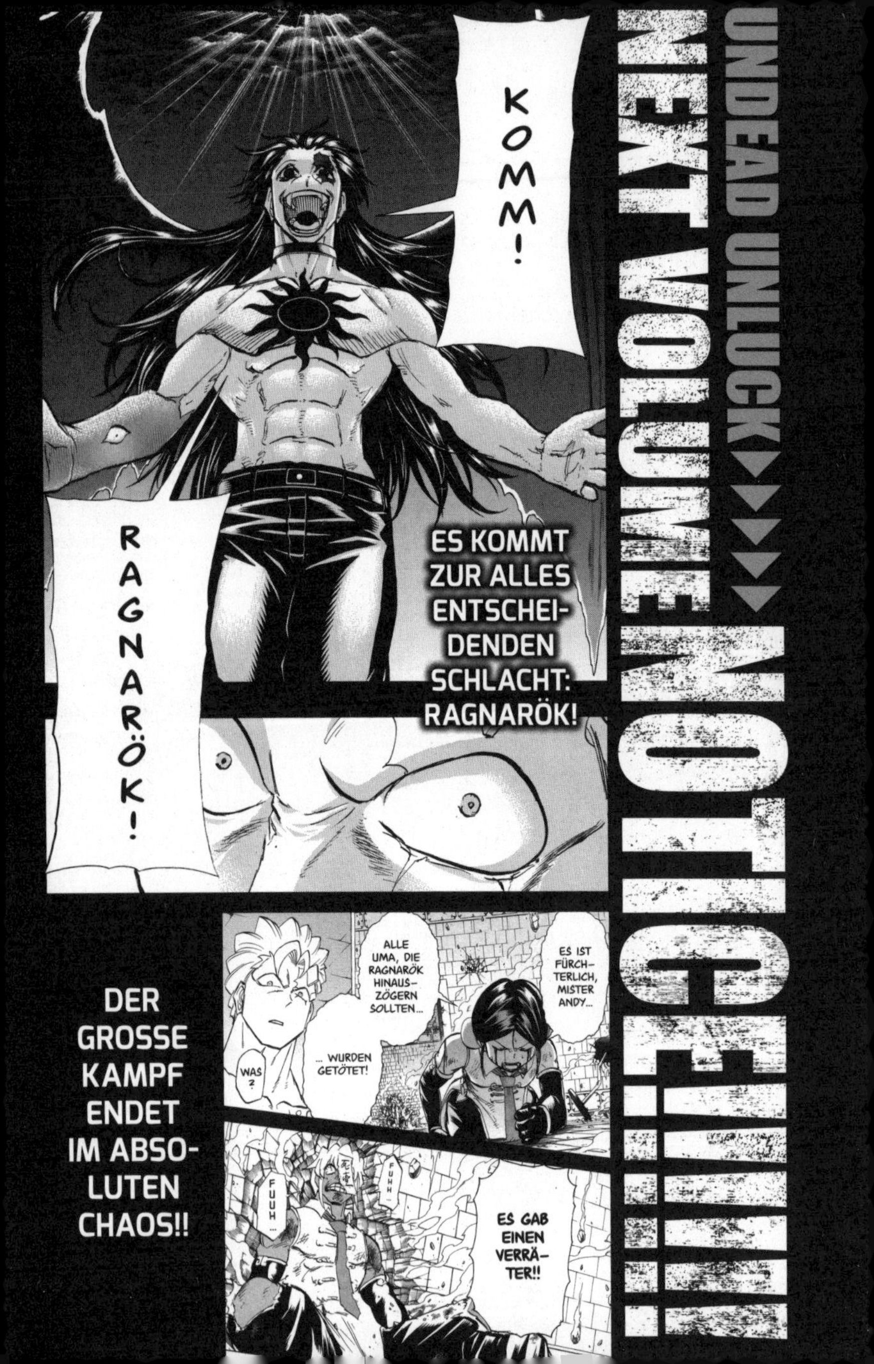
UNDEAD UNLUCK ▶▶▶
NEXT VOLUME NOTICE!!!
KOMM!
RAGNARÖK!
ES KOMMT ZUR ALLES ENTSCHEIDENDEN SCHLACHT: RAGNARÖK!
ES IST FÜRCHTERLICH, MISTER ANDY...
ALLE UMA, DIE RAGNARÖK HINAUSZÖGERN SOLLTEN...
... WURDEN GETÖTET!
WAS?
FUHH...
FUUH...
ES GAB EINEN VERRÄTER!!
DER GROSSE KAMPF ENDET IM ABSOLUTEN CHAOS!!

HALT!

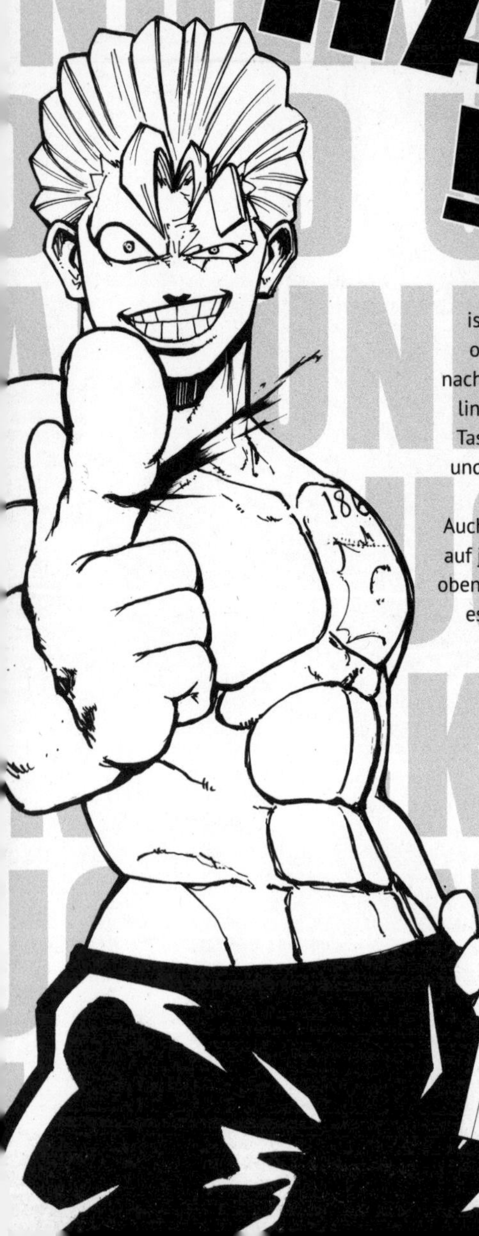

UNDEAD UNLUCK

ist eine japanische Serie, die originalgetreu von »hinten« nach »vorne« und von rechts nach links gelesen wird! Schlagt das Taschenbuch also »hinten« auf und blättert Seite für Seite nach »vorne« weiter!
Auch die Bilder und Sprechblasen auf jeder Seite werden von rechts oben nach links unten gelesen, wie es in der Grafik gezeigt wird!

Rotes Mützchen auf und Action auf Full Power!

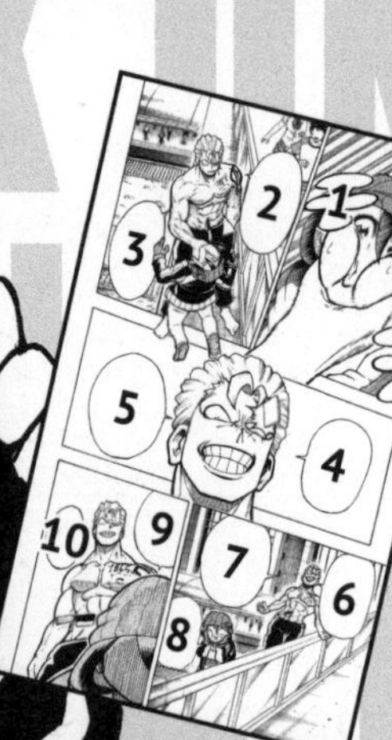